Wolf Neuber
DIE ALTÖSTERREICHISCHE KOCHKUNST

Wolf Neuber

DIE ALTÖSTERREICHISCHE KOCHKUNST

*400 klassische Rezepte –
neu bearbeitet
für die moderne Küche*

Deuticke

Deuticke
A-1010 Wien, Hegelgasse 21
Alle Rechte vorbehalten
Fotomechanische Wiedergabe bzw. Vervielfältigung,
Abdruck, Verbreitung durch Funk, Film oder Fernsehen sowie
Speicherung auf Ton- oder Datenträger, auch auszugsweise,
nur mit Genehmigung des Verlages.
© Franz Deuticke Verlagsgesellschaft mbH, Wien – München 1997

Umschlaggestaltung: Robert Hollinger
Lektorat: Christa Hanten, Mediendesign
Layout und Herstellung: Josef Embacher
Druck: Wiener Verlag, Himberg
Printed in Austria

ISBN 3-216-30327-6

Inhalt

Suppen 11

Suppeneinlagen 31

Fleischgerichte 41

Wildgerichte 79

Geflügel 87

Fisch und Schalentiere 101

Saucen 115

Teigwaren, Reis, Polenta, Grieß 121

Knödel 139

Erdäpfel 147

Gemüse 155

Mehlspeisen 175

Rezeptregister 240

Glossar 247

Vorwort

Als Autor und Regisseur, dessen Arbeit in den Medien ein Leben lang auf Österreich ausgerichtet war, wollte ich meine Heimatliebe auch in der Würdigung der altösterreichischen Kochkunst zu Papier bringen. Was mir als leidenschaftlichem Koch nicht schwerfällt, bietet doch die Küche der Monarchie ein sehr weites Feld, kulinarische Genüsse zu ernten.

Das Kaiserreich schickte seine höheren Beamten als Stadthauptmänner, Richter, Finanzprokuratoren etc. auf ihrem Karriereweg kreuz und quer durch die Kronländer, wohin sie mit Familie und Personal ziehen mußten. Ob Laibach, Agram, Fiume, Czernowitz, Troppau oder Lemberg – ich kann gar nicht alle Orte aufzählen, in denen sich auch Garnisonen befanden, deren höhere Offiziere, ebenfalls mit Anhang, den Marschbefehlen aus der Kaiserstadt folgten.

In »Der Mann ohne Eigenschaften« schreibt Robert Musil: Dort, in Kakanien, diesem seither untergegangenen, unverstandenen Staat, der in so vielem ohne Anerkennung vorbildlich gewesen ist, gab es auch Tempo, aber nicht zu viel Tempo. So oft man in der Fremde an dieses Land dachte, schwebte vor Augen die Erinnerung an die weißen, breiten, wohlhabenden Straßen aus der Zeit der Fußmärsche und Extraposten, die es nach allen Richtungen wie Flüsse der Ordnung, wie Bänder aus hellem Soldatenzwillich durchzogen und die Länder mit dem papierweißen Arm der Verwaltung umschlangen.

Da die hoheitlich verfügten Ortsveränderungen damals mit »Sack und Pack«, mit »Kind und Kegel« stattfanden, wurde oft auch eigenes Kochgeschirr mitgeführt, Pfannen und Töpfe verschiedener Größen und braungold schimmernde Kupferformen für Kuchen, Pasteten und vielerlei andere Köstlichkeiten. Alles unter der Obhut der zur Familie gehörenden Köchin. Das kulinarische Heiligtum, das handgeschriebene Kochbuch, wurde aber immer von der Hausfrau verwahrt, die dieses ja auch führte und regelmäßig mit den neuesten Rezepten ergänzte. Eine Notwendigkeit, da die »Marianka« oder »Josefin« zwar eine Meisterin am Herd war, aber mit der Feder wenig zuwege brachte.

Auch wenn halbwegs lesbar, stellten doch alte Maßeinheiten und Angaben von Zutaten den Sammler der Ihnen jetzt vorliegenden Rezepte öfters auf eine harte Probe.

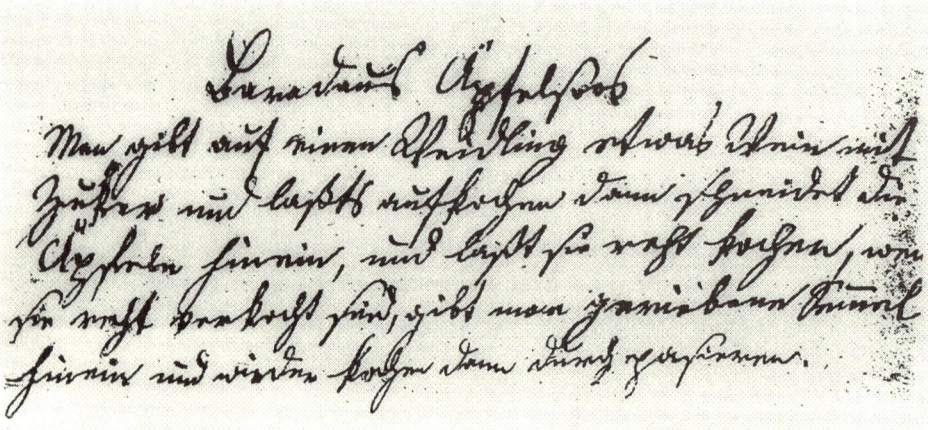

Aber es ist geschafft – leicht verständlich warten kulinarische Schmankerln auf Ihre Nachkochkünste.

Die vorhin zitierten Küchenzauberinnen brachten ihre bewährten Hausrezepte mit in den fremden Ort, tauschten diese bald mit ihren dortigen Berufskolleginnen und übernahmen wieder andere Küchengeheimnisse von diesen; und aus diesem Austausch nach allen Himmelsrichtungen entstand die altösterreichische Kochkunst.

Hunderte Rezepte lernen Sie in diesem Buch kennen; italienische, polnische, böhmische, ungarische, istrische, jüdische, galizische, dalmatinische, bosnische und natürlich auch wienerische Köstlichkeiten warten darauf, von Ihnen erprobt zu werden.

Der Autor hofft, nichts für Sie Wichtiges im Vorwort vergessen zu haben; sollte es beim Lesen der Rezepte Sprachschwierigkeiten geben, werden diese sicher im Glossarium beseitigt.

Jetzt wünsche ich nur guten Appetit und bestes Gelingen!

Ihr kulinarischer Nostalgiker

Wolf Neuber

Einleitung

Weithin breitete der kaiserliche Doppeladler seine Schwingen über die Kronländer der Donaumonarchie: Das Erzherzogtum unter der Enns mit der Hauptstadt Wien, das Erzherzogtum ob der Enns mit der Hauptstadt Linz. Die Herzogtümer Salzburg, Steiermark, Kärnten und Krain mit den Hauptstädten Salzburg, Graz, Klagenfurt und Laibach. Triest war das Zentrum der gefürsteten Grafschaften Görz und Gradiska und der Markgrafschaft Triest. Die gefürstete Grafschaft Tirol mit Vorarlberg mit der Hauptstadt Innsbruck. Das Königreich Böhmen mit Prag und die Markgrafschaft Mähren mit Brünn als Hauptstadt. Das Herzogtum Schlesien mit der Hauptstadt Troppau, das Königreich Galizien und Lodomerien hatte Lemberg zur Hauptstadt, Czernowitz war die Metropole des Herzogtums Bukowina, Zara die des Königreiches Dalmatien. Das Königreich Ungarn mit seiner Hauptstadt Budapest, aber auch Fiume, das Königreich Kroatien und Slawonien mit der Hauptstadt Agram sowie Bosnien und Herzegowina mit seiner Hauptstadt Sarajewo, in der 1914 das traurige Ende des großen Staatenbundes begann.

Mit dem Ende des Weltkrieges 1918 löste sich zugleich der in Jahrhunderten organisch gewachsene Zusammenschluß der Donauländer. Das zweitgrößte Staatsgebilde Europas wurde in Nachfolgestaaten aufgeteilt. Nicht aufgelöst aber haben sich die durch Generationen entstandenen familiären Verflechtungen von Kultur, Lebensart, Musik und Kochkunst - letztere will Ihnen dieses Kochbuch vermitteln.

Gehen Sie selbst als »Häferlgucker« auf die Spurensuche nach der altösterreichischen bürgerlichen Küche. Diese entstand aus dem Zusammenfließen von bäuerlichen, städtischen und Rezepten der Küchen des Adels. Die Unterschiede zwischen diesen Strömungen waren im Grunde genommen nicht so groß. Nur in der »Adelsküche« bestand zwischen der Küche des Hofes und des Hochadels, der des mittleren Adels und der des Landadels ein erhebliches Gefälle. Was immer sehr viel mit den Einkünften der verschiedenen Stände zu tun hatte. Wer reich war, hat immer besser gespeist als der Arme. In der Küche des Bürgertums aber vereinigten sich alle Richtungen zu einer soliden, wohlschmeckenden Mischung, wie sie auch heute immer noch, lange nach dem Ende der Monarchie, innerhalb der Grenzen des verlorengegangenen kaiserlich-königlichen Reiches gekocht wird. Guter Geschmack ist, Gott sei Dank, grenzenlos!

Notabene

*Aus Rücksicht auf eine moderne Ernährungsweise
wird an Stelle von „Schmalz" immer „Bratfett" empfohlen.
Zum Herausbacken nehmen Sie am besten geschmack-
freies Pflanzenöl oder Margarine.
Nur wo „Butter" steht, soll es auch Butter sein.
Auch für Olivenöl gibt es keinen Ersatz, nur von
bester Qualität muß es sein.
Und für die jüdischen Rezepte bekommen Sie „Matze",
das ungesalzene Fladenbrot, in jedem guten
Lebensmittelgeschäft, wo Sie auch „Aceto Balsamico"
aus Modena und Parmesan für die italienischen
Speisen erhalten.*

Suppen

Suppen 13

*Am Anfang stehen die zwei Grundsuppen.
Bei beinahe allen Speisen brauchen Sie eine davon zum
vorgeschriebenen Aufgießen.
Diese einfachen Suppen werden aber nicht mit Einlagen
als erster Gang serviert. Dazu gehört eine kräftige Rindsuppe,
Rezepte für diese finden Sie in der Folge!*

RINDSUPPE

Man nehme:

*2 kg Fleischknochen
¼ kg Markbein
150 g Milz
150 g Leber
Suppengrün (Sellerie, Petersilienwurzel, Karotte, gelbe Rübe, Porree)
1 Zwiebel
Pfefferkörner
Salz
Fett*

Das geputzte Suppengrün wird in kleinere Stücke geschnitten, in einen hohen Topf gelegt und mit einem Eßlöffel Fett etwas angeröstet. Dann kommen die zerhackten Fleischknochen und das Markbein dazu, ebenso die in Streifen geschnittene Leber, Milz und Zwiebel. Nun wird alles unter häufigem Rühren gut braun geröstet, ohne daß die Mischung dabei anbrennt. Wenn Fleisch und Gemüse eine richtig braune Farbe angenommen haben, wird mit 1½ l kaltem Wasser aufgegossen, Pfefferkörner und ein Teelöffel Salz beigefügt und die Suppe auf starker Hitze zum Aufkochen gebracht. Nach dem ersten Abschäumen langsam auf mittlerer Flamme zwei Stunden weitersieden lassen. Die Suppe wird durch ein feines Sieb gegossen und entfettet.

WEISSE HÜHNERSUPPE

Man nehme:

*1 Huhn (ca. 2 kg)
1 Bouquet Petersilie
1 Zwiebel*

Ein großes Huhn wird, nachdem man es abflambiert, ausgenommen, gewaschen und in vier Teile geteilt hat, mit 2 l Wasser in einer Kasserolle zum Kochen gebracht. Nachdem man die Suppe gut abgeschäumt hat, gibt man ein Bouquet Petersilie und ein Stück gehackter Zwiebel dazu, deckt zu und läßt das Ganze drei Stunden langsam kochen. Nach dem Beiseitestellen wird das Fett abgeschöpft und die Suppe durch ein feines Sieb gegossen. Salz erst bei Gebrauch beigeben.

Das gekochte Hühnerfleisch kann nach Belieben verwendet werden.

*Ein guter Einstieg in das kommende
Kochvergnügen
sind die folgenden Suppen aller Arten.*

Man nehme:

*2 Suppenhühner
Petersilie
1 Zwiebel
Salz
Pfeffer*

WEISSE HÜHNERSUPPE

Die geputzten, ausgenommenen Hühner werden geviertelt, in einer Kasserolle mit 1 l kaltem Wasser zugestellt und zum Kochen gebracht. Nach dem Abschäumen gibt man ein Bouquet Petersilie und die halbierte gebratene Zwiebel, Salz und Pfeffer dazu und läßt die Suppe rund drei Stunden lang zugedeckt langsam sieden, bis sich die Flüssigkeit auf ca. 1½ l eingekocht hat. Diese weiße, geschmackvolle Suppe kann beliebig verwendet werden. Das Hühnerfleisch kann, in kleine Stücke geschnitten, mit in etwas Suppe eingekochten Fadennudeln und einer Handvoll gehackter Petersilie als Suppeneintopf gereicht werden.

Man nehme:

*1 Suppenhuhn
(ca. 2 kg)
200 g Zwiebeln
200 g Karotten
200 g Staudensellerie
200 g Petersilienwurzeln
100 g Dille
50 g grüne Petersilie
Salz
Pfeffer
Piment*

GOLDENE SUPPE *Tarnopol*

Das gesäuberte Huhn wird in einem passenden Topf mit genügend Wasser zugesetzt und auf kleiner Flamme ca. 40 Minuten gekocht. Die Zwiebeln hat man im Backrohr, ohne Fett, vorsichtig gebräunt; das Wurzelwerk kommt geputzt und gewaschen in den Suppentopf, dazu einige Pfefferkörner, Salz und etwas Piment. Wenn nötig, wird der Sud mit kochendem Wasser aufgegossen und gekocht, bis das Huhn weich ist.

Das Huhn aus dem Sud heben, die Haut abziehen und das Fleisch von den Knochen lösen. Das Hühnerfleisch wird in der heißen Brühe aufgetischt.

(Ein traditioneller erster Gang bei rituellen Hochzeitsessen.)

OGLIO-SUPPE

Alle Fleischarten, auch das Geflügel und der Hase, werden gebraten, dann mit Suppengrün und den Gewürzen in 4 ½ l kaltes Wasser gegeben, zum Kochen gebracht und drei Stunden lang zugedeckt langsam weitergekocht. Während des Kochens werden der Schaum und das Fett abgenommen.

Dann seiht man die Suppe zuerst durch ein gröberes, dann durch ein feines Sieb ab, salzt jetzt erst nach Belieben und serviert in kleinen Bechern.

Man nehme:

1 kg Kalbfleisch
1 kg Schöpsenfleisch
1 großes Huhn
1 Rebhuhn
1 Taube
½ Hasen
1 große Zwiebel
1 Petersilienwurzel
1 Sellerie
1 gelbe Rübe
Salz, Pfeffer
Neugewürz
Muskatnuß

ALTWIENER SUPPENTOPF

Das Rindfleisch wird mit dem Suppenhuhn, der Rindsleber und der Milz in 3 l kaltem Wasser in einer großen Kasserolle auf den Herd gebracht, nach dem Abschäumen gibt man einen Kaffeelöffel Salz hinzu. Zwei Stunden langsam kochen lassen. Dann wird die Suppe durch ein Sieb gegossen, das Suppenhuhn abgehäutet, das Fleisch von den Knochen gelöst und in kleine Stücke geschnitten. Auch Rindfleisch, Leber und Milz werden in kleine Würfel geteilt.

Man nehme:

1 kg Rindfleisch
1 ½ kg Suppenhuhn
200 g Rindsleber
200 g Kalbsmilz
Suppengrün
(Sellerie, Petersilie, gelbe Rübe)
Schnittlauch,
Pfeffer
Salz, Safran
150 g feine
Suppennudeln

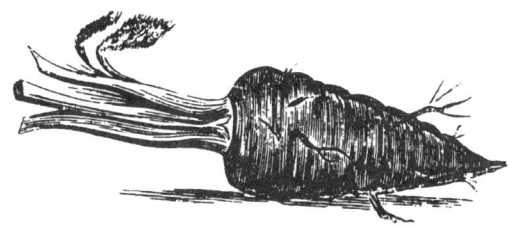

EINFACHE RINDSUPPE

Man nehme:

ca. 2 kg Schlögel oder Beiried
½ kg Rindsknochen
Suppengrün (Sellerie, Petersilie, gelbe Rübe)
1 Zwiebel
1 Kaffeelöffel Salz

Ein Stück ausgelöstes Ochsenfleisch vom Schlögel oder vom Beiried (ca. 2 kg) wird geklopft, gerollt und mit Spagat überbunden. ½ kg Rindsknochen zerhacken und mit dem Fleisch in einen mit kaltem Wasser gefüllten Topf geben (1 kg Fleisch auf 2 l Wasser). Man setzt den Topf aufs Feuer und nimmt den beim Aufkochen entstehenden Schaum ab. Die Schaumbildung wird gefördert, wenn man einige Löffel kaltes Wasser nachgießt. Je mehr Schaum abgenommen wird, desto klarer wird die Suppe.

Später gibt man das geputzte und gewaschene Suppengrün dazu. Ein Stück gebratene Zwiebel und ein halber Kaffeelöffel Salz kommen ebenfalls in den Topf. Die Suppe soll jetzt langsam zwei Stunden lang zugedeckt kochen. Vor Gebrauch wird sie durch ein feines Sieb gegossen und mit beliebigen Einlagen verwendet. Das Fleisch wird in etwas Suppe warm gestellt und, nachdem man den Spagat entfernt hat, in Scheiben geschnitten und serviert.

BRAUNE SUPPE

Man nehme:

½ kg Saftfleisch
½ kg Rindsknochen
1 Kalbsknochen
120 g Rindsmark
120 g Rindsleber
Suppengrün (Sellerie, Petersilie, gelbe Rübe)
1 Zwiebel
Gewürznelke
3 Pfefferkörner
3 Körner Neugewürz

In eine Kasserolle gibt man 120 g Rindsmark, 120 g Rindsleber, ein Stück Kalbsknochen, ½ kg Saftfleisch, ½ kg zerhackte Rindsknochen, Suppengrün und eine Zwiebel; das blättrig geschnittene Gemüse, dazu eine Gewürznelke, drei Pfefferkörner und drei Körner Neugewürz. Die Kasserolle wird mit einem Deckel bedeckt und der Inhalt auf mittlerer Flamme gut braun geröstet (nicht anbrennen lassen!). Wenn sich das Wurzelwerk mit der Leber und dem Fleisch gut verdünstet hat und alles schön braun geworden ist, wird es mit ¼ l kaltem Wasser aufgegossen und noch einmal überdünstet. Dann gibt man das Geröstete in eine einfache, abgeschäumte Suppe, in der sich noch das Suppenfleisch befindet, und läßt alles gemeinsam drei Stunden langsam kochen. Eine Viertelstunde vor Gebrauch nimmt man den Topf vom Feuer, schöpft das Fett rein ab, gießt die Suppe durch ein feines Sieb und verwendet sie beliebig. Beim Fleisch macht man es wie bei der einfachen Suppe.

PANADELSUPPE

Man nehme:

Die abgerindeten, in kaltem Wasser aufgeweichten Semmeln werden gut ausgedrückt und in die zerlassene Butter gegeben. Man rührt so lange, bis ein glatter Teig entsteht, der fettglänzend aussieht.

Dieser wird nach und nach mit der siedenden starken Suppe aufgegossen und dabei ständig gerührt. Bei mittlerem Feuer die Suppe eine halbe Stunde lang kochen. Vor dem Anrichten wird sie mit dem Rahm, in dem zwei Dotter verquirlt wurden, vermischt.

3 Semmeln
80 g Butter
1 l Suppe
⅛ l Rahm
2 Eidotter

KNOBLAUCHSUPPE

Man nehme:

In 1½ l Suppe läßt man Kümmel und Pfeffer fünf Minuten kochen. Inzwischen zerdrückt man fünf Zehen Knoblauch in Salz. Sie kommen mit 30 g Fett in die Suppe. Man läßt kurz aufkochen. Das Brot wird in kleine Würfel geschnitten, im restlichen Fett angeröstet und knapp vor dem Servieren zischend in die Suppenterrine eingelegt.

150 g Brot
60 g Fett
Salz
Pfeffer
Kümmel
Knoblauch
1½ l Suppe

BROTSUPPE

Man nehme:

Das Brot wird blättrig geschnitten und auf der Herdplatte oder im Rohr getrocknet. In einer Kasserolle hat man inzwischen die feingeschnittenen Zwiebeln, eine Knoblauchzehe und die gehackte Petersilie angeröstet, das getrocknete Brot kommt dazu und wird ebenfalls eine Weile geröstet. Dann wird mit 1½ l Wasser aufgegossen, gesalzen, papriziert, nach Geschmack gepfeffert und aufgekocht.
Wenn die Suppe fertig ist, gießt man die drei verquirlten Eier unter ständigem Rühren in die siedende Flüssigkeit.

300 g Schwarzbrot
100 g Fett
150 g Zwiebeln
Knoblauch
3 Eier
Salz
Pfeffer
Paprika
Petersilie

RAHMSUPPE *Pinzgau*

Man nehme:

3/10 l sauren Rahm (oder 6/10 l saure Vollmilch)
2 Löffel Mehl
Kümmel
Salz
Schwarzbrot

1 l gesalzenes Wasser läßt man mit ein wenig Kümmel aufkochen. In das kochende Wasser werden 3/10 l saurer Rahm oder 6/10 l saure Vollmilch gegossen, abgequirlt mit zwei Löffeln Mehl. Mit Kümmel und Salz würzen. Man sprudelt die Suppe gut ab, läßt sie aufkochen und reicht kleingeschnittenes, geröstetes Schwarzbrot dazu.

EIERFLAUMSUPPE *Görz*

Man nehme:

1 l Fleischbrühe
2 Eier
1 Eßlöffel Mehl
2 Eßlöffel geriebenen Parmesan
Salz
Pfeffer
1 Handvoll Petersilie

Fleischbrühe in einem großen Topf erhitzen. Unterdessen in einer kleinen Schüssel die beiden Eier mit dem Mehl und dem geriebenen Käse energisch verquirlen. Sobald die Suppe sprudelt, die Eimasse unterrühren, mit einer Gabel oder einem Schneebesen weiterschlagen, bis sich nach etwa zwei Minuten kleine Flöckchen bilden. Salzen und pfeffern, Petersilie fein hacken und in die Suppe streuen. Heiß servieren.

SPECKKNÖDELSUPPE *Schlanders*

Man nehme:

300 g altbackenes Weißbrot
¼ l lauwarme Milch
1 kleine Zwiebel
100 g Räucherspeck im Stück
30 g Butter
2 Eier
eventuell 2 Eßlöffel Mehl
2 Eßlöffel Petersilie
Salz
1¼ l Suppe
Schnittlauch zum Servieren

Das Weißbrot in hauchdünne Scheiben schneiden und in eine Schüssel geben. Mit der lauwarmen Milch übergießen und einweichen lassen. Inzwischen die Zwiebel fein hacken und den Speck fein würfeln. Die Butter in einem Pfännchen erhitzen und beides darin ausbraten.

Das Brot aus der Milch heben und gut abtropfen lassen. In einer Schüssel mit Speck und Zwiebeln verkneten, die Eier einarbeiten. Wenn der Knödelteig sehr feucht wirkt, das Mehl einstreuen. Die Petersilie fein hacken und untermengen; mit Salz abschmecken. Die Suppe zum Kochen bringen. Knödel formen und in der heißen Fleischbrühe ungefähr 15 Minuten ziehen lassen, aber keinesfalls sprudelnd kochen, weil sich die Knödel sonst auflösen. Mit der Fleischbrühe auf Suppenteller verteilen. Den Schnittlauch in feine Röllchen schneiden und vor dem Servieren über die Suppe streuen.

KUTTELFLECKSUPPE *Cilly*

Man nehme:

600 g Kuttelfleck
Suppengrün
(Sellerie, Petersilie,
gelbe Rübe)
Majoran
1 Zwiebel
Paprika
Pfeffer
Salz
Knoblauch
Petersilie
50 g Butter
50 g Mehl

Die Kuttelfleck werden, nachdem sie gewaschen wurden, gut mit Salz abgerieben, mit kochendem Wasser überbrüht und noch einmal kalt abgewaschen. Dann werden sie mit kaltem Wasser zugestellt und, wenn das Wasser siedet, 40 Minuten lang gekocht. Das Wasser wird abgegossen, neues kaltes Wasser aufgefüllt, gesalzen und gekocht, bis die Kuttelfleck weich sind (ca. drei Stunden). Dann wird das Suppengrün dazugegeben und 20 Minuten mitgekocht. Jetzt nimmt man die Kuttelfleck heraus und läßt sie auskühlen. Sobald sie kalt sind, werden sie in möglichst feine Streifen geschnitten.

Eine feingeschnittene Zwiebel wird in 40 g Butter angeröstet, Mehl dazugegeben und eine helle Einbrenn gemacht. In diese kommt noch eine in Salz zerdrückte Zehe Knoblauch, ein Teelöffel Paprika und etwas Majoran. Diese Einbrenn gießt man mit der durchgeseihten Kuttelfleckbrühe auf, schmeckt ab und läßt noch 20 Minuten kochen. Dann erst kommen die Kuttelfleckstreifen und das kleingeschnittene Suppengrün hinein. Wieder aufkochen lassen! Vor dem Servieren wird die Suppe mit feingehackter Petersilie bestreut.

BROKKOLISUPPE *Bruneck*

Man nehme:

80 g Bauchspeck
1 Knoblauchzehe
1 kleine rote Pfefferschote
2 Eßlöffel Olivenöl extra vergine
500 g Brokkoli
½ Glas trockenen Weißwein
½ l Gemüsebrühe
200 g kurze Nudeln
Salz
4 Eßlöffel geriebenen Pecorino

Den Bauchspeck fein würfeln, die Knoblauchzehe fein hakken, die Pfefferschote mit den Händen zerreiben, nach Belieben die Kerne entfernen. Das Olivenöl in einem Topf erhitzen und Speck, Knoblauch und Pfefferschote darin andünsten. Den Brokkoli in Röschen teilen, abbrausen und abtropfen lassen. Dann mit den Gewürzen mitdünsten, mit Weißwein ablöschen und einkochen lassen. Die Gemüsebrühe dazugießen und zum Kochen bringen. Bei milder Hitze die Brokkoliröschen darin weich garen. Kurz vor dem Ende der Garzeit die Nudeln hinzufügen und in der Suppe weich kochen. Wenn nötig, salzen.

Auf Suppenschalen verteilen und mit reichlich geriebenem Pecorino servieren.

LEICHTE GEMÜSESUPPE

Man nehme:

2 große Zwiebeln
4-5 Eßlöffel Olivenöl extra vergine
4 Selleriestangen mit Blattgrün
1 vollreife Fleischtomate
Salz
1 l Wasser
400 g Blattspinat
1 Bund Basilikum
2 Eier
8 Scheiben Weißbrot zum Servieren
Basilikum zum Garnieren

Die Zwiebeln kleinhacken. Das Olivenöl in einem großen Topf erhitzen und die Zwiebeln darin andünsten. Die Blättchen von den Selleriestangen zupfen, die Stangen fein würfeln. Beides mit den Zwiebeln mitdünsten. Die Tomate würfeln und ebenfalls in den Topf geben. Salzen und mit Wasser aufgießen, zum Kochen bringen. In der Zwischenzeit den Spinat waschen und fein hacken. Sobald das Wasser kocht, Spinat zusammen mit dem Basilikum ins Wasser geben. Bei leiser Hitze eine Stunde köcheln lassen. In der Zwischenzeit die Weißbrotscheiben im Toaster oder im Backofen rösten. Vier Suppenteller damit auslegen.

Kurz vor dem Servieren die beiden Eier verquirlen und in die Suppe gießen. Zwei Minuten rühren und den Eierflaum fest werden lassen. Die Suppe über die Weißbrotscheiben verteilen und mit Basilikumblättchen garnieren.

ERDÄPFELSUPPE *Stockerau*

Man nehme:

Sorgfältig gewaschene und geschälte Kipfler-Erdäpfel werden in Scheiben geschnitten und mit Suppengrün in Salzwasser gekocht. Nachdem eine gehackte Zwiebel in Fett geröstet und eine dunkle Einbrenn bereitet wurde, wird diese mit dem Erdäpfelsud abgelöscht. Dazu gibt man die Erdäpfel, ein Lorbeerblatt, Majoran, Pfefferkörner sowie eine zerdrückte Knoblauchzehe und läßt alles gut aufkochen.

Durch Beigabe von ein bis zwei Handvoll getrockneten Schwammerln (Herren- oder Steinpilze) kann die Erdäpfelsuppe verbessert werden.

1½ kg Kipfler-Erdäpfe
1 Zwiebel
Suppengrün (Sellerie, Petersilie, gelbe Rübe)
Lorbeerblatt
Majoran, Knoblauch
Pfefferkörner
getrocknete Schwammerln

GURKENSUPPE

Man nehme:

Eine große, feingehackte Zwiebel in einer Kasserolle anlaufen lassen, ein wenig Mehl, drei Zehen zerdrückten Knoblauch und drei bis vier Paradeiser beigeben und alles dünsten lassen.

Eine Gurke schälen, blättrig schneiden und beifügen. Mit Kümmel, Majoran, Pfeffer, Paprika, Kuttelkraut und gehackter Petersilie würzen. Salz nach Geschmack, dann ein wenig aufgießen.

Einen dünnen Nockerlteig bereiten, durch die grobe Seite eines Reibeisens treiben und einkochen.

1 große Gurke
1 große Zwiebel
3-4 Paradeiser
3 Knoblauchzehen
Kümmel
Majoran
Pfeffer
Paprika
Kuttelkraut
Petersilie
Mehl
Salz

KRAUTSUPPE

Man nehme:

½ kg Sauerkraut
½ Selchkarree
1 Debreziner Würstel
50 g durchzogenen Speck
2 Zwiebeln
½ l Rahm
Knoblauch
Dillkraut
Salz
Paprika
Mehl

Das Sauerkraut wird in einer Kasserolle vier Finger hoch mit Wasser bedeckt, das Geselchte, die feingehackten Zwiebeln, zwei Knoblauchzehen und gehacktes Dillkraut werden dazugegeben und gekocht. Wenn das Fleisch gar ist, wird es herausgenommen und in kleine Stücke geschnitten. Der würfelig geschnittene Speck wird rasch ausgebraten und mit der blättrig geschnittenen Wurst sowie zwei Teelöffeln Paprika in die Suppe getan, auch kommt der mit einem Eßlöffel Mehl verrührte Rahm dazu.

Nun wird das Selchfleisch hineingelegt und unter Umrühren noch einmal aufgekocht. Dann wird die Suppe in der Terrine zu Tisch gebracht. Sollte es an Flüssigkeit fehlen, wird während des Kochens mit Suppe aufgegossen.

FLEISCHSUPPE UND RINDFLEISCH

Man nehme:

*1 kg Kochfleisch
½ kg Knochen
Suppengrün
(Sellerie, Petersilie,
gelbe Rübe)
1 Zwiebel
Salz
Pfefferkörner
Nelke
Neugewürz*

Das Rindfleisch wird als ganzes Stück geklopft und mit Spagat wie ein Rollschinken gebunden. Die Knochen werden in kleine Stücke zerhackt und mit dem Fleisch in einen großen Topf gelegt, der mit Wasser (auf 1 kg Fleisch 2 l Wasser) aufgefüllt und auf mittleres Feuer gesetzt wird. Der sich bildende Schaum wird abgeschöpft. Beim langsamen Kochen fördert die öftere Beigabe von einigen Löffeln kaltem Wasser die reinigende Schaumbildung, und die Suppe wird klar.

Die Zwiebel wird in zwei Hälften gebraten und mit dem geputzten Suppengrün unter Beigabe von einem halben Kaffeelöffel Salz, drei bis fünf Pfefferkörnern, einer Nelke und drei Körnern Neugewürz in die fertig abgeschäumte Suppe gegeben. Man läßt alles zugedeckt zwei Stunden langsam weiterkochen.

Eine halbe Stunde vor dem Essen wird die Suppe auf kleinste Wärme gestellt, damit sie heiß bleibt, aber nicht kocht. Das Fett wird abgenommen, man seiht die Suppe durch ein feines Sieb und verwendet sie nach Belieben. Das Fleisch wird mit einigen Löffeln klarer Suppe zugedeckt an einem warmen Platz stehengelassen, bis es vom Spagat befreit, aufgeschnitten und auf einer flachen Schüssel angerichtet zu Tisch kommt.

Als Beilage eignen sich geröstete Erdäpfel und alle Arten von Gemüse. Aber auch Schnittlauchsauce, Apfel- oder Oberskren schmecken dazu köstlich.

POLNISCHE KRAFTSUPPE

Man nehme:

½ kg Rindfleisch
½ Suppenhuhn
1 kleinen Krautkopf
1 Kohlkopf
¼ kg Schinken
¼ l sauren Rahm
Bratfett (Margarine)
Salz, Pfeffer, Mehl

Fleisch, Huhn, der geviertelte Krautkopf und der halbe Kohlkopf werden in 2 l Wasser weich gekocht. Unterdessen dünstet man den anderen halben Kohlkopf - nudelig geschnitten - in Fett schön braun, staubt mit einem Löffel Mehl und gießt mit der Suppe auf.

Dann schneidet man das gekochte Gemüse, das Rindfleisch und das entbeinte Huhn in kleine Stücke, gibt den blättrig geschnittenen Schinken dazu und kocht diese Einlage kurz in die Suppe ein, wobei sie mit Salz und Pfeffer abgeschmeckt wird. Auf jeden Teller Suppe kommt ein Löffel saurer Rahm.

GEMÜSESUPPE *Predazzo*

Man nehme:

2 Eßlöffel Butter
1 große Zwiebel
2 Knoblauchzehen
1 Stange Lauch
2 Karotten
2 Stangen Sellerie
2 Kartoffeln
1 Fleischtomate
1 Zucchini
1 Handvoll grüne Bohnen
1 Glas trockenen Weißwein
1 l Brühe
Salz
Pfeffer
1 Teelöffel getrockneten Oregano
1 Eßlöffel gehackte Petersilie

Die Butter in einem großen Topf langsam erhitzen, Zwiebel und Knoblauch fein hacken und darin andünsten. Lauch in feine Ringe, Karotten in feine Scheiben, Sellerie in schmale Streifen schneiden. Sobald Zwiebel und Knoblauch glasig werden, das Gemüse dazugeben und in der heißen Butter andünsten. Die Kartoffeln schälen und fein würfeln, die Fleischtomate häuten und ebenfalls würfeln, die Zucchini je nach Größe in Scheiben oder Stifte schneiden, die Bohnen putzen und je nach Größe halbieren. Das Gemüse ebenfalls in den Topf geben und mitdünsten. Mit Weißwein und Brühe aufgießen. Salzen, pfeffern, die Kräuter beifügen und rasch zum Kochen bringen. Sobald die Suppe aufkocht, Hitze zurückschalten und das Gemüse auf leiser Flamme garen (20 bis 30 Minuten).

In die fertige Suppe eine Tasse Reis oder kleinformatige Nudeln als Einlage einkochen. Beim Servieren geriebenen Parmesan reichen.

SPINATSUPPE

Man nehme:

1 kg Blattspinat
30 g Butter
1½ l Fleischbrühe
4 Eier
5 Eßlöffel geriebenen Parmesan
Salz
Pfeffer
Muskat

Den Spinat verlesen und unter fließendem Wasser waschen. In einem großen Topf dämpfen und zusammenfallen lassen. Herausheben, gut abtropfen lassen und mit einem Wiegemesser fein hacken. Die Butter in einer Pfanne erhitzen und den gehackten Spinat darin schwenken. Die Fleischbrühe in einem großen Topf zum Kochen bringen. In der Zwischenzeit die Eier mit dem geriebenen Parmesan verquirlen und mit Salz, frisch gemahlenem Pfeffer und frisch geriebenem Muskat würzen. Eiermasse in den Spinat einrühren. Sobald die Brühe kocht, die Spinatmasse hinzufügen. Die Einlage einige Minuten unter energischem Rühren mitkochen. Auf Suppenschalen verteilen und heiß servieren.

KARDENCREMESUPPE *Gradiska*

Man nehme:

1,35 kg Karden
45 g Butter
1 kleine Zwiebel
2 l Geflügelfond
Salz
Pfeffer
1 Spritzer Zitronensaft
Croutons

Die Blätter und harten Enden der Kardenstangen entfernen und, wie bei Staudensellerie, die Fäden von den Stangen abziehen. Die Stangen schräg in 4 cm lange Stücke schneiden, in einen großen Topf mit kochendem Wasser legen und 15 Minuten kochen lassen, um die Bitterstoffe zu entfernen. Danach abtropfen lassen. Die Butter in einem Suppentopf über mittlerer Hitze zerlaufen lassen und darin die gewürfelte Zwiebel glasig dünsten. Die Karden zufügen, kurz in der heißen Butter schwenken und den Geflügelfond zugießen. Zum Kochen bringen und über reduzierter Hitze, halb zugedeckt, 30 bis 40 Minuten, eventuell auch etwas länger, kochen, bis die Karden sehr weich sind.

Danach die Suppe pürieren. Anschließend durch ein feines Sieb passieren. Die Suppe muß ein glattes, ziemlich dickes Püree werden. Würzen mit Salz, Pfeffer und einem Spritzer Zitronensaft.

GEMÜSECREMESUPPE *Friaul*

Man nehme:

*3 Lauchzwiebeln
2 Eßlöffel Olivenöl
100 g Rinderfaschiertes
50 g Bauchspeck
je 100 g frische Fava-Bohnenkerne, frische Erbsen, Artischockenherzen und Spargelspitzen
1 l Fleisch- oder Gemüsesuppe
Salz
Pfeffer
4 Scheiben Weißbrot*

Lauchzwiebeln in feine Röllchen schneiden. Das Olivenöl in einem Topf erhitzen und die Zwiebeln darin andünsten. Das Faschierte dazugeben und anbraten. Den Speck würfeln und ebenfalls in den Topf geben. Rund zehn Minuten dünsten. Das gesamte Gemüse hinzufügen und unter ständigem Rühren braten, bis es rundum von Saft benetzt ist. Mit Suppe aufgießen, salzen und pfeffern. Zwanzig Minuten weiterkochen lassen.

Suppenteller mit Weißbrotscheiben auslegen und die heiße Suppe darüber verteilen.

GERSTSUPPE *Meran*

Man nehme:

*100 g Räucherspeck im Stück
100 g Rollgerste
1¾ l Wasser
200 g Selchfleisch
1 kleine Zwiebel
1 Karotte
1 kleines Stück Knollensellerie
1 Kartoffel
1 kleines Stück Lauch
Pfeffer
eventuell Salz*

Den Räucherspeck in kleine Würfel schneiden und in einem großen Topf glasig werden lassen. Die Gerste abbrausen und abtropfen lassen. Zum Speck geben, kurz anrösten, dann mit Wasser aufgießen. Das Selchfleisch hinzufügen und die Suppe zum Kochen bringen. Wer den salzigen Pökelgeschmack des Selchfleischs nicht mag, kann statt dessen frisches Suppenfleisch verwenden. In diesem Fall muß die Suppe gesalzen werden. Die Kochzeit für die Gerste beträgt ungefähr zwei Stunden.

In der Zwischenzeit das Gemüse fein schneiden und die letzte halbe Stunde in der Suppe mitkochen lassen. Wenn das Fleisch gar ist, herausnehmen und abkühlen lassen. In mundgerechte Stücke schneiden und wieder in die Suppe legen. Nachwürzen und auf Teller verteilen.

GRAUPENSUPPE

Speck in dünne Streifen schneiden und in einem großen Suppentopf über geringer Hitze einige Minuten glasig dünsten. Danach das Fett abgießen, die Butter zufügen und darin die in 2-3 cm große Würfel geschnittene Zwiebel andünsten, jedoch nicht bräunen. Das ebenfalls in 2-3 cm große Stücke geschnittene Gemüse hineingeben und unter ständigem Rühren andünsten. Anschließend die Perlgraupen einstreuen. Den Geflügelfond zugießen und das Bouquet garni zufügen.

Die Suppe zum Kochen bringen. Über reduzierter Hitze, halb zugedeckt, etwa eineinhalb Stunden kochen lassen, bis die Graupen weich sind. Falls die Suppe zu dick geworden ist, sollte sie mit etwas Geflügelfond verdünnt werden.

Anschließend das Bouquet garni entfernen. Die Suppe abschmecken, mit feingeschnittener Petersilie bestreuen und auftragen. Eine kleine Schale mit frisch geriebenem Parmesan getrennt dazu reichen.

Man nehme:

4 Scheiben mageren Räucherspeck
30 g Butter
1 Zwiebel
1 Karotte
2 Stangen Staudensellerie
1 große Kartoffel
150 g feine Perlgraupen
2 l Geflügelfond
1 Bouquet garni (3 Petersilienstiele, 1 frischer Thymianzweig, 1 Lorbeerblatt)
Salz
Pfeffer
2 Eßlöffel feingeschnittene glattblättrige Petersilie
frisch geriebenen Parmesan

BOHNENSUPPE MIT NUDELN

Man nehme:

330 g Bohnen
100 ml Olivenöl
2 gewürfelte Zwiebeln
2 Tomaten
je 1 Teelöffel feingeschnittenen frischen oder
1½ Teelöffel getrockneten Thymian und Rosmarin
1 Knoblauchzehe
etwa 30 g Tagliatelle
Salz
Pfeffer

Die Bohnen über Nacht in reichlich kaltem Wasser einweichen und in einem Sieb abtropfen lassen. Anschließend in einen Suppentopf schütten, 3 l Wasser zugießen und drei Eßlöffel Olivenöl, die gewürfelten Zwiebeln sowie die geschälten und grob zerschnittenen Tomaten zufügen.

Zum Kochen bringen und auf kleinster Flamme etwa drei Stunden kochen lassen, bis die Bohnen weich sind. Mit einem Sieblöffel etwa zwei Drittel der Bohnen herausheben und pürieren. Anschließend das Püree wieder in die Suppe rühren. Mit einer ordentlichen Prise Salz und frisch gemahlenem Pfeffer abschmecken und auftragen.

BOHNENSUPPE MIT PERLGRAUPEN

Man nehme:

200 g getrocknete Bohnenkerne
80 g Bauchspeck im Stück
1 Zwiebel
1 Knoblauchzehe
1 Karotte
1 Stange Sellerie
100 g Perlgraupen
1 Lorbeerblatt
Salz
Pfeffer aus der Mühle
6 Basilikumblätter
1 Rosmarinzweig
50 g grünen Speck
1 kleine Zwiebel

Bohnen über Nacht in Wasser einweichen. 1 l Wasser zum Kochen bringen. Bauchspeck fein würfeln und in einem großen Topf glasig werden lassen. Zwiebel, Knoblauch, Karotte und Sellerie fein hacken und mit dem Speck mitdünsten. Die Bohnen abgießen und dazugeben, dann die Perlgraupen einstreuen. Mit dem kochendheißen Wasser aufgießen, das Lorbeerblatt hinzufügen, salzen, pfeffern, Basilikumblätter je nach Größe zurechtzupfen und ebenfalls in die Suppe geben. Aufkochen lassen und gut eine Stunde (oder bis die Bohnen weich sind) bei leiser Flamme köcheln lassen.

In der Zwischenzeit Rosmarinblättchen vom Zweig zupfen und zusammen mit dem Speck und der kleinen Zwiebel sehr fein hacken. In einer kleinen Pfanne rösten, bis der Speck ausgebraten ist, und beiseite stellen.

Wenn die Bohnen gar sind, etwa ein Viertel der Suppe in einen kleinen Topf gießen. Die restliche Suppe mit dem Pürierstab zermusen. Die Suppe mit den ganzen Bohnen wieder zurückgießen. Das Gewürzhack unter die Suppe rühren. Auf Suppenschalen verteilen und servieren.

MINESTRONE *Piran*

Man nehme:

2 Eßlöffel Olivenöl
30 g Butter
1 Zwiebel
1 große Stange Staudensellerie
2 Lauchstangen
1 große Tomate
2 kleine Zucchini
¼ Wirsingkohl
1 große Kartoffel
1 mittelgroße Karotte
6 grüne Spargelstangen
1 Lorbeerblatt
Salz
Pfeffer
2 l kochendes Wasser oder Geflügelfond
80 ml Tomatensauce
frisch geriebenen Parmesan

Das Olivenöl und die Hälfte der Butter in einem großen Suppentopf erhitzen. Die gewürfelte Zwiebel darin unter ständigem Rühren etwa 15 Minuten anbräunen.

Inzwischen das Gemüse vorbereiten: Sellerie in 2-3 cm dicke Scheiben, die weißen Teile der Lauchstange in feine Streifen schneiden, die Tomaten schälen, entkernen und würfeln, die Zucchini klein würfeln, den Kohl grob zerschneiden, die Kartoffel und die Karotte schälen und würfeln und die Spargelstangen in ½ cm dicke Scheiben schneiden.

Anschließend das Gemüse einstreuen. Das Lorbeerblatt, etwas Salz und frisch gemahlenen Pfeffer zufügen. Das Gemüse unter ständigem Rühren mit einem Holzlöffel etwa 15 Minuten anschwitzen. Mit kochendem Wasser oder Hühnerfond sowie Tomatensauce aufgießen.

Die Suppe zum Kochen bringen und über reduzierter Hitze, halb zugedeckt, 15 Minuten kochen lassen. Danach das Lorbeerblatt entfernen. Falls die Suppe zu dick ist, sollte man sie mit etwas kochendem Wasser verdünnen. Zum Schluß die restliche Butter zufügen und die Suppe abschmecken. Die Minestrone sehr heiß servieren und ein Schälchen mit frisch geriebenem Parmesan getrennt dazu reichen.

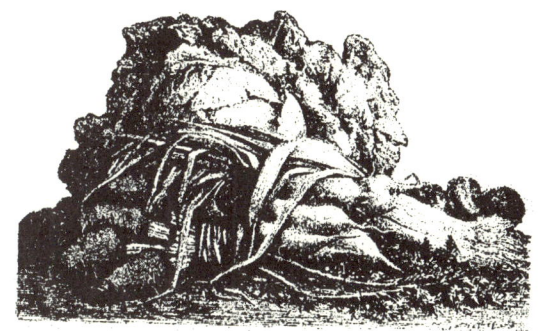

FISCHBEUSCHELSUPPE *Keszthely*

Man nehme:

Kopf und Schwanz eines Karpfens
Rogen und Milch
1 Zwiebel
Kuttelkraut
Lorbeerblatt
Salz
Essig
Pfefferkörner
Zitronenschale
Mehl
2 Zuckerwürfel
100 g Wurzelwerk (Sellerie, Petersilie, gelbe Rübe)
⅛ l Rotwein
Weißbrot

Kopf- und Schwanzstück eines Karpfens werden in 1¼ l Wasser mit Pfefferkörnern, Zwiebelringen, Kuttelkraut, einem Lorbeerblatt, Salz, einem Schuß Essig und ganz wenig Zitronenschale gekocht. Rogen und Milch werden in einer Kasserolle in gesäuertem Wasser gegart. Später wird etwas Mehl mit zwei Stück Würfelzucker braun abgeröstet, mit geriebenem Wurzelwerk vermischt und weitergeröstet, dann mit ⅛ l Rotwein abgelöscht und mit dem abgeseihten Fischsud aufgegossen.

Etwas kochen lassen. Rogen, Milch und entgrätetes Fischfleisch dazugeben, mit Zitronensaft abschmecken. Beim Servieren wird die Suppe mit gerösteten Weißbrotwürfeln bestreut.

HALÁSZLÉ *Komarom*

Man nehme:

1½ kg Süßwasserfische verschiedener Gattungen
2 Zwiebeln
Salz
Paprika
Mehl
Fett

Fische mehrerer Arten werden geputzt, entgrätet, in Stücke geschnitten und gesalzen.

In einer Kasserolle röstet man in reichlich Fett zwei feingehackte Zwiebeln gelb und staubt mit etwas Mehl und Paprika. Man läßt etwas anlaufen und gießt mit Wasser auf. Wenn die Suppe verkocht ist, gibt man die Fische hinein und läßt sie bei mäßiger Hitze gar werden. Mit einem Spritzer Essig kann die Suppe pikant gewürzt werden.

Suppen- einlagen

GEBACKENE ERBSEN

Brandteig wird durch die grobe Seite des Reibeisens getrieben und dann in sehr heißem Fett herausgebacken. Die so »gebackenen Erbsen« gleichmäßig lichtbraun werden lassen, dann mit dem Backlöffel aus dem Fett heben und auf Fließpapier ausbreiten.

FRITTATEN

Man nehme:

¼ l Mehl
¼ l Milch
3 Eier
Salz
Fett

In einer tiefen Schüssel wird unter ständigem Rühren zu ¼ l Mehl langsam ¼ l Milch gegossen. Sobald der Teig glatt ist, werden drei ganze Eier dazugemischt, dann erst wird etwas gesalzen. Inzwischen erhitzt man Fett in einer mittleren Rein. Eine kleine Portion Fett in eine Frittatenpfanne gießen und danach das überschüssige Fett in die Rein zurückschütten. In die gefettete Frittatenpfanne werden zwei Eßlöffel des vorher zubereiteten Teiges – etwa in Kartonstärke – verteilt. Sobald die Pfanne mit dem Teig wieder am Feuer steht, wird von der Seite neuerlich etwas Fett dazugegeben, dann die Frittate mit dem Backlöffel gewendet und abermals seitlich etwas Fett zugefügt. Die braungebackene Frittate zum Abtropfen auf Fließpapier legen.

Die kalt gewordenen Frittaten entweder zu feinen Nudeln schneiden oder mit Keksformen ausstechen. Das Gelingen dieser Suppeneinlage hängt entscheidend vom Hitzegrad der Frittatenpfanne und des verwendeten Fettes ab.

FRITTATENSTRUDEL

Frittaten, wie vorher angegeben, werden mit einer Farce aus Bratenfleisch oder Kochfleischresten bestrichen, strudelartig zusammengerollt, in eine mit Butter bestrichene Serviette gelegt und zusammengebunden. In Salzwasser 20 Minuten lang kochen lassen. Der Strudel wird in kleine Stücke geschnitten und in heißer Bouillon serviert.

FLEISCHSTRUDEL

Man nehme:

200 g Fleischreste
Petersilie
1 Ei
Salz
Pfeffer
Majoran
Strudelteig

Die Fleischreste werden faschiert, mit einer Handvoll gehackter Petersilie und einem Ei verrührt. Mit Salz, Pfeffer und ganz wenig Majoran gewürzt, wird diese Masse auf dem vorbereiteten Strudelteig so aufgestrichen, daß 3 cm breite saubere Ränder bleiben, diese befeuchtet man und rollt den Strudel gut ein. Mit einem Kochlöffel werden Portionsstücke abgedrückt und in der Suppe gekocht.

KÄSEKRUSTELN

Man nehme:

50 g Parmesan
1 Eidotter
Paprika
Weißbrotscheiben

Der geriebene Parmesan wird mit Paprika gewürzt und mit dem Eidotter abgerührt.

Dünne Weißbrotscheiben werden mit der Masse bestrichen und auf einem gefetteten Blech im Backrohr vorsichtig gratiniert, sie sollen nicht zu dunkel werden. In gefällige Stückchen geschnitten, kommen die Krusteln in die Suppe.

FLEISCH-CONSOMMÉ

Man nehme:

240 g Bratenreste
1 Champignon
1 Semmel
5 Eier
Salz
Pfeffer
Muskatnuß
Petersilie
Suppe
Butter
Mehl

Das Fleisch, etwas geröstete Petersilie, der Champignon und die in Milch eingeweichte Semmel werden dreimal durch die Faschiermaschine gedreht und dann durch ein Sieb passiert. Dazu kommen drei Dotter und zwei ganze Eier, etwas Salz, Pfeffer, geriebene Muskatnuß und ½ l kalte Suppe. Alles wird gut vermischt, in eine mit Butter befettete, mit Mehl gestaubte Form gefüllt und eine Stunde über Dunst gekocht, dann herausgestürzt, in beliebige Stücke geschnitten und mit Suppe serviert.

MILZSCHNITTEN

Die Milz wird ausgeschabt, die Butter flaumig abgetrieben. Zwei ganze Eier und ein Eigelb dazugeben und alles gut miteinander verrühren. Dazu kommen je eine Messerspitze geschabte Muskatnuß und weißer Pfeffer sowie ein Kaffeelöffel feinstgehackte Petersilie.

In einer Pfanne Fett erhitzen und die bereits vorbereiteten kleinfingerdicken Weißbrotscheiben hineinlegen. Sie werden nicht gewendet, sondern, sobald sie auf der Unterseite Farbe haben, herausgenommen. Auf die angebratene Brotseite etwas Milzmasse streichen und die Brote in der Fettpfanne von beiden Seiten resch herausbraten.

Die Brote werden auf ein Küchenpapier gelegt und vor Verwendung in Schnitten geteilt. Mit Suppe übergossen, werden sie zu Tisch gebracht.

Man nehme:
1 Kalbsmilz
Weißbrot
3 Eier
100 g Butter
Petersilie
Muskatnuß
Salz
weißen Pfeffer
Fett

EINGETROPFTES

Aus dem Mehl und den Eiern wird ein flüssiger, glatter Teig gerührt. Da die Eier verschieden groß sind, muß fallweise vielleicht etwas mehr Mehl genommen oder der Teig mit etwas kaltem Wasser verdünnt werden.

Diesen Teig läßt man durch einen sehr kleinen Trichter in 2 l siedende Suppe einlaufen. Ist die Oberfläche des Topfes mit Eingetropftem bedeckt, hebt man dieses mit dem Backlöffel heraus und gibt es in eine zweite Kasserolle in etwas heißer Suppe. Wenn der Teig verbraucht ist, wird mit der noch erforderlichen Menge Suppe aufgegossen und dann serviert.

Man nehme:
80 g Mehl
3 Eier

BRÖSELKNÖDEL

Man nehme:

100 g Butter
2 Eier
200 g Semmelbrösel
Milch
Salz

In die abgetriebene Butter werden ein Dotter, ein ganzes Ei sowie etwas Salz eingerührt, 200 g weiße, mit vier Eßlöffeln Milch befeuchtete Semmelbrösel kommen dazu. Alles gut durchmischen und eine Viertelstunde zugedeckt rasten lassen. Dann werden kleine Knödel geformt, die in siedendem Wasser oder in der Suppe zugedeckt gar gekocht werden.

MARKKNÖDEL

Man nehme:

140 g Rindsmark
6 Semmeln
4 Eier
200 g Mehl
Salz
Milch

Das würfelig geschnittene Mark wird in einem Weitling warm gestellt und, wenn es weich ist, flaumig abgetrieben. Würfelig geschnittene Semmeln, die man in Milch geweicht hat, kommen dazu und werden mit dem nach und nach zugegebenen Mehl, zwei Dottern und zwei ganzen Eiern sowie etwas Salz zu einem formbaren Teig abgerührt. Daraus werden kleine Knödel geformt, die man in der Suppe gar kocht.

Notabene

Wenn Ihnen der Titel dieses Kochbuchs eine Bearbeitung der Rezepte für die „moderne Küche" verspricht, so möchte der Autor vorsorglich festhalten: Mit „modern" ist nur die Ausstattung einer heutigen Küche gemeint. Was Ihnen vom Mixer über das Handrührgerät mit Quirleinsätzen und Knethaken bis zur Nudelmaschine die Arbeit in der Küche erleichtern wird. Dazu gehört auch, daß Sie heute Strudelteig und Blätterteig in bester Qualität kaufen können. Diese Hilfen schenken Ihnen Zeit, die Sie besser für das appetitliche Bereiten Ihrer Speisen verwenden!

MARKBRÖSELKNÖDEL

Man nehme:

100 g abgetriebenes Mark wird mit der Mischung aus einem Eidotter, einem ganzen Ei und etwas Salz verrührt. Dazu kommen drei Eßlöffel feingehackte Petersilie und 200 g Semmelbrösel, die vorher mit vier Eßlöffeln Milch angefeuchtet wurden.

100 g Rindsmark
2 Eier
200 g Semmelbrösel
4 Eßlöffel Milch
Petersilie
Salz

Die ganze Masse wird gut verarbeitet und eine halbe Stunde lang zugedeckt stehengelassen. Zehn Minuten vor Gebrauch werden daraus haselnußgroße Knödel geformt, die im zugedeckten Suppentopf kochen müssen, bevor sie zu Tisch gebracht werden.

GRIESSNOCKERLN

Man nehme:

60 g Butter werden flaumig abgetrieben, dann nach und nach zwei Eier dazugemischt. Nach jedem Ei einen Eßlöffel Grieß beigeben, danach die restliche Menge. Dieser Masse werden zwei Eßlöffel Milch zugefügt. Den Teig zwei Stunden zugedeckt stehenlassen.

60 g Butter
2 Eier
120 g Grieß
2 Eßlöffel Milch

Zehn Minuten vor Gebrauch werden die Nockerln in heißes Salzwasser eingelegt, wobei der Eßlöffel jedesmal ins kochende Wasser getaucht werden muß, ehe man ein Nokkerl aussticht. Sind die Nockerln gar, werden sie vorsichtig in die Suppe gelegt und serviert.

Gar sind die Nockerln bei Tante Fini nach vier Gralserzählungen. Nichtsänger probieren am besten ein Nockerl, wenn es bereits oben im Wasser schwimmt. Von vielen Kennern wird eine noch etwas »kernige« Mitte geschätzt.

GRIESSNOCKERLN »TANTE MELANIE«

Man nehme:

1 Ei
Grieß

Das Eiklar wird in einer Schüssel zu einem festen Schnee geschlagen, in den man behutsam so viel Grieß einrührt, bis sich eine geschmeidige Masse bildet. Darin wird auch das Eigelb verrührt und noch so viel Grieß beigegeben, bis sich der Nockerlteig von der Schüssel zu lösen beginnt. Nicht salzen! Dann soll dieser Teig einige Minuten rasten. Mit einem in das kochende Salzwasser getauchten Teelöffel werden Nockerln ausgestochen und in einer ausreichend großen Kasserolle langsam gar gekocht. Danach in die Suppe einlegen.

KAISERSCHÖBERLN

Man nehme:

60 g Butter
3 Eier
80 g Mehl
Butter
Milch
Salz

Die Butter wird flaumig abgetrieben, dann werden nach und nach die drei Dotter, eineinhalb Löffel Milch sowie eine Prise Salz untergemischt. Hierauf werden das Mehl und der feste Schnee von den drei Eiklar behutsam dazugegeben. Dabei muß man darauf achten, daß der Schnee nicht zusammenfällt. Diese lockere Masse wird fingerhoch in eine flache, mit Butter befettete Kasserolle gefüllt, im Rohr bei mittlerer Hitze gebacken und auf ein Schneidbrett gestürzt; dort läßt man sie auskühlen. Die Schöberln mit Stechformen ausstechen oder in Rhomben schneiden.

Die Schöberln werden erst ganz knapp vor dem Servieren in die Suppe gelegt, damit sie nicht zu sehr aufgeweicht zu Tisch kommen.

LEBERNOCKERLN

Die Leber wird fein geschabt. Dazu kommen je ein halber Kaffeelöffel Petersilie und feingehackte, angeröstete Zwiebel. Eine Prise Majoran, etwas Pfeffer, Salz und geriebene Muskatnuß werden daruntergerührt. Das Weiße der entrindeten Semmeln (100 g) wird in Milch genetzt und durch ein Sieb passiert. Alles zusammen wird mit einem Dotter und einem ganzen Ei gut verrührt. Nachdem man ca. 30 g Semmelbrösel daruntergemischt hat, muß die Masse eine Dreiviertelstunde rasten. Mit einem Kaffeelöffel Nockerln ausstechen und in kochendes Salzwasser einlegen. Nach acht bis zehn Minuten Kochzeit (zugedeckt) sind sie gar und können in der Suppe serviert werden.

Man nehme:

300 g Rindsleber
150 g Mark
2 Semmeln
2 Eier
Semmelbrösel
Salz
Pfeffer
Muskatnuß
Majoran
Petersilie
1 Zwiebel

LEBERKNÖDEL

Die Rindsleber wird am Schneidbrett mit dem Messer ausgestreift und durch ein Sieb getrieben, durch das man auch das in Milch erweichte und gut ausgedrückte Weißbrot streicht. In etwas Fett läßt man die gehackte Zwiebel und Petersilie anlaufen und überkühlen. Petersilie und Zwiebel werden nun mit einem ganzen Ei, Salz, Majoran, Neugewürz und Pfeffer abgerührt und mit der passierten Rindslebermasse vermischt. Wenn nötig, noch so viel Semmelbrösel beigeben, bis der Teig die nötige Festigkeit hat. Daraus werden kleine Knödel geformt, die zehn Minuten lang in der Suppe kochen sollen.

Aus dem gleichen Teig können auch mit dem Löffel kleine Nockerln ausgestochen und in die Suppe eingekocht werden.

Man nehme:

200 g Rindsleber
40-60 g Weißbrot
Semmelbrösel
etwas Milch
1 Ei
Zwiebel
Petersilie
Majoran
Neugewürz
Pfeffer
Fett

LEBERREIS

Aus der gleichen Masse wie für Lebernockerln wird auch Leberreis bereitet. Dazu legt man ein Reibeisen verkehrt über eine Kasserolle mit siedender Suppe. Mit einem Kochlöffel drückt man die Lebermasse durch die grobe Seite des Reibeisens. Der Leberreis wird, wenn er fest ist, herausgenommen und in einer vier Finger hoch mit Suppe gefüllten Kasserolle warm gestellt. Wenn aller Teig verbraucht ist, wird der Leberreis mit heißer Suppe übergossen und, mit Schnittlauch bestreut, serviert.

Man nehme:

Für den Teig:
¼ kg Mehl
1 Ei
20 g Butter

Für die Fülle:
1 Kalbsbeuschel
Zwiebel
Petersilie
Semmelbrösel
Pfeffer
Majoran

LUNGENSTRUDEL

Aus dem Mehl, einem Ei und einem Stück Butter wird ein weicher Strudelteig bereitet, gut abgeknetet und mit einer erwärmten Schüssel zugedeckt. Zur Fülle wird ein Stück Kalbsbeuschel vorbereitet, das zuvor weich gekocht, abgekühlt und mit dem Wiegemesser fein geschnitten wurde.

In einer Kasserolle wird etwas Butter oder Mark erhitzt, darin die feingeschnittene Zwiebel, Petersilie und eine Handvoll Semmelbrösel geröstet. Beuschel dazugeben, mit Pfeffer und Majoran würzen und alles kurz durchrösten. Nachdem die Masse völlig abgekühlt ist, verrührt man sie mit einem ganzen Ei.

Der auf einem mit Mehl gestaubten Tischtuch ausgezogene Teig wird jetzt mit der Fülle gleichmäßig bedeckt, doch wird auf einer Seite ein Streifen freigelassen und mit etwas Eiklar bestrichen. Der Teig wird in diese Richtung aufgerollt, indem man das Tuch gleichmäßig langsam aufhebt. Fertig gerollt, teilt man den Strudel mit dem Kochlöffel in handbreite Stücke, er wird mit den Fingern an beiden Enden etwas zusammengedrückt und in Suppe gekocht.
Damit sein schönes Aussehen nicht verlorengeht, muß Lungenstrudel gleich serviert werden. Der Strudel kann aber auch im Rohr herausgebacken und in Stücke geschnitten werden.

Fleischgerichte

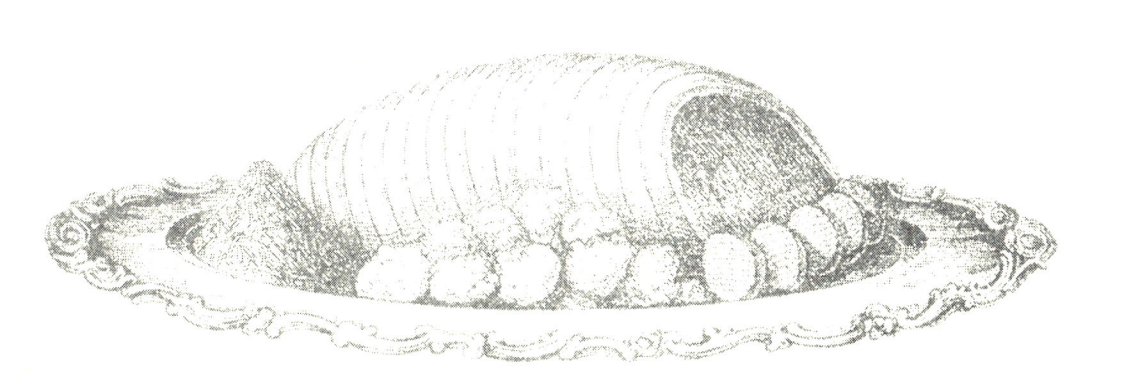

JÜDISCHER KALBSBRATEN

Das Fleisch säubern und mit den Gewürzen fest einreiben. In heißem Öl von allen Seiten zu schöner Farbe anbraten, die feingeschnittenen Zwiebeln dazugeben und noch eine Weile braten. Dann mit Suppe aufgießen (ein Drittel des Fleisches soll bedeckt sein) und zugedeckt weich dünsten. Der Braten kann warm mit dem Saft oder ohne Saft, dünn aufgeschnitten, kalt serviert werden.

Man nehme:
1,5 kg Kalbfleisch vom Schlögel
300 g Zwiebeln
30 g Knoblauch
100 g Speiseöl
Salz, Pfeffer
Thymian, Estragon
1 l Hühnersuppe

KALBSKOTELETTS AUF MAILÄNDER ART

Die Kalbskoteletts flach klopfen, bis sie nur noch ½ cm dick sind. Den Fettrand einschneiden, damit sich die Koteletts beim Braten nicht wölben. Das Mehl, die verquirlten Eier und die Semmelbrösel getrennt in drei flache Schalen geben. Die Koteletts mit Salz und Pfeffer würzen, im Mehl wenden und überschüssiges Mehl abschütteln. Im verquirlten Ei und anschließend im Paniermehl wenden, dabei die Semmelbrösel gut andrücken. Mit der stumpfen Seite eines Messers jeweils auf einer Seite der Fleischstücke ein Gittermuster in die Panade drücken.

Zwei große Pfannen zum Braten der Koteletts vorbereiten. Über mittlerer Flamme in jeder Pfanne 30 g Butter erhitzen. Wenn die Butter aufschäumt, die Koteletts mit dem Gittermuster nach unten in die Pfannen legen, ohne daß sie sich gegenseitig berühren. Etwa vier Minuten braten, bis sich eine goldbraune Kruste gebildet hat. Dabei sorgfältig die Hitze regulieren: Sie muß groß genug sein, damit das Fleisch schnell brät, aber nicht so stark, daß die Butter verbrennt. Anschließend die Koteletts vorsichtig mit einem Palettenmesser wenden. Falls nötig, noch etwas Butter zufügen und die Koteletts auf kleiner Flamme weitere drei bis vier Minuten braten, bis sich eine gebräunte Kruste gebildet hat.

Die Koteletts mit einem Sieblöffel aus der Pfanne heben und kurz auf Küchenpapier entfetten. Auf einer vorgewärmten Servierplatte mit Zitronenschnitzen umlegen und sofort auftragen.

Man nehme:
6 Kalbskoteletts, 1½ cm dick
Mehl
2 große Eier
250 g Semmelbrösel
60-120 g Butter
1 Zitrone, in Schnitze geschnitten
Salz
frisch gemahlenen Pfeffer

KAISERSCHNITZEL

Man nehme:

1 Kalbsnuß
200 g Selchspeck
¼ l sauren Rahm
1 Zitrone
Fett

Fingerdicke Kalbsnußschnitzel werden etwas geklopft, gesalzen und auf einer Seite mit feinem Speck durchzogen. Dann werden sie in heißes Fett getaucht, mit der gespickten Seite nach oben in eine Kasserolle gelegt und einige Minuten im Rohr gebraten. Sobald sich der Speck gelb färbt, wird das Fett abgeseiht, die Schnitzel werden mit saurem Rahm begossen. Unter wiederholtem Begießen läßt man sie noch eine Zeitlang braten. Sind sie gar, legt man sie in eine Schüssel. Die Sauce, mit Suppe, etwas Zitronensaft und ein wenig geschnittener Zitronenschale verrührt, wird passiert und den Kaiserschnitzeln beigegeben.

GEFÜLLTE KALBSBRUST *Tulln*

Man nehme:

1½–2 kg Kalbsbrust
100 g Butter
2 Eier
2 Semmeln
Milch
Petersilie
Salz
Pfeffer
Muskatnuß

Man löst das Fleisch von der unteren breiten Seite her gegen den Hals zu mit einem Messer von den Rippen, fährt mit der Hand hinein und zieht das Fleisch behutsam so weit wie möglich auseinander, daß eine große Tasche entsteht.

Die Fülle: 60 g Butter werden abgetrieben, zwei ganze Eier und ein halber Kaffeelöffel feingeschnittene Petersilie dazugerührt, gesalzen und mit geriebener Muskatnuß gewürzt. Nun werden 80 g abgerindete und in Milch erweichte, gut ausgedrückte Semmeln dazugegeben und alles sorgfältig durchgemischt.

Mit dieser Masse wird die Kalbsbrust gleichmäßig gefüllt, indem man die Öffnung zuhält, die Hand auf die obere Haut drückt und so die Fülle nachschiebt. Dann wird die Öffnung mit starkem Zwirn zugenäht, die Brust glattgedrückt, auf beiden Seiten gesalzen und in einer Kasserolle im Rohr gebraten, bis sie braune Farbe angenommen hat. Öfters mit eigenem Saft, der mit etwas Suppe verlängert wird, begießen.
In schöne Schnitten geteilt, wird die Kalbsbrust auf einer flachen Schüssel serviert. Der Saft dazu wird in der Sauciere gereicht.

KALBSKOTELETTS IN PAPIER

Petersilie, Schalotten, Kerbelkraut, Champignons und Zitronenschale werden sehr fein geschnitten und in Butter anpassiert, bis sie riechen. Zur Seite stellen und auskühlen lassen.

Aus weißem Papier schneidet man pro Kotelett eine Herzform, die, in der Mitte zusammengelegt, um zwei Finger breiter sein muß als die Koteletts. Das Papier wird auf der Innenseite reichlich mit Öl oder Butter bestrichen. Der Speck wird nun in sehr dünne Blätter, pro Kotelett zwei, geschnitten; man legt ein Speckblatt auf die gefettete innere Seite des Papierherzens, überstreicht mit Fines herbes, legt das Kotelett darauf, ein Speckblatt darüber und faltet das Papierherz zusammen. Dann werden die Ränder einwärts gedreht. Die Koteletts legt man, mit der eingedrehten Seite nach unten, auf den Rost und schiebt sie in das Backrohr. Nach einer Viertelstunden in starker Hitze werden sie umgedreht und weitere zehn Minuten gebraten.

Vorsicht beim Wenden, damit der durch das Braten entstandene Saft nicht ausfließt!

Die Koteletts werden aus dem Papier genommen, auf vorgewärmter Platte zierlich angerichtet und die Kotelettbeine mit Papilloten besteckt. Dazu paßt Sauce Tatar mit heurigen Erdäpfeln oder Reis.

Man nehme:

(pro Person)
2 Kalbskoteletts
Petersilie
Kerbelkraut
Schalotten
Champignons
Zitronenschale
Speck
Öl oder Butter

KALBSBRUST MIT PAPRIKA

Die ausgelöste Kalbsbrust wird in eine Kasserolle eingelegt, in der die mit Butter anpassierten, blättrig geschnittenen Champignons, die Zwiebel und das Wurzelwerk mit etwas Suppe aufgegossen wurden.

Wenn die Brust weich gedünstet ist, wird sie herausgenommen, in eine nette Form dressiert und mit der Sauce, die inzwischen mit Rahm, Zitronensaft, einer Butter-Mehl-Kugel und Paprika nach Geschmack verkocht wurde, übergossen und mit Nockerln serviert.

Man nehme:

1½ kg ausgelöste Kalbsbrust
200 g Champignons
1 Zwiebel
Wurzelwerk
Butter
Rahm
Zitrone
Paprika
Salz
Suppe
Mehl

MARKSCHLÖGEL

Man nehme:

(Zutaten für 5-7 Personen)
*1 Kalbsschlögel
¼ kg Rindsmark
5 Sardellen
1 Zwiebel
300 g Champignons
Salz
Pfeffer
Muskatnuß
Butter
¼ l Weißwein
Suppe*

Der abgelöste Schlögel wird mit den in kleine Stücke geschnittenen Sardellen und dem Mark gespickt. Man sticht mit dem Messer ein und steckt die Stücke in die so gewonnenen Öffnungen. Danach wird der Schlögel gesalzen und gepfeffert.

In eine Kasserolle gibt man die feingeschnittene Zwiebel, die blättrig geteilten Champignons und drei Eßlöffel Butter. Man legt den Schlögel darauf und gießt Weißwein und Suppe dazu. Während der Garzeit gießt man von beidem immer wieder nach und läßt den Schlögel im Rohr zugedeckt fertig dünsten.

Nach dem Tranchieren wird er auf der vorgewärmten Schüssel wieder in Schlögelform zusammengestellt und mit dem passierten Saft übergossen, den man mit Salz, Pfeffer und etwas geriebener Muskatnuß abgeschmeckt hat.

KALBSSCHLÖGEL, IM ROHR GEBRATEN

Man nehme:

*1 kleinen Kalbsschlögel
200 g Selchzunge
200 g Selchspeck
1 kleine Gurke
200 g Sardellenfilets
Salz
Pfeffer
Fett*

Ein kleiner Kalbsschlögel (ohne Stelze) wird gut gesalzen und mit Gurken-, Speck- und Selchzungenstreifen sowie mit den Sardellen folgendermaßen durchzogen: Mit einem kleinen Messer in das Fleisch stechen und, während man das Messer zurückzieht, die bleistiftdicken, halbfingerlangen Zutaten in den so entstandenen Schlitz stecken. Der Speck wird vorher in etwas Salz und Pfeffer gewälzt.

Der Schlögel wird nun in eine mit etwas Fett erwärmte Pfanne gelegt, mit heißem Fett übergossen und unter wiederholtem Begießen mit dem eigenen Saft je nach Größe zwei bis drei Stunden langsam gebraten. Sollte die Oberfläche zu braun werden, wird der Braten eine Zeitlang mit einem gebutterten Pergamentpapier zugedeckt.

GEDÜNSTETE LEBER

Man nehme:

1½ kg Kalbsleber
250 g Selchspeck
5-6 gelbe Rüben
Salz
Pfeffer
Suppe
Weißwein

Die Kalbsleber wird abgehäutet und mit bleistiftdicken, fingerlangen Speckstücken durchzogen. Eine Kasserolle wird mit blättrig geschnittenem Speck bedeckt und die Leber, mit der gespickten Seite nach oben, hineingelegt. Dazu kommen die geputzten gelben Rüben, Salz und Pfeffer. Eine halbe Schale Wein und Suppe werden aufgegossen, der Topf zugedeckt und der Inhalt ungefähr eine dreiviertel Stunde lang gedünstet. Wenn nötig, Wein und Suppe nachgießen!

Die Leber wird in beliebige Schnitten geteilt und mit dem entfetteten Saft serviert. Dazu passen alle Arten von Gemüse und Reis vorzüglich.

GERÖSTETE NIEREN

Man nehme:

(pro Person)
2 Kalbsnieren
Mehl
Salz
Pfeffer
Majoran
Suppe oder Weißwein
1 Zwiebel
Fett

In einer hohen Pfanne wird die feinblättrig geschnittene Zwiebel in etwas Fett geröstet. Unterdessen werden die Nieren in dünne Scheiben geschnitten und zur Zwiebel gemischt, gesalzen, gepfeffert, mit etwas Mehl bestäubt und fünf bis zehn Minuten weiter geröstet. Dann wird mit Suppe oder Weißwein aufgegossen, mit einer Prise Majoran gewürzt und gut durchgerührt.
Dazu serviert man Salzerdäpfel oder auch nur eine resche Kaisersemmel.

GEFÜLLTE KALBSMILZ

Man nehme:

½ Kalbsmilz
2 Semmeln
80 g Petersilie
Muskatnuß
Kuttelkraut
Basilikum
120 g Selchspeck
Milch
Salz
Pfeffer
2 Eier

Der dickere Teil einer Kalbsmilz wird vorsichtig aufgeschlitzt, gewendet und das Innere mit einem Messerrücken auf ein sauberes Schneidbrett gestreift. Dazu kommen 80 g abgerindete Semmeln, gehackte Petersilie, ein Sträußchen abgestreiftes Kuttelkraut, ein oder zwei Fingerspitzen Basilikum und 120 g Speck. Alles wird mit dem Wiegemesser fein geschnitten, mit Salz und Pfeffer gewürzt und in eine tiefe Schüssel getan. Nun wird ein ganzes Ei und ein Eidotter dazugerührt. Etwas Muskatnuß, hineingerieben, verfeinert den Geschmack. Die wieder umgewendete Milz wird mit dieser Masse gefüllt, zugenäht und in Salzwasser eine gute halbe Stunde gekocht. Sie wird nun herausgenommen und entweder am Rost oder mit Butter in einer Pfanne gebraten.

In beliebige Scheiben schneiden und mit feinen Kräutern servieren. Die Milzscheiben sind auch eine gute Suppeneinlage!

LIMONENBEUSCHEL *Leibnitz*

Man nehme:

1 Kalbsbeuschel
1 Kalbsherz
160 g Butter
160 g Mehl
1 kleine Zwiebel
Petersilie
Kuttelkraut
1 Zitrone
20 g Kapern
½ l Suppe
¼ l Essig
¹⁄₁₆ l Rahm
Salz

Beuschel und Herz werden in Salzwasser weich gekocht, dann ausgekühlt und in nudeldünne Streifen geschnitten. Butter und Mehl werden zu einer Einbrenn geröstet, eine feingewiegte Zwiebel und ein Eßlöffel gehackter Petersilie dazugemischt. Wenn die Masse ordentlich braun geworden ist, gießt man mit Essig und Suppe auf und gibt die Kapern und das abgerebelte Kuttelkraut dazu. Eine Messerspitze geriebene Zitronenschale sowie der Saft einer halben Zitrone und $^{1}/_{16}$ l Rahm werden nun zusammen mit der Einbrenn und dem geschnittenen Beuschel gut verkocht.

Die Sauce soll angenehm säuerlich schmecken und nicht zu dick sein. Nach Geschmack kann auch mit Wein nachgesäuert werden. Die klassische Beilage zum Beuschel sind Semmelknödel.

KALBSHIRN MIT BALSAMESSIG *Grado*

Man nehme:

600 g Kalbshirn
1 Ei
Semmelbrösel
2 Eßlöffel Butter
Balsamessig
eventuell Zitronensaft

Das Kalbshirn wässern und anschließend unter fließendem kaltem Wasser reinigen. Mit einem scharfen Küchenmesser die dünne Haut abziehen. Nach Belieben in kochendem Wasser, das mit etwas Zitronensaft gesäuert wurde, abschrecken.

Das gesäuberte Kalbshirn in unregelmäßige Röschen zerteilen und in Ei und Semmelbröseln panieren. Die Butter in einer Pfanne erhitzen und das Hirn darin goldbraun braten.

Auf Tellern anrichten und mit ein paar Tropfen Balsamessig aromatisieren. Mit Blattsalaten, Kartoffelpüree oder zarten Erbsen servieren.

GEBACKENES KALBSHIRN

Man nehme:

(pro Person)
½ Kalbshirn
Mehl
Eier
Semmelbrösel
Fett
Petersilie
Zitrone

Das einige Stunden in kaltem Wasser ausgewässerte Kalbshirn wird in Salzwasser gekocht. Dann läßt man es völlig auskühlen und portioniert nach Belieben.

Die Stücke werden in Mehl getaucht, durch die gesalzenen, verschlagenen Eier gezogen, in Semmelbröseln gewälzt und kurz vor dem Servieren in heißem Fett herausgebacken. Trockene Petersilie wird rasch im heißen Fett fritiert, sie dient zusammen mit den aufgeschnittenen Zitronenscheiben zur gefälligen Garnierung.

UNGARISCHE KALBSBRUST

Man nehme:

1 ausgelöste Kalbsbrust
2 Eier
Semmelbrösel
Mehl
Fett

Die von allen Knochen und Knorpeln befreite Kalbsbrust wird gerollt, sehr eng gebunden und in Salzwasser weich gekocht. Dann wird das Fleisch herausgenommen, auf ein Schneidbrett gelegt, mit einem zweiten bedeckt und beschwert. Wenn die Kalbsbrust kalt ist, schneidet man sie in schöne Schnitten. Diese werden paniert und rasch gebakken.

GEWICKELTER KALBSNIERENBRATEN

Man nehme:

1 Kalbsnierenbraten
150 g Champignons
1 Zwiebel
5 Sardellen
100 g Speck
Zitronenschale
Salz
Pfeffer
Petersilie
Suppe

Alle Zutaten werden, fein geschnitten und vermischt, auf die Innenseite um die Niere des ausgelösten Bratens gestrichen. Dann rollt man diesen so zusammen, daß die Hautseite nach außen kommt, verschnürt diese Rolle mit Spagat, salzt und pfeffert etwas und legt den Braten mit der Öffnung nach oben auf die ausgelösten Knochen in eine Bratpfanne. Etwas Suppe dazugießen und ins Rohr schieben. Während der Garzeit, die etwa eineinhalb Stunden beträgt, wird der Braten mehrmals mit geklärter Butter überzogen und gewendet. Wenn er fertig ist, wird er herausgenommen, vom Spagat befreit und, in fingerdicke Scheiben geschnitten, auf einer Schüssel wieder zusammengestellt.

Der Saft wird, nachdem man das Fett abgenommen hat, heiß darübergegossen und das Ganze mit gehackter Petersilie bestreut.

GEWICKELTER NIERENBRATEN

Man nehme:

1 kleinen Kalbs-
nierenbraten
160 g Speck
1 Semmel
3 Champignons
1 kleine Zwiebel
5 Sardellenfilets
Petersilie
Suppe
Salz
Butter

Fülle: Die in kaltem Wasser erweichte, gut ausgedrückte Semmel wird mit den feingewiegten Zutaten – Speck, Champignons, einer kleinen Zwiebel, den Sardellenfilets und der Petersilie – vermischt.

Der Nierenbraten wird von den Knochen abgelöst, genügend gesalzen, auf der inneren Seite mit der vorbereiteten feinen Fülle bestrichen und, vom dicken Teil her einwärts, zusammengerollt. Mit Spagat überbinden und auf die in einer Bratpfanne vorbereiteten ausgelösten Knochen legen. Nun wird das Fleisch mit etwas warmer Butter bestrichen. Nachdem der Braten eine halbe Stunde lang im Rohr war, wird mit etwas Suppe aufgegossen. Bei öfterem Umwenden und Begießen noch eineinhalb Stunden weiterbraten. Nach dem Herausnehmen wird der Spagat abgelöst und der Braten in daumendicke Scheiben geschnitten, die beim Anrichten auf einer Schüssel mit Suppe glaciert werden. Der entfettete Saft wird in einer Sauciere serviert.

KALBSGULYÁS

Der Speck, das geputzte Wurzelwerk, die Zwiebel und die Champignons werden fein geschnitten und in einer Kasserolle angeröstet. Wenn die Zutaten etwas Farbe zeigen, wird das in mundgerechte Stücke geteilte Kalbfleisch dazugegeben und ebenfalls geröstet. dann kommt, ohne ihn zu rösten, milder Paprika dazu. Rasch durchrühren, etwas Suppe dazugießen und das Gulyás weich dünsten. Zuletzt rührt man den Rahm unter, würzt nach Geschmack nach und serviert das Gericht mit Nockerln oder Tarhonya.

Man nehme:
1 kg Kalbsschulter
160 g Speck
Wurzelwerk
1 große Zwiebel
2-3 Champignons
⅛ l Rahm
Salz
Pfeffer
Paprika
Suppe

PAPRIKASCH

Die Zwiebeln werden fein geschnitten, in heißem Fett leicht angeröstet, dann kommen dazu: eine in Salz zerdrückte Knoblauchzehe, zwei Teelöffel Paprika und das in Würfel geschnittene Fleisch (oder zerteilte Hühnerstücke). Nun wird auf starkem Feuer gedünstet, bis fast alle Flüssigkeit verdunstet ist. Jetzt erst gibt man die in Stücke geschnittenen Paradeiser und die in Streifen geschnittenen, von ihrem Kerngehäuse befreiten Paprikaschoten dazu.

Wenn das Fleisch gar ist, wird ein Löffel Mehl in das Obers gerührt, dieses dem Paprikasch zugesetzt und einmal aufgekocht.

Dazu gibt es Nockerln oder Salzkartoffeln.

Man nehme:
1½ kg Kalb-,
Lamm- oder
Hühnerfleisch
100 g Fett
3 Zwiebeln
3 grüne Paprika
3 Paradeiser
Knoblauch
milden Paprika
Salz
4 dl Obers
Mehl

OCHSENSCHLEPP

Der gewaschene Schlepp wird in kleine Stücke gehackt, gesalzen und in die Kasserolle gelegt, die mit einer geschnittenen Zwiebel, zwei bis drei gelben Rüben und allen Gewürzen eingerichtet ist. Mit Wasser und Essig aufgefüllt, läßt man den Schlepp halb weich kochen, seiht ihn ab und nimmt das Fett vom Kochsud ab. Aus etwas Fett und Mehl bereitet man eine braune Einbrenn, gießt mit dem Sud auf, gibt die Schleppstücke und den Rahm dazu und läßt ihn ganz weich dünsten.

Man nehme:
1 kg Ochsenschlepp
1 Zwiebel
2-3 gelbe Rüben
Salz, Pfeffer
Zitronenschale
Pfefferkörner
Lorbeerblatt
Kuttelkraut
Neugewürz
Essig
⅛ l Rahm
Fett, Mehl

OCHSENSCHLEPP

Man nehme:

1½ kg Ochsenschlepp
150 g Selchspeck
1 Zwiebel
Wurzelwerk (Petersilie, Sellerie, gelbe Rübe)
Lorbeerblatt
Kuttelkraut
1 l Weißwein
¼ l Suppe

Der Schlepp wird in halbfingerlange Stücke geschnitten und eine halbe Stunde lang in Salzwasser gekocht.

Unterdessen wird eine Kasserolle mit Speckblättern und dem blättrig geschnittenen Wurzelwerk belegt; dazu gibt man ein Lorbeerblatt und einige Sträußchen Kuttelkraut und legt schließlich die überkochten Schleppstücke darauf. Man läßt sie zugedeckt braun werden, fügt Wein und die Suppe hinzu und dünstet das Ganze drei Stunden.

Beim Anrichten werden die Stücke mit den mitgedünsteten gelben Rüben garniert und mit abgefettetem, passiertem Saft übergossen.

RINDSZUNGE IN DER SAUCE

Man nehme:

1 frische Rindszunge
1 Zwiebel
Wurzelwerk
Zitronenschale
Pfefferkörner
Lorbeerblatt
Salz
Butter
Mehl
Zucker
Saft einer Zitrone
½ l Weißwein
Suppe

Während die Zunge in Salzwasser kocht, wird in einer Kasserolle etwas Butter mit einer geschnittenen Zwiebel, dem geputzten und geschnittenen Wurzelwerk, fünf bis acht Pfefferkörnern, einem halben Lorbeerblatt und dünn geschälter Zitronenschale braun gedünstet, dann mit etwas Suppe und dem Weißwein aufgegossen und einmal zugedeckt aufgekocht. Dann wird abgeseiht, eine Butter-Mehl-Kugel eingekocht und unter fleißigem Rühren mit drei bis vier Löffeln karamelisiertem Zucker und dem Saft einer ganzen Zitrone fertig gekocht.

Die abgezogene Zunge wird in nette Stücke geschnitten, im Kranz auf einer gewärmten Schüssel ausgelegt und mit Sauce übergossen.

GEKOCHTES RINDFLEISCH

Man nehme:

1 Tafelspitz
Suppengrün
Salz
Pfefferkörner

Die Zubereitung ist einfach: Das sauber abgewischte Fleischstück wird in wallend kochendes Wasser eingelegt (damit sich die Poren sofort schließen und das Fleisch saftig bleibt) und entsprechend lang (siehe PS) gekocht. Dazu kommen geputztes Suppengrün, ein Kaffeelöffel Salz und einige Pfefferkörner. Zugedeckt wird das Fleisch in der Suppe fertig gekocht. Dann aufgeschnitten, mit Suppe glaciert, mit grüner Petersilie verziert und auf einer flachen Schüssel serviert.

Zum gekochten Rindfleisch kann serviert werden: Essigkren, Apfelkren oder Oberskren, Semmelkren, Schnittlauchsauce, Spinat, Kohl oder auch anderes Gemüse. Unbedingt dazu gehören geröstete Erdäpfel.

PS: Auf 1 kg Fleisch kommen 2 l Wasser. Das Fleischgewicht bestimmt auch die Kochzeit: Für 1 kg müssen zwei Stunden, für größere Stücke drei bis vier Stunden gerechnet werden. Das Fleisch darf während des Kochens nicht mit einer Gabel angestochen werden, da es sonst Saft verliert. Wichtig ist, daß Rindfleisch immer quer zur Fleischfaser geschnitten werden muß; langfasrig geschnitten, schmeckt auch das beste Stück nicht.

FASCHIERTE LABERLN

Man nehme:

500 g Rindfleisch
500 g Schweinefleisch
2 Eier
3 Semmeln
1 Zwiebel
Salz
Pfeffer
Muskatnuß
Majoran
Petersilie
150 g Selchspeck
Zitrone
Semmelbrösel
Milch
Fett

Das magere Rindfleisch und das etwas durchzogene Schweinerne werden zweimal durch die Faschiermaschine gedreht. In das Brat mischt man die abgeriebenen, in Milch aufgeweichten Semmeln, den kleingewürfelten, gerösteten Speck, die in Fett glasig gedünstete gehackte Zwiebel, die feingehackte Petersilie und die Gewürze nach Geschmack. Hinzu kommen noch zwei ganze Eier und abgeriebene Zitronenschale. Der Teig wird gut abgearbeitet. Dann werden aus der Masse Laibchen geformt und in Semmelbröseln gedreht. Man drückt sie flach und kerbt sie an der Oberseite mit dem Messer gitterartig ein. Sie werden knapp vor dem Servieren in heißem Fett herausgebacken.

HUSARENBRATEN

Man nehme:

1 kg hinteres Rindfleisch
150 g Speck
150 g Butter
3 Zwiebeln
Wurzelwerk
Suppe
2 Schnitten Schwarzbrot
Salz
Pfeffer
Neugewürz

Ein schönes hinteres Stück Rindfleisch wird gut abgeklopft und eingesalzen. In einer Kasserolle werden 50 g Butter erhitzt, zwei kleingeschnittene Zwiebeln, das geputzte gewürfelte Wurzelwerk, einige Pfeffer- und Neugewürzkörner und das Fleisch dazugegeben. Man gießt mit einem Löffel Suppe auf und wiederholt dies, wenn der Saft eindünstet.

Ist das Fleisch schön braun und halb gar, schneidet man es auf einem Brett der Quere nach mehrmals ein. In die Einschnitte gibt man folgende Fülle: Feingeriebenes Brot wird mit zerlassener Butter und kleingeschnittener gerösteter Zwiebel vermengt, gesalzen, gepfeffert und mit etwas Suppe befeuchtet. Ist der Braten gefüllt, wird er mit Spagat umwickelt, in die Kasserolle zurückgelegt, mit Saft begossen und, gut zugedeckt, weich gedünstet.

RINDERSCHMORBRATEN *Trentino*

Man nehme:

1 kg Rinderbraten aus der Schulter (vorzugsweise vom Jungochsen)
Salz
Pfeffer
70 g Butter

Für die Marinade:
1 Zwiebel
1 Selleriestange
1 Karotte
3 Gewürznelken
6 schwarze Pfefferkörner
2 Lorbeerblätter
1-1½ l Rotwein
Einwirkzeit:
12 Stunden

Den Braten über Nacht in die Marinade legen. Dazu das Fleischstück in eine Deckelterrine setzen, das Gemüse in Stifte schneiden und zusammen mit den Gewürzen über dem Fleisch verteilen. Mit dem Wein übergießen, abdecken und über Nacht ziehen lassen.

Den Braten aus der Marinade heben und abtrocknen. Die Hälfte der Butter in einem Schmortopf erhitzen und das Bratenstück von allen Seiten kräftig anrösten. Salzen und pfeffern. Das Gemüse aus der Marinade fischen und mitdünsten. Bei mittlerer Hitze weiterbraten und mit dem Wein aufgießen. Die Flüssigkeit soll im Lauf der Garzeit stark einkochen, deshalb den Topfdeckel nicht ganz verschließen.

Den Braten herausheben und warm stellen. Die verbliebene Flüssigkeit und den Bratenfond mit dem zerkochten Gemüse durch ein Sieb streichen und bei lebhafter Flamme weiter reduzieren. Mit der restlichen Butter verfeinern.

Den Braten in Scheiben schneiden und mit der Sauce übergießen. Als Beilage paßt Polenta.

GEWICKELTER RINDSBRATEN

Man nehme:

2 kg Beiried
200 g Selchspeck
2 große Zwiebeln
5 Sardellenfilets
Petersilie
Suppengrün
Pfeffer
Salz
Kuttelkraut
Weißwein
klare Suppe

Aus dem gut abgelegenen Beiriedstück werden die Knochen ausgelöst. Dann wird das Fleisch mit der Breitseite der Fleischhacke geklopft und mit halbfingerlangen Speckstücken, die man in Salz und Pfeffer gewälzt hat, gespickt. Das Fleisch wird nun gepfeffert und mit gehacktem Speck, grüner Petersilie, Sardellen und Zwiebelstücken belegt. Man rollt den Braten gegen den dünneren Teil zusammen und umwickelt ihn mit Spagat.

Nun belegt man eine Kasserolle mit Zwiebelringen, geschnittenem Suppengrün und Kuttelkraut und legt das Fleisch darauf – mit der offenen Seite nach oben. Wenn es braun angebraten ist, gießt man so viel Wein und Suppe nach, bis der Braten bedeckt ist und läßt ihn jetzt zwei bis drei Stunden lang dünsten. Ist das Fleisch weich, wird der Spagat entfernt, der Braten in beliebige Stücke geteilt, mit der abgefetteten, durchpassierten Sauce übergossen und serviert.

Mit Makkaroni oder Gemüse garnieren.

STOFFADE

Man nehme:

1½ kg Ortscherzel (Rind)
je 60 g Schinken, Zunge und Selchspeck
2 Zwiebeln
Wurzelwerk
1 Lorbeerblatt
Pfefferkörner
Nußkerne
Wacholderbeeren
3 getrocknete Feigen
1 Stück Schwarzbrot
½ l Rotwein

Das Ortscherzel wird gut geklopft, mit Salz und Pfeffer eingerieben und mit den gleich lang geschnittenen Schinken-, Zungen- und Speckstücken gespickt.

Der Boden einer Kasserolle wird mit einigen Speckblättern, den feingeschnittenen Zwiebeln, Wurzelwerk, dem Lorbeerblatt, einigen Nußkernen, fünf zerdrückten Wacholderbeeren, den zerschnittenen Feigen und der dicken Schwarzbrotschnitte belegt. Darauf kommt das Fleisch, das zugedeckt etwas eingehen soll. Dann gießt man den Rotwein dazu und dünstet zugedeckt eineinhalb bis zwei Stunden.

Sollte die Flüssigkeit zu stark verdunsten, mit Suppe aufgießen. Der fertige Braten wird aufgeschnitten und mit der passierten Sauce serviert.

KÜGERL

Man nehme:

1-1½ kg Brustkern (Rind)
100 g Selchspeck
Suppengrün
3-4 Zehen Knoblauch
Salz, Pfeffer
Weißwein
klare Suppe
Fett

Das ausgelöste »Kügerl« (Brustkern) wird geklopft, mit einem Tuch abgewischt und mit Salz, Pfeffer und Knoblauch gut eingerieben. Dann wird das Fleisch gegen den dünneren Teil zusammengerollt und mit Spagat überbunden.

In eine Kasserolle kommen ein Eßlöffel Fett, etwas Speck und das Suppengrün, darauf wird das Kügerl gelegt, daß das Ende des aufgerollten Fleisches oben liegt. Nun wird die Kasserolle zugedeckt und das Kügerl etwas angebraten. Dann gießt man mit gleich viel Wein und Suppe auf, so daß die Flüssigkeit über dem Braten zusammenschlägt. Zugedeckt muß er zwei Stunden lang im Rohr dünsten. Vor dem Servieren den Spagat entfernen und den Braten mit der passierten Sauce servieren. Das Fleisch kann auch kalt aufgeschnitten serviert werden, dann aber ohne Saft!

WIENER KONGRESSBRATEN

Man nehme:

5 Schweinsjungfern (Filets)
1 großes Kalbsschnitzel
2 Rindsschnitzel
1 Schweinsnetz
1 Zitrone
Salz
Pfeffer
Petersilie
Basilikum
Rosmarin
Salbei

Die Schweinsjungfern werden mit den feingehackten Kräutern, Salz und Pfeffer eingerieben und zwei Stunden lang zur Seite gestellt. Das Kalbsschnitzel wird geklopft, gesalzen, gepfeffert und um eine Schweinsjungfer gerollt. Die übrigen vier Filets werden der Länge nach bis zur Hälfte eingeschnitten, aufgefaltet und rund um die Rolle mit dem Kalbsschnitzel gelegt; mit den Händen zu einem Stück gedrückt, werden die gesalzenen und gepfefferten breitgeklopften Rindsschnitzel herumgewickelt. Obenauf kommt eine Reihe dünner Zitronenscheiben, links und rechts davon ganze grüne Petersilie und, wenn vorhanden, frisches Basilikum. Über alles wird vorsichtig das Schweinsnetz gelegt und der Braten in dieses fest eingehüllt. Nun bringt man ihn in einer Pfanne mit etwas Suppe oder Wasser ins Rohr und brät ihn gar (Anstechproben mit einem Holzspan!). Der Braten wird erst bei Tisch mit einem scharfen Messer geteilt. Die Schnitten zeigen jetzt das hübsche Muster dreier Fleischsorten. Der Saft wird entfettet und in der Sauciere bereitgestellt. Der Braten wird mit feinen Beilagen (Reis, Erdäpfelpüree) und zarten Gemüsen serviert.

PRAGER FILET

Man nehme:

Das Fleisch wird sorgsam geputzt und abgehäutet, gesalzen und gepfeffert.

Auf einem Backblech hat man Speckblätter in der Größe des Lungenbratens ausgelegt. Darauf kommt das Filet und wird fingerdick mit dem Erdäpfelteig bestrichen. Obenauf etwas zerlassene Butter gießen. Bei großer Hitze wird das Filet im Backrohr eine halbe Stunde gebraten.

Unterdessen kocht man eine Tasse Jus-Sauce mit zwei Eßlöffeln Madeirawein, wozu man die würfelig geschnittenen Nieren, die Champignons und die Hühnerlebern sowie die gelb gebratenen Schalotten gibt. Man läßt alles gut verkochen, würzt mit Salz und Pfeffer und gießt die Sauce über den auf vorgewärmter Platte angerichteten Lungenbraten.

1 Lungenbraten
Speck
Erdäpfelteig
4-5 Hühnerlebern
2 Schweinsnieren
200 g Champignons
100 g Schalotten
1 Glas Madeirawein
Jus-Sauce
Butter

UNGARISCHES RINDFLEISCH

Man nehme:

Der Speck, ein Viertel Lorbeerblatt, eine große Handvoll Petersilie und die Schale einer halben Zitrone werden feinst geschnitten, dann in einer Kasserolle angedünstet.

Den Lungenbraten, den man vorher sauber geputzt und in zwei Finger breite Stücke geschnitten hat, dazugeben, salzen und ebenfalls dünsten. Zum Schluß wird mit dem Rotwein aufgegossen, zwei Schnitten Brot werden in den Saft gelegt, noch etwas Kümmel dazugegeben und das Fleisch mürb gedünstet.

Auf gewärmter Schüssel angerichtet, wird mit der passierten Sauce übergossen und serviert.

1 kg Lungenbraten
150 g Selchspeck
Petersilie
Zitronenschale
Lorbeerblatt
Kümmel
Salz
Schwarzbrot
⅓ l Rotwein

ESTERHÁZY-LUNGENBRATEN

Man nehme:

1½ kg Lungenbraten
½ kg Rindsknochen
200 g Selchspeck
Zitronenschale
Sardellen
Kapern
1 Zwiebel
Wurzelwerk
Beizkräutl
Petersilie
Salz
Pfeffer
¼ l Rahm
Mehl
Butter

Der Lungenbraten wird sauber geputzt und abgehäutet, dann von der unteren Seite her so eingeschnitten, daß man ihn breit auseinanderlegen kann.

Dann wird der gehackte Speck, der mit den feingeschnittenen drei bis vier Sardellen, einer Handvoll Kapern und der abgeriebenen Schale einer Zitrone vermischt wurde, auf die gesalzene, sparsam gepfefferte innere Seite des ausgebreiteten Lungenbratens gestrichen. Das Fleisch wird zusammengerollt und mit Spagat umwickelt.

In einer Kasserolle hat man die kleingehackten Knochen, eine geschnittene Zwiebel, das geputzte Wurzelwerk, Beizkräutl und die abgelöste Haut mit etwas Butter angerichtet, legt den gerollten Braten mit der offenen Seite nach oben ein und läßt ihn unter zeitweiser Zugabe von etwas Suppe kurz dünsten. Wenn er braun eingegangen ist, wird er in eine andere Kasserolle gelegt. Zitronenschale, Zwiebel, Sardellen und grüne Petersilie werden jetzt in Butter angedünstet und mit ⅛ l Rahm, den man mit einem Kaffeelöffel Mehl verrührt hat, aufgekocht. Der vom Fett befreite und auch mit Rahm verrührte Saft aus der ersten Kasserolle wird nun dazugegeben, die ganze Sauce fein passiert und über den aufgeschnittenen Braten gegossen.

WELSER LUNGENBRATEN MIT MOST

Der abgehäutete, geputzte Lungenbraten wird mit Salz und Pfeffer eingerieben. Der Boden einer Kasserolle wird mit blättrig geschnittenem Mark ausgelegt, darauf kommen kleingeschnittene Zwiebeln, das Wurzelwerk, das Lorbeerblatt und zuletzt das Fleisch. Wenn es braun angebraten ist, gießt man öfter einige Löffel Suppe darüber. Nun wird das Schwarzbrot dazugelegt und mit Most nachgegossen. Je nach Geschmack werden etws Zucker und eine Prise Zimt beigefügt. Gut zugedeckt, soll der Braten eine bis eineinhalb Stunden dünsten. Er wird beim Anrichten in beliebig große Stücke geschnitten. Der entfettete Saft wird passiert und mit abgerebelten Weintrauben verfeinert. (Rosinen müßten schon früher mitgedünstet werden!) Das Fleisch wird mit etwas Sauce übergossen, der restliche Saft in der Sauciere gereicht.

Man nehme:

1½ kg Lungenbraten
100 g Rindermark
1 große Zwiebel
Wurzelwerk
1 Lorbeerblatt
Salz, Pfeffer
Zimt, Zucker
½ l Most oder Traubensaft
1 Schnitte Schwarzbrot
1 Tasse frische Trauben
oder ½ Tasse Rosinen

MAJORANFLEISCH

Man wählt ein gut abgelegenes Stück Fleisch von den Vorderteilen des Ochsen. Das abgetrocknete Fleisch wird blättrig geschnitten.

In einer Kasserolle wird der würfelig geschnittene Speck glasig geröstet, dann die nudelig geschnittenen Zwiebeln beigefügt und kurz angeröstet. Fleisch, Kümmel und reichlich Majoran werden ebenfalls in die Kasserolle gegeben und zugedeckt so lange gebraten, bis der Saft verdunstet ist. Nun gießt man Suppe auf, bis alles gut bedeckt ist. Erst wenn das Fleisch weich ist, wird mit Salz gewürzt und alles noch etwas aufgekocht. Die Sauce soll nicht zu dünn sein! Vor dem Anrichten das Fett abnehmen.

Man nehme:

1½ kg vorderes Rindfleisch
160 g Selchspeck
1 Zwiebel
½ Kaffeelöffel Kümmel
Salz
Majoran

ROSTBRATEN VOM ROST

Man nehme:

(pro Person)
*1 Stück Rostbraten
Butter
Petersilie
Zitronensaft oder
Sardellenbutter
Oder: Schalotten,
Essig, Salz*

Für jede anwesende Person wird ein Stück Rostbraten genommen. Das Fleisch wird geklopft, eingeschnitten, gesalzen, in zerlassene Butter getaucht und bei starker Glut auf dem Rost gebraten. Nach zwei bis fünf Minuten werden die Fleischstücke gewendet, fertig gebraten und in einer Schüssel angerichtet. In die Mitte jedes Stücks kommt etwas Petersilienbutter mit Zitronensaft oder auch Sardellenbutter. Oder man dünstet feingeschnittene Schalotten in Butter, kocht mit einigen Löffeln Essig und Salz auf und gießt das Ganze von der Seite zum Rostbraten.

ROSTBRATEN »STEPHANIE«

Man nehme:

(pro Person)
*1 Stück Rostbraten
Butter
1 Champignon
Karotte
Petersilie
Sellerie
grüne Erbsen
1 Kaffeelöffel
Kapern
1/16 Madeirawein
Mehl*

Der ausgeklopfte Rostbraten wird gesalzen, gepfeffert, auf einer Seite in Mehl getaucht, mit dieser zuerst ins heiße Fett gelegt und dann auf beiden Seiten gebraten.

Unterdessen wird der feinblättrig geschnittene Champignon in einem nußgroßen Stück Butter in der Kasserolle angeröstet. Das in Salzwasser gekochte, nudelig geschnittene Gemüse, die Erbsen und die Kapern werden beigefügt und alles zugedeckt gedünstet. Fünf Minuten vor dem Anrichten kommen noch drei Eßlöffel Madeirawein dazu.

Der Rostbraten wird auf einer Schüssel angerichtet, mit Gemüse garniert und mit der Sauce serviert.

ROSTBRATEN »GIRARDI«

Man nehme:

(pro Person)
1 Stück Rostbraten
Butter
¼ einer großen Zwiebel
1 Zehe Knoblauch
grüne Petersilie
1 Teelöffel Kapern
1 Champignon
Zitrone
Senf
Salz
Pfeffer
klare Bouillon
Mehl

Ein ausgeklopfter Rostbraten wird gesalzen, gepfeffert, auf einer Seite in Mehl getaucht und mit dieser zuerst ins heiße Fett gelegt. Auf beiden Seiten anbraten.

Nun werden in einer Kasserolle in einem Stück Butter der blättrig geschnittene Champignon, ein Viertel einer Zwiebel, die Knoblauchzehe, etwas grüne Petersilie, Zitronenschale und die Kapern (alles fein geschnitten) angeröstet.

Ist das Fleisch fertig gebraten, wird das Fett abgegossen und ein Stück Butter zugefügt. Dann wird das geröstete Gemüse nebst einer Mischung von einem Kaffeelöffel scharfem Senf, dem Saft einer halben Zitrone und zwei Eßlöffeln Bouillon über den Braten gegossen. Serviert wird mit Erdäpfeln, die gekocht, in längliche Stücke geschnitten und mitgebraten wurden.

GULYÁS *Pest*

Man nehme:

500 g Rieddeckel oder Schulterscherzel
200 g Zwiebeln
600 g Erdäpfel
süßen Paprika
1 Paradeiser
Salz
200 g Mehl
1 Ei
Fett

In einer großen Kasserolle oder im Bogrács röstet man die geschnittenen Zwiebeln in etwas Fett goldgelb, gibt das in kleinere Würfel geschnittene Fleisch dazu und streut Salz und Paprika (ca. 10 g) darüber. Während die Mischung unter ständigem Rühren schmort, wird langsam nach und nach Wasser zugegossen und das Fleisch so lange gedünstet, bis es weich ist. Jetzt kommen die geschälten und in kleinere Würfel geschnittenen rohen Erdäpfel dazu, es wird mit Wasser aufgegossen und gar gekocht. Gegen Ende wird der in kleine Stücke geteilte Paradeiser dazugegeben.

Vor dem Servieren werden noch aus einem Teig, den man aus 200 g Mehl, einem Ei, etwas Salz und ganz wenig Wasser herstellt, kleine Teigstückchen gezupft und eingekocht.

REISFLEISCH

Man bereitet wie oben beschrieben ein Gulyás, gibt jedoch, wenn das Fleisch halb weich gedünstet ist, ¼ l ausgewaschenen Italienerreis dazu, gießt dann mit so viel Suppe auf, daß diese darüber zusammengeht, und läßt fertig dünsten.

Auf gewärmter Platte werden mit dem in heißes Wasser getauchten Schöpfer die Reisfleischhalbkugeln hübsch angerichtet und – besonders delikat – reichlich mit geriebenem Käse bestreut. Zur Garnierung nimmt man in Fächer geschnittene saure Gurken.

Dazu reicht man alle Sorten Salat.

Man nehme:

1 kg Rindfleisch (Schulterscherzel oder Wadschunken)
4-5 große Zwiebeln
Paprika
Salz
Knoblauch
Kümmel
8 Erdäpfel

SPEZIALGULYÁS-PÖRKÖLT

Man schneidet das Rindfleisch in mundgerechte Stücke, papriziert sie gut und gibt sie mit dem am Fleisch gewachsenen Fett in eine Kasserolle, in der man vorher die in Ringe geschnittenen Zwiebeln ohne Fett heiß werden ließ. Nun wird gut umgerührt und das Ganze im eigenen Saft gedünstet, bis die Zwiebeln beinahe zerkocht sind. Wenn sich Saft gebildet hat, kommt noch eine Zehe Knoblauch und ein wenig Kümmel dazu. Nach etwa eineinhalb Stunden gibt man kaltes Wasser dazu und legt die geschälten, nur in die Hälfte geteilten großen Erdäpfel in die Kasserolle und läßt das Gulyás zugedeckt gar dünsten.

Es darf keinerlei Fett verwendet werden außer dem, das am Fleisch gewachsen ist.

FLEISCHGERICHTE

GUTSHERREN-PÖRKÖLT

Man nehme:
(Zutaten für 5-7 Personen)
1 kg Rindfleisch
¼ kg Schweinefleisch
¼ kg Kalbfleisch
4 Hühnerjunge mit Lebern, Kragen, Flügeln und Mägen
5 Zwiebeln
Salz
Kümmel
Paprika
⅛ l Weißwein
Fett

Zuerst wird eine feingeschnittene Zwiebel in Fett goldbraun geröstet, dann kommt das würfelig geschnittene Rindfleisch dazu. Salzen und paprizieren und das Ganze zugedeckt dünsten. Ist das Rindfleisch halb weich, kommt das ebenfalls in Würfel geschnittene Schweinefleisch und Kalbfleisch dazu, außerdem etwas in ein Tüllsäckchen gebundener Kümmel. Auch das sorgfältig geputzte Hühnerjunge wird jetzt in den Topf gegeben. Nun gibt man noch die restlichen feingeschnittenen Zwiebeln dazu. Man läßt alles dünsten, bis es recht weich ist. Der Wein, zum Schluß zugesetzt, macht die Sauce pikant.

Während der letzten halben Stunde nimmt man den Deckel von der Kasserolle ab, damit sich der Saft reduziert – nur muß achtgegeben werden, daß nichts anbrennt.

In einer tiefen Schüssel zu Tisch gebracht, werden dazu Nockerln oder Tarhonya gereicht.

RINDSTOKÁNY

Man nehme:
1 kg hinteres Rindfleisch
150 g Fett
3 Paradeiser
3 Zwiebeln
¼ l Weißwein
Salz, Pfeffer

Die feingeschnittenen Zwiebeln werden goldgelb geröstet, die abgehäuteten Paradeiser und das in kleinfingergroße, längliche Stücke geschnittene Rindfleisch dazugegeben. Man würzt mit Salz und Pfeffer, gießt mit Weißwein auf und dünstet das Tokány ganz weich.

Beilagen wie zu Pörkölt!

MAJORANTOKÁNY *Komarom*

Man nehme:
1 kg Rindfleisch
300 g Speck
3 große Zwiebeln
Salz, Pfeffer
Majoran
Knoblauch
100 g Fett
¼ l Rahm
¼ l Weißwein

Die kleingehackten Zwiebeln werden in Fett goldgelb geröstet, dann gibt man das in kleinfingergroße, längliche Stücke geschnittene Fleisch dazu. Wenn es etwas Farbe hat, würzt man mit Majoran, Salz und Pfeffer und gießt mit Weißwein auf. Wenn das Fleisch halb gar ist, kommen der in nudelige Streifen geschnittene Speck, der vorher angeröstet wurde, und eine oder auch zwei Zehen Knoblauch dazu. Mit Rahm aufgießen und das Ganze gar dünsten.

TIROLER HERRENGRÖSTL *Meran*

Man nehme:

800 g vorwiegend festkochende Kartoffeln
500 g vorgekochtes Rindfleisch
2 Zweige frischen oder ½ Teelöffel getrockneten Majoran
1 Zwiebel
3 Eßlöffel Öl
1 Lorbeerblatt
1 Tasse Suppe
35 g Butterflocken
Salz
Pfeffer

Die Kartoffeln mit der Schale weich kochen und abgießen. Die abgekühlten Kartoffeln schälen und in 3-4 mm dicke Scheiben schneiden. Die Zwiebel fein hacken. Das Öl in einer weiten Pfanne erhitzen und die Zwiebel darin glasig dünsten. Das gekochte Rindfleisch in Scheiben oder Streifen schneiden. In die Pfanne geben und mit Salz, frisch gemahlenem Pfeffer, dem Majoran und dem Lorbeerblatt würzen. Die Kartoffelscheiben hinzufügen und unter ständigem Wenden mitbraten. Vor dem Servieren die Butterflöckchen auf dem Gröstl verteilen. Die Fleischbrühe angießen, heiß werden lassen und das Gröstl darin schwenken. Aus der Pfanne heben und auf Tellern anrichten.

Dazu paßt Blattsalat oder ein milder Krautsalat.

RINDSWADE IN BIERSAUCE

Man nehme:

1 Rindswade (ca. 1½ kg)
200 g Speck
750 g Zwiebeln
30 g Butter
3 Eßlöffel Öl
Salz
½ l (vorzugsweise dunkles) Bier
½ l Fleisch- oder Gemüsesuppe
50 g Senf
1 Teelöffel Speisestärke
1 Teelöffel getrockneten Thymian nach Belieben
Butter zum Verfeinern

Die Rindswade sorgfältig von allen Hautresten und Sehnen befreien. Den Speck in kleine Stifte schneiden und diese in die Fleischtaschen stecken, damit der Braten nicht austrocknet. Die Zwiebeln schälen (einige Schalen für die Sauce aufheben) und grob hacken. Butter und einen Eßlöffel Öl in einem ofenfesten Schmortopf erhitzen und die Zwiebeln darin bräunen. Zwiebelschalen dazugeben, sie verleihen der Sauce eine schöne Farbe. In der Zwischenzeit die Rindswade salzen und in einer Pfanne mit dem restlichen Öl anbraten. Das gebräunte Fleisch herausheben und zu den Zwiebeln legen. Das Bier hinzugießen und etwa 15 Minuten einkochen lassen, dann die Brühe angießen. Diese Flüssigkeit mit Speisestärke binden. Mit Senf und Thymian abschmecken. Den Topf schließen und im Rohr bei 150 Grad fertigschmoren (ca. zwei Stunden). Dabei das Fleisch von Zeit zu Zeit wenden und mit Bratensauce begießen.

Den Braten herausnehmen und warm stellen. Die Sauce durch ein Sieb streichen und nach Belieben mit ein wenig Butter verfeinern. Das Fleisch in Scheiben schneiden, auf einer Bratenplatte anrichten und mit der Biersauce übergießen.

SCHWEINSKARREE

Man nehme:

*1½ kg kurzes
Karree mit
Schwarte
Kümmel
Knoblauch
Salz
Pfeffer
Essig
Fett*

Das Karree wird eingehackt, gesalzen, mit Kümmel und zerdrücktem Knoblauch eingerieben, mit etwas Essig bespritzt und in eine Pfanne mit Fett gelegt. Unter häufigem Begießen mit dem entstandenen Saft wird das Karree im Rohr langsam gebraten. Wenn sich die Schwarte lichtbraun färbt, wird sie daumenbreit würfelig eingeschnitten, dann wird das Fleisch fertig gebraten. Beim Anrichten wird das Karree den Rippen nach geteilt und mit dem entfetteten Saft serviert.

Notabene

*In dieser zu Recht guten alten Zeit konnte man
am Balkan Kirchenglocken und Muezzinrufe hören.
Friedlich lebten damals die Menschen nebeneinander.
Man respektierte den Sonntag der einen
wie den Sabbat und den Freitag der anderen.*

*Bei Moslems und Juden gilt als strengstes Speiseverbot
das Verbot von Schweinefleisch, von Schmalz und Speck
natürlich ebenfalls. Sie werden in den Rezepten
das Fehlen dieser Zutaten bemerken.*

*Im finstersten Trembowla passierte es aber eines Tages,
daß sich der neu ins Dorf gekomene junge Kaplan im Dorfwirtshaus, nachdem in der Runde der Gäste viel
von gutem Essen geredet wurde, an den Rabbiner wandte,
und zwar mit der aus offensichtlicher Unkenntnis geborenen
Einladung: „Sie müssen einmal zu mir kommen
und den herrlichen Schweinsbraten von meiner Köchin
kosten!" „Gerne!" antwortete der Rabbi mit talmudischem
Lächeln, „wenn Ihnen paßt - am Karfreitag!"*

SPANFERKEL

Man nehme:

1 Spanferkel
Kümmel
Majoran
Salz
Pfeffer
2 Zehen Knoblauch

Ein ausgenommenes und sauber geputztes Spanferkel wird innen und außen mit Salz und Pfeffer eingerieben. Für innen nimmt man auch Kümmel, Majoran und zwei zerdrückte Zehen Knoblauch. Dann wird die Höhlung mit zusammengedrücktem Pergamentpapier ausgefüllt und zugenäht. Die Füße werden mit Spagat dressiert. Der Spieß wird durch Rüssel und After gesteckt, die Vorderfüße nach hinten, die Hinterfüße nach vorne gespeilt und das Spanferkel auf mittlerem Feuer eine Stunde lang gebraten. Während des Bratens wird es mit einer Serviette abgewischt und mit einer Speckschwarte eingefettet. Wenn es halb gebraten ist, wird am Hals ein Einschnitt gemacht, damit der Dampf ausströmen kann und die Haut resch bleibt. Ist es vollkommen gebraten, werden die Speile und das Pergamentpapier herausgenommen, das Spanferkel auf eine mit einer Serviette bedeckte Schüssel gelegt und mit warmem Krautsalat angerichtet.

SCHWEINSSCHNITZEL

Man nehme:

1 kg Schweinsschnitzel
2 Eier
¼ l Milch
¼ kg Mehl
½ kg Semmelbrösel
1 kg Backfett
2 Zehen Knoblauch
Salz, Pfeffer

Die Schweinsschnitzel werden aus dem mageren Schlögel fingerdick geschnitten. (Wer es gerne ein bißchen fetter mag, nimmt das durchzogene Teilsame, den Schopfbraten.) Die Schnitzel werden geklopft und am Rand mit einem scharfen Messer etwas eingeschnitten. Wenig gesalzen und gepfeffert, werden die Schnitzel paniert und herausgebacken. Wer den Geschmack mag, gibt zu der mit den Eiern versprudelten Milch die etwas mit Salz zerdrückten Knoblauchzehen.

Dazu reicht man verschiedene Salate, Erdäpfelschmarren und - je nach Gusto - Preiselbeeren.

SCHWEINSSTELZE

Die sauber geputzte Stelze wird für fünf Minuten in kochendes Wasser gelegt, dann herausgenommen und mit einem scharfen Messer in Abständen von einem halben Zentimeter quer über die ganze Schwarte eingeschnitten (geschröpft). Mit Salz und Pfeffer, drei bis vier zerdrückten Knoblauchzehen eingerieben und mit reichlich Kümmel bestreut, kommt sie mit der Schwarte nach unten in einen gut verschließbaren schweren Topf oder in eine Pfanne, in der sich vier Finger hoch Wasser befindet. Die halbe Zwiebel wird auch dazugegeben. Im Rohr bei mittlerer Hitze wird die Stelze nun gegart (pro Kilo ca. eine Stunde). Dann wird der Deckel abgenommen und die Stelze, bei starker Oberhitze, knusprig gebraten. Sollte der Saft zu stark einkochen, gießt man mit heißer Suppe nach. Besonders resch wird die Kruste, wenn man sie gegen Ende der Bratzeit mit Salzwasser oder etwas Bier bepinselt.

Dazu serviert man Kraut, Kohl und andere eingemachte Gemüse sowie Knödel. Man kann aber auch geviertelte größere Erdäpfel im Saft mitbraten, die, ebenfalls mit Kümmel bestreut, besonders gut schmecken.

Man nehme:
1 hintere Schweinsstelze
½ Zwiebel
Salz
Pfeffer
Kümmel
Knoblauch

MÄHRISCHE SPATZEN

Das mit einem Tuch gut abgetrocknete Fleisch in zehn längliche Stücke teilen, in einer Schüssel mit den im Salz zerdrückten Knoblauchzehen vermischen, salzen, pfeffern, mit Kümmel bestreuen und alles gut verteilen. In einer Bratpfanne drei Eßlöffel Fett heiß werden lassen und die gewürzten Spatzen rasch von allen Seiten schön anbraten lassen. Mit einem Schöpfer Suppe ablöschen, mit dem Kochlöffel das Angebratene auflösen und die Pfanne in das vorgeheizte Rohr schieben. Bei mittlerer Hitze weich braten, dabei öfters mit dem eigenen Saft übergießen, der, sollte er zu wenig sein, mit Suppe ergänzt wird.

Dazu gibt man Kartoffelknödel, warmen Krautsalat oder gedünstetes Gemüse.

Man nehme:
800 g Schweinsschulter
Fett
Kümmel
2 Knoblauchzehen
Salz
Pfeffer
Suppe

GEBRATENER JUNGSCHWEINSSCHLÖGEL

Man nehme:

1½-2 kg Schlögel
Kümmel
Salz
Knoblauch
1-2 Zwiebeln
Fett
Suppe

Der Schlögel eines jungen Schweins, mit der Schwarte, wird gut eingesalzen, mit Kümmel und Knoblauch eingerieben, in eine Pfanne gelegt, in der sich Fett und die Zwiebel befinden, mit Fett überzogen, im Rohr gebraten und öfters mit etwas Suppe und dem entstandenen Saft übergossen. Wenn die Schwarte glasig wird, schneidet man sie mit einem scharfen Messer in daumenbreiter Entfernung würfelig ein, brät sie braun und durch häufiges Begießen mit dem Saft resch. (Man kann, damit die Schwarte besonders knusprig wird, diese gegen Ende der Bratzeit mit etwas Bier überpinseln.)

Ist das Fleisch gar, wird es in beliebige Stücke geschnitten, aber vor dem Servieren in der Schüssel wieder so zusammengelegt, daß der Schlögel seine frühere Form erhält. Dazu schmeckt warmer Krautsalat oder Sauerkraut und alle Arten Knödel.

GEDÜNSTETE SCHWEINSBRUST

Man nehme:

1½ kg Schweinsbrust
Kümmel
Nelken
Basilikum
2 Lorbeerblätter
2 Zwiebeln
Salz
Pfeffer
¼ l Weinessig
Suppe

Die Schweinsbrust wird in fingerbreite Streifen geschnitten und mit einem halben Kaffeelöffel Kümmel, den Lorbeerblättern und den mit Nelken gespickten Zwiebeln in eine Kasserolle gelegt. Man würzt mit Salz, Pfeffer sowie Basilikum und läßt das Ganze zugedeckt dünsten. Nach ungefähr einer Viertelstunde gießt man ¼ l Weinessig und so viel Suppe dazu, daß das Fleisch gut bedeckt ist. Dann läßt man es zugedeckt so lange dünsten, bis es weich ist. Der Saft soll sich in dieser Zeitspanne auf ein Sechstel eingekocht haben.

Das Fleisch wird in einer tiefen Schüssel mit dem entfetteten Saft serviert. In gleicher Weise kann auch Hals- und Bauchfleisch vom Schwein bereitet werden. Dazu werden alle Arten Knödel serviert.

PAPRIKASCHNITZEL

Man nehme:

*1 Schweinsnuß,
ca. 1 kg
300 g Zwiebeln
Salz
Pfeffer
Kümmel
edelsüßen Paprika
2 Knoblauchzehen
¼ l Rahm
Mehl
Fett
Suppe*

Aus der Nuß schneidet man daumendicke Schnitzel, die nicht geklopft werden. Man salzt und pfeffert und brät sie in einer Kasserolle, in der vorher die feingehackten Zwiebeln goldgelb geröstet wurden, in heißem Fett, bis sie auf beiden Seiten Farbe haben. Dann werden sie mit Kümmel und ein bis zwei Teelöffeln Paprika bestreut. Hierauf gießt man etwas Suppe dazu, rührt gut durch, gibt die zwei ganzen Knoblauchzehen hinein und verschließt die Kasserolle mit einem Deckel. Auf mildem Feuer werden die Schnitzel langsam weich gedünstet. Der eigene Saft wird, wenn notwendig, mit etwas Suppe ergänzt. Sind die Schnitzel gar, werden die Knoblauchzehen herausgenommen. In den Rahm rührt man zwei Teelöffel Mehl und zieht diesen unter den Saft, läßt einmal aufwallen, würzt eventuell noch mit Paprika nach und bringt die Schnitzel mit Tarhonya und grünem Salat zu Tisch.

KRENFLEISCH

Man nehme:

*1 ½ kg Schweinefleisch von der Schulter oder vom Nacken
1 Zwiebel
1 Karotte
1 gelbe Rübe
1 Sellerie
1 Petersilienwurzel
Pfefferkörner
Lorbeerblatt
Salz
Pfeffer
Knoblauch
Essig*

Die sauber geputzten und feinnudelig geschnittenen Gemüse kommen in eine Kasserolle. Dann fügt man eine Mischung aus einem Teil Wasser und einem Teil Essig hinzu, salzt, pfeffert sparsam, gibt Pfefferkörner hinein und läßt alles aufkochen. Jetzt wird das in beliebige Stücke geschnittene Fleisch dazugegeben und so lange gekocht, bis es weich ist.

Man nimmt es heraus, richtet es rundum auf einer Schüssel an, garniert mit dem nudelartig geschnittenen Wurzelwerk und streut in die Mitte frisch geriebenen Kren. (Dieser sollte, wenn er zu scharf ist, ein wenig gesalzen werden.)

SZÉKELYGULYÁS

Man nehme:

*1 kg Schweinsschulter
1 kg Sauerkraut
5 Zwiebeln
100 g Fett
Knoblauch
Paprika, Salz
Kümmel
Dille
¼ l Rahm
Suppe*

Das Fleisch wird in mundgerechte Stücke geteilt, die Zwiebeln, fein geschnitten, werden in Fett leicht angeröstet und gedünstet, etwas Kümmel, eine in Salz zerdrückte Knoblauchzehe und zwei Teelöffel feingehackte Dille zugegeben, mit etwas Suppe aufgegossen und gedünstet. Ist das Fleisch halb gar, fügt man das Sauerkraut dazu, vermengt alles unter Zugabe von mildem Paprika (nach Geschmack) und kocht so lange, bis das Kraut gar ist. Dann wird der Rahm daruntergerührt. Noch einmal aufkochen lassen, wobei man eventuell etwas stauben kann.

Das Székelygulyás wird in einer vorgewärmten Schüssel angerichtet und mit dem Rest des schwach vorgewärmten Rahms dekoriert.

TRIESTINER EINTOPF

Man nehme:

*250 g rote Bohnen
250 g Kartoffeln
2 Schweinekoteletts
1 Eßlöffel Fett
1 Knoblauchzehe
250 g Sauerkraut
1 Lorbeerblatt
Salz
Pfeffer
Einweichzeit für die Bohnen: 12 Stunden*

Bohnen über Nacht in Wasser einweichen. Abgießen und in einen Topf geben. Die Kartoffeln schälen, grob würfeln und zu den Bohnen fügen. Die Koteletts auslösen und das Fleisch in mundgerechte Stücke schneiden. Mit Bohnen und Kartoffeln vermengen. Zutaten in einen Topf füllen, mit Wasser aufgießen und zum Kochen bringen. Hitze reduzieren und eine halbe Stunde köcheln lassen.

In einem zweiten Topf das Fett erhitzen. Die Knoblauchzehe zerdrücken und das Fett damit aromatisieren. Knoblauch aus dem heißen Fett fischen, sobald er zu bräunen beginnt. Nun das Kraut hineingeben und im Fett schwenken. Mit Lorbeer würzen und garen.

Wenn die Bohnen und Kartoffeln zerkocht sind, die Hälfte davon in eine Schüssel gießen und pürieren. Wieder in den Topf zurückgeben. Das gekochte Kraut hinzufügen, gut vermischen und eine weitere halbe Stunde köcheln. Mit Salz und Pfeffer abschmecken und heiß servieren.

KANINCHEN MIT RADICCHIOFÜLLUNG

Das Kaninchen muß für dieses Rezept ausgelöst werden. Am besten bitten Sie den Metzger, das Kaninchen mit Ausnahme der Vorderläufe zu entbeinen. Das ausgelöste Kaninchen auseinanderklappen. Den Radicchio sorgfältig waschen, abtropfen lassen, der Länge nach halbieren und das Kaninchen damit füllen. Den restlichen Radicchio für die Sauce beiseite stellen. Das Kaninchen innen und außen salzen und pfeffern, zusammenrollen und mit den Speckscheiben verschließen. Mit einem Küchenfaden festbinden.

Backrohr auf 200 Grad vorheizen. Zwei Eßlöffel Butter in einem ofenfesten Bräter erhitzen. Das Gemüse grob hacken und darin andünsten. Die Kaninchenrolle hineinsetzen und rundum anbraten. Mit Weißwein übergießen und in den heißen Ofen schieben. Etwa eine Stunde schmoren lassen. Das Kaninchen herausheben und warm stellen. Den Gemüsefond in einen kleinen Topf gießen. Mit der Brühe aufgießen und mit Mehlbutter oder Saucenbinder eindicken. Durch ein feines Sieb streichen und warm stellen.

Die restliche Butter in einer Pfanne erhitzen. Den übriggebliebenen Radicchio grob schnipseln und zwei Minuten darin sautieren. Unter die Bratensauce rühren. Die Kaninchenrolle in Scheiben schneiden und mit der Sauce servieren.

Man nehme:

1 küchenfertiges Kaninchen
(ca. ½ kg)
6-8 Radicchiokolben
(vorzugsweise die längliche Trevisana)
Salz
Pfeffer
150 g Bauchspeck in Scheiben
3 Eßlöffel Butter
1 Selleriestange
1 Karotte
1 Zwiebel
1 Glas trockenen Weißwein
1 Tasse Brühe
Mehlbutter bzw. Saucenbinder

SCHÖPSENSCHLÖGEL

Man nehme:

*1 jungen
Schöpsenschlögel
Knoblauch
Wurzelwerk
2-3 Zwiebeln
Beizkräutl
Fett
Kapern
Rahm
Mehl
Zitrone
Suppe*

Der Schlögel wird gut geklopft, abgehäutet und an der inneren Seite mit einem spitzen Messer mehrfach eingestochen. In die Löcher werden Knoblauchzehen gesteckt.

In eine Kasserolle legt man das geschnittene Wurzelwerk, zwei bis drei Zwiebeln und vier bis fünf Knoblauchzehen. Ein Büschel Beizkraut und die Haut des Schlögels in etwas Fett braun eingehen lassen.

In der so eingerichteten Kasserolle wird der gesalzene und gepfefferte Schlögel gedünstet, wobei man hin und wieder mit etwas Suppe aufgießt. Wenn er zu braten beginnt, wird voll mit Suppe aufgegossen und weich gedünstet. Dann wird der Schlögel herausgenommen und warm gestellt. Der Saft wird mit dem Wurzelwerk passiert, wobei man das Fett abnimmt. In etwas Fett bereitet man eine helle Einbrenn, rührt sie mit dem passierten, entfetteten Saft auf und verbessert sie mit feingeschnittener Zitronenschale, Kapern und einigen Löffeln Rahm. Nach dem Aufkochen wird die Sauce über den tranchierten, auf einer großen Schüssel ausgelegten Schlögel gegossen und sehr heiß zu Tisch gebracht.

SCHÖPSENFLEISCH MIT FLECKERLN

Zwei Knoblauchzehen werden in Salz zerdrückt, mit einer feingeschnittenen, großen Zwiebel in heißem Fett goldgelb geröstet. Dann wird das würfelig geschnittene Fleisch dazugegeben, etwas gepfeffert und mit Suppe aufgegossen.

Nachdem das Fleisch weich gedünstet ist, werden die Fleckerln, die inzwischen gekocht und abgeschreckt wurden, dazugegeben. (Es empfiehlt sich, vorher das Fett abzunehmen.) Alles zusammen wird noch eine halbe Stunde gedünstet und dann angerichtet.

Man nehme:

1 kg mageres Schöpsenfleisch
1 große Zwiebel
Knoblauch
Salz
Pfeffer
Suppe
400 g Fleckerln
Fett

UNGARISCHES SCHÖPSERNES

Man läßt die feingeschnittene Zwiebel und drei Knoblauchzehen in heißem Fett anlaufen, gibt etwas Kümmel, Salz und Paprika dazu und legt den in kleine Schnitzel geschnittenen Schöpsenschlögel in die Kasserolle. Mit wenig Suppe aufgegossen, läßt man alles weich dünsten.

In der Zwischenzeit werden die geputzen Fisolen fein geschnitten und in Salzwasser gekocht. Nachdem man sie abgeseiht, kalt abgeschreckt und abgetropft hat, werden sie dem Fleisch beigegeben. Dann kommt noch der mit ein bis zwei Teelöffeln Mehl versprudelte Rahm dazu. Man läßt alles kurz aufkochen und serviert in einer tiefen Schüssel.

Man nehme:

800 g Schöpsenschlögel (reines Fleisch)
1 Zwiebel
Knoblauch
Kümmel
Salz
Paprika
Suppe
¾ kg Fisolen
¼ l Rahm
Mehl
Fett

STEIRISCHES SCHÖPSERNES

Man nehme:

1 kg Schöpsenschulter
¼ l Essig
Wurzelwerk (gelbe Rübe, Petersilienwurzel, Sellerie)
Kümmel
Majoran
1 Lorbeerblatt
2 Nagerln
3-4 Zehen Knoblauch
4 Erdäpfel
Salz

Das gut abgelegene Schöpserne wird in beliebige, jedoch nicht zu große Stücke geschnitten und in einer Kasserolle mit ½ l Wasser und ¼ l Essig übergossen: Die Flüssigkeit muß über dem Fleisch zusammenschlagen. Zugedeckt dünsten lassen, bis das Fleisch halb weich ist.

Das Schöpserne kommt mit dem Wurzelwerk auf den Tisch. Salz kann nach Gusto dem fertigen Gericht beigegeben werden.

LAMM MIT PILZEN UND PEPERONCINO

Man nehme:

800 g Lammfleisch
500 g frische Speisepilze
1 scharfe, getrocknete Pfefferschote
2 Knoblauchzehen
8 Eßlöffel Olivenöl extra vergine
Salz
eventuell etwas Fleischbrühe

Das Fleisch grob würfeln. Die Pilze putzen und blättrig schneiden. Die Pfefferschote im Mörser zerstoßen und den Knoblauch fein hacken.

Das Olivenöl in einem Schmortopf erhitzen. Den feingehackten Knoblauch darin andünsten. Die Fleischwürfel hinzufügen und kräftig bräunen. Die Pilze und die zerstoßenen Paprikaschoten beigeben und salzen. Den Topf verschließen und das Gericht auf leiser Flamme gar schmoren (ca. 60 Minuten). Falls das Lamm zu trocken geraten sollte, etwas heiße Suppe hinzugießen. Die Fleischwürfel auf Tellern anrichten und mit dem Bratfond benetzen.

GEFÜLLTE LAMMSCHULTER

Die Schulter vom Knochen auslösen und durch einen Schnitt zu einem Rechteck formen. Das Fleisch plattieren und mit den Gewürzen einreiben. Matze oder Semmel einweichen, ausdrücken, die Zwiebel kleinhacken, die geschälten Äpfel grob raspeln, alles gut mit den zwei Eiern mischen. Mit Salbei, Salz und Pfeffer abschmecken. Die Fülle gleichmäßig auf dem Fleisch verteilen, zusammenrollen und mit einem Bindfaden umwickeln. In eine passende Bratpfanne ins heiße Fett einlegen, mit Suppe beträufeln und bei 180 Grad ins Rohr schieben. Etwa eine Stunde braten, dabei immer wieder mit Bratensaft übergießen, diesen, wenn nötig, mit Suppe ergänzen. Während die Schulter brät, hat man die zerkleinerten Zwiebeln in ein wenig Wasser weich gekocht, durch ein Sieb passiert oder mit dem Mixstab püriert. Mit etwas Suppe verrühren und abschmecken. Diese Sauce wird zum fertigen Braten gereicht.

Man nehme:

1 Lammschulter (ca. 1,5 kg)
100 g Äpfel
50 g altbackene Semmeln oder Matze
2 Eier
100 g Speiseöl
½ l Suppe
Salz
Pfeffer
Salbei

LAMMKOTELETTS, MIT FRIKASSEE GEBACKEN

Die Lammkoteletts werden in einer Kasserolle in geklärter Butter eingelegt, bis sie weiße Farbe annehmen. Beim Wenden salzen und dann auf ein reines Tuch legen, damit das Fett vom Fleisch abrinnt.

Die Koteletts werden in den Kühlschrank gelegt und sollen ordentlich kalt werden. Dann in ein kühles Frikasse tauchen und wiederum kühlen. Wenn sie vollkommen steif sind, werden sie glattgestrichen und mit Eiern und Semmelbröseln paniert; das wird wiederholt, was sie besonders knusprig macht. Man bäckt sie schnell in Fett heraus und richtet sie auf einer mit einer Serviette ausgelegten Schüssel an. Die Beine werden mit Papilloten besteckt und die Mitte mit grüner Petersilie garniert.

Man nehme:

(pro Person)
2 Lammkoteletts
Butter
Salz
Pfeffer
Frikassee-Sauce
3 Eier
Semmelbrösel
Fett
Petersilie

GEBRATENER LAMMRÜCKEN

Man nehme:

*1½ kg Lammrücken
Salz
Pfeffer
Basilikum
Fett
Suppe
Orangen
Preiselbeeren*

Der sauber vorbereitete Lammrücken wird mit Salz, Pfeffer und Basilikum gewürzt und eine Stunde stehengelassen. Dann wird das Fleisch mit der Haut nach oben so auf einige quer über die Bratpfanne gelegte Kochlöffel oder Holzstücke gelegt, daß es von allen Seiten braten kann.

Der Rücken wird mit dem heißen Fett übergossen und für etwa eine Stunde in das heiße Rohr geschoben. Wenn die Kruste resch ist, wird der Rücken in beliebige Stücke geteilt, auf einer Platte wieder schön zusammengefügt und mit Orangenscheiben, auf die Preiselbeeren gehäuft wurden, garniert. Der abgetropfte Bratenfond aus der Pfanne wird mit etwas Suppe zu einer kurzen Sauce aufgekocht und gewürzt in der Sauciere gereicht.

LAMM TSCHOLENT   *Banja Luka*

Man nehme:

*1½ kg schieres
Lammfleisch
400 g weiße Bohnen
300 g Zwiebeln
100 g Speiseöl
Salz
Pfeffer
Knoblauch*

Die Bohnen verlesen, waschen und über Nacht in kaltem, abgekochtem Wasser einweichen.

Das Fleisch in große Würfel schneiden, salzen und mit Pfeffer bestreuen. In einem Topf das Öl erhitzen und das Fleisch mit den gewürfelten Zwiebeln und dem kleingehackten Knoblauch bräunen. Die Bohnen dazugeben, mit Wasser auffüllen, zugedeckt gar dünsten und warm servieren.

LAMMFRIKASSEE MIT ARTISCHOCKEN

Petersilie und Knoblauch fein hacken. Das Olivenöl in einem Bräter erhitzen und beides darin andünsten. Inzwischen das Lammfleisch säubern und grob würfeln. Bei kräftiger Hitze rundum anbraten, salzen und pfeffern. Wenn es Farbe angenommen hat, den Weißwein angießen. Auf kleiner Flamme einkochen lassen und das Lammfleisch darin schmoren. Wenn das Fleisch zu trocken werden sollte, etwas Wasser nachgießen.

In der Zwischenzeit die Artischocken putzen und je nach Größe achteln oder vierteln. Nach der Hälfte der Garzeit (ca. 25 Minuten) zum Lammfleisch geben und mitschmoren.

Wenige Minuten vor dem Servieren Eier und Zitronensaft verquirlen und über das Gericht träufeln. Kurz erwärmen und vom Herd nehmen.

Man nehme:

1 Handvoll Petersilie
3 Knoblauchzehen
2 Eßlöffel Olivenöl
1 kg Lammfleisch (z.B. aus der Keule)
Salz
Pfeffer
1 Glas trockenen Weißwein
6 Artischocken
2 Eigelb
Saft einer Zitrone

LAMMRAGOUT MIT FENCHEL

Das Lammfleisch parieren und in grobe Würfel schneiden. Das Öl in einem Schmortopf erhitzen und das Fleisch kräftig anbraten. Aus dem Topf nehmen und beiseite stellen. Die Zwiebel fein hacken. Die Tomaten häuten, entkernen und würfeln. Die Fenchelknollen putzen und in schmale Spalten schneiden. Das Grün abzupfen und kurz abbrausen; etwas zum Garnieren aufheben.

Die feingehackte Zwiebel im Schmortopf andünsten. Die Tomaten hinzufügen und heiß werden lassen. Nun die Fenchelspalten und das Grün hineingeben und die Gemüse zu einer sämigen Sauce einkochen. Die Fleischwürfel wieder einlegen, abschmecken und fertig garen. Vor dem Servieren mit dem restlichen Fenchelgrün bestreuen.

Man nehme:

800 g Lammfleisch
4 Eßlöffel Olivenöl
1 Zwiebel
500 g vollreife Tomaten
600 g Fenchelknollen mit Grün
Salz

Wildgerichte

BEIZE FÜR WILDBRET

In eine Kasserolle kommen eine Zwiebel, ein Stückchen gelbe Rübe, ebensoviel Petersilienwurzel und Sellerie (alles blättrig geschnitten), fünf Sträußchen Kuttelkraut, ein Lorbeerblatt, je fünf Körner Neugewürz, Koriander, Pfeffer, dazu noch fünf zerdrückte Wacholderbeeren, ferner ¼ l Rotwein, ½ l Essig und 1 l Wasser. Man läßt alles eine halbe bis eine Stunde kochen und verwendet die Beize nach dem Auskühlen.

REHSCHLÖGEL MIT RAHM

Der sauber geputzte Rehschlögel wird, nachdem er sorgfältig abgehäutet wurde, in die Wildbeize gelegt und an einem kühlen Ort zwölf Stunden lang gebeizt. Bevor man ihn brät, wird er abgetrocknet und mit in Salz und Pfeffer gewälztem Speck gespickt.

In einer Kasserolle wird Fett erhitzt und darin der Schlögel rasch auf allen Seiten braun angebraten. Dann wird etwas Beize dazugegeben, der Schlögel ins Rohr gebracht und unter häufigem Begießen ca. eineinhalb Stunden lang gebraten. Beize wird nach Bedarf nachgegossen. Eine halbe Stunde vor dem Anrichten wird der Schlögel mit Rahm begossen und fertig gebraten. Dann portioniert, warm gestellt und mit dem Saft, den man inzwischen passiert hat, serviert.

Man nehme:

1 Rehschlögel
200 g Speck
½ l sauren Rahm
Salz
Pfeffer
Beize

REHSCHLÖGEL, NATUR

Der Schlögel von einem jungen Reh wird sorgfältig abgehäutet, mit Salz und Pfeffer eingerieben und in einer passenden Pfanne auf zwei hölzerne Kochlöffel gelegt. An der Oberseite wird der Schlögel mit dünnen Speckplatten belegt und so im Rohr etwa eineinhalb Stunden gebraten. Dabei wird er öfter mit dem eigenen Saft übergossen. Wenn der Braten gar ist, wird er beliebig geschnitten und, mit Orangen- und Zitronenscheiben garniert, auf einer großen Platte angerichtet. Der durchgeseihte Saft wird in einer Sauciere gereicht.

Man nehme:

(Zutaten für 5-7 Personen)
1 Rehschlögel
300 g Speck
Salz
Pfeffer
Orangen
Zitronen

GEBRATENER REHRÜCKEN

Man nehme:

(Zutaten für 5-7 Personen)
*1 Rehrücken
Speck
Wurzelwerk
2 Zwiebeln
Beizkräutl
Pfefferkörner
Wacholderbeeren
Nelken
Zitronenschale
Bertramessig
Salz
Pfeffer*

In einer Kasserolle die gehackten Zwiebeln, das kleingeschnittene Wurzelwerk, alle Gewürze, eine halbe Nelke, die abgelöste Haut des Rehrückens und die ausgelösten Rippen braun eingehen lassen und danach mit Wasser und Bertramessig aufgießen. Nachdem alles gut verkocht ist, läßt man es auskühlen und seiht ab.

Diese Beize wird über den sauber enthäuteten, geputzten und von alle Flachsen befreiten Rehrücken gegossen, der mit reichlich Selchspeck quer zur Faser gespickt wurde (die Speckstreifen werden vorher in einer Salz-Pfeffer-Mischung gewälzt). Ganz bedeckt, bleibt er jetzt drei Tage an einem kühlen Ort zugedeckt stehen. Danach wird der Rehrcken mit der gespickten Seite nach unten in eine Pfanne gelegt, mit einem gebutterten Papier bedeckt, in das Rohr geschoben und rund eineinviertel Stunden gebraten. Während des Garens wird fleißig über das Papier Beize zugegossen. In der letzten Viertelstunde der Bratzeit wird das Papier entfernt und der Braten gewendet, damit der Speck etwas Farbe bekommt, auch dabei weiter begießen.

Nach dem Garen löst man das Filet von beiden Seiten ab, schneidet es in kleinfingerdicke, schiefe Stücke, stellt sie auf dem Rückenbein wieder zusammen und richtet den Rehrücken auf einer passenden Schüssel an. Vor dem Servieren wird der kurz eingekochte Saft darübergegossen.

Dazu reicht man Preiselbeeren, Knödel oder Kroketten.

REHBRATEN *Venetien*

Das Rehfleisch in eine geräumige Glas- oder Porzellanschüssel legen. Zwiebeln, Karotten und Selleriestangen klein würfeln und über dem Fleisch verteilen. Die übrigen Gewürze ebenfalls über das Fleisch streuen, dann das Ganze mit Rotwein und Grappa übergießen. Zudecken und zwei Tage ziehen lassen. Das Bratenstück ein- oder zweimal wenden.

Das Rehfleisch aus der Marinade heben, abtropfen lassen und trockenreiben. Mit einem scharfen Messer Haut- und Sehnenreste entfernen. In einem Bräter Butter und Öl langsam erhitzen. Die Marinade durch ein Sieb gießen und in einer Schüssel auffangen. Das feingehackte Gemüse in heißem Fett andünsten. Dann das Fleisch hineinsetzen und auf allen Seiten kräftig bräunen. Mit einem Hauch Mehl bestäuben, salzen und mit der Marinade übergießen. Bei leicht geöffnetem Deckel etwa 50 Minuten sanft schmoren. Falls die Flüssigkeit zu schnell einkocht, Wein oder Brühe nachgießen.

Den Braten aus dem Topf heben und in Scheiben schneiden. Auf einer Platte anrichten und mit dem Bratenfond überziehen.

Man nehme:
*600 g pariertes Rehfleisch (Rücken oder Keule)
je 1 Eßlöffel Butter und Öl
etwas Mehl zum Bestäuben
Salz
eventuell etwas Suppe*

*Für die Marinade:
2 Zwiebeln
2 Karotten
2 Stangen Sellerie
je 1 Teelöffel Wacholderbeeren, Gewürznelken und schwarze Pfefferkörner
1 Zimtstange
1 Lorbeerblatt
2 Knoblauchzehen
einige Salbeiblätter
1 Gläschen Grappa
Einwirkzeit 2 Tage*

HIRSCHRÜCKEN

Der Hirschrücken wird abgehäutet, die oberen Teile mit in Salz und Pfeffer gewälztem Speck gespickt. Zusammen mit allen Zutaten wird er langsam im Rohr gebraten. Ist der Rücken weich, wird er auf ein Schneidbrett gelegt, das Fleisch mit einem scharfen Messer vom Knochen gelöst und in zwei Finger breite Scheiben geschnitten. Dann legt man das Bein und die Fleischstücke so in eine Schüssel, daß der Hirschrücken sein früheres Aussehen erhält.
Beim Anrichten mit Orangen- und Zitronenscheiben verzieren und mit dem entfetteten, passierten Saft servieren.

Man nehme:
*1 kleinen Hirschrücken
alle übrigen Zutaten wie beim Hirschziemer*

GLASIERTER HIRSCHZIEMER

Man nehme:

*1 Hirschziemer
160 g Speck
Wurzelwerk
1 Zwiebel
Kuttelkraut
je 5 Körner Koriander, Neugewürz, Pfeffer
5 zerdrückte Wacholderbeeren
1 Stück Schwarzbrot
1 l Rotwein
¼ l Essig
¼ l Wasser
1 Zitrone
Zucker
Nelken
1 Orange
weiße Semmelbrösel*

Der Hirschziemer (der obere Teil des Schlögels) wird mit den Gewürzen, mit Salz und Pfeffer eingerieben und zwei Stunden stehengelassen.

In einer großen Kasserolle werden der würfelig geschnittene Speck und das blättrig geschnittene Wurzelwerk geröstet, die Gewürze und das in dünne Streifen geschnittene Schwarzbrot dazugegeben und der Ziemer daraufgelegt. Wein, Essig und Wasser dazugießen, so daß die Flüssigkeit über dem Fleisch zusammengeht. Der Ziemer wird zwei bis drei Stunden zugedeckt gedünstet.

Ist die Flüssigkeit weniger geworden, wird das Fleisch mit einem mit Butter bestrichenen Pergamentpapier zugedeckt. Wenn das Hirschfleisch weich ist, legt man es auf ein Brett, schneidet es in Portionen und ordnet diese in einer feuerfesten Schüssel so dicht aneinander, daß sie wie ein ganzes Stück aussehen. Nun streut man geröstete Semmelbrösel darüber, auf diese wiederum eine gestoßene Gewürznelke und etwas mit Zimt gestoßenen Zucker, ferner noch ein wenig reinen Zucker, schiebt den Braten bei größter Oberhitze ins Rohr und läßt den Zucker glasieren.

Der Ziemer wird beim Anrichten mit Orangen- und Zitronenscheiben verziert. Dazu werden Preiselbeeren gereicht. Der Saft wird entfettet, passiert und in der Sauciere serviert.

PAPRIKAHASE

Man nehme:

*(Zutaten für 5-7 Personen)
1 Hasenrücken und die hinteren Läufe
4-6 Zwiebeln
½ l Rahm
Salz
Paprika
Mehl
Fett
⅓ l Weißwein*

Hasenrücken und -läufe werden sauber enthäutet, in Stücke geschnitten und gesalzen. In zwei Löffeln Fett die feingewiegten Zwiebeln gelb anlaufen lassen, dann zwei Teelöffel Paprika und das Hasenfleisch dazugeben. Mit Wein aufgießen und alles einige Zeit zugedeckt dünsten lassen.

Erst wenn der Hase recht mürbe ist, wird der Rahm, in den man einen Kaffeelöffel Mehl verrührt hat, dazugegeben. Man läßt aufkochen und richtet an.

HASENLAUF *Iglau*

Die Hasenläufe werden sauber abgehäutet, mit Salz und Pfeffer eingerieben und in der Kasserolle, in der schon die feingeschnittenen Zwiebeln in Butter angeröstet wurden, eingelegt. Zuerst läßt man das Fleisch im eigenen Saft dünsten, dann gießt man löffelweise mit Suppe auf. Wenn die Läufe weich sind, werden sie auf einer Schüssel mit dem Saft angerichtet und mit in Butter gerösteten Semmelbröseln bestreut.

Man nehme:
*Vorder- und Hinterfüße eines Hasen
2 Zwiebeln
Butter
Salz
Pfeffer
Suppe
Semmelbrösel*

HASE IN SCHWARZER SAUCE

Der abgehäutete Hase wird in zwei Finger breite Stücke geschnitten und mit der Butter, etwas Salz und Pfeffer, den Lorbeerblättern, dem Wein und der Suppe in eine Kasserolle gelegt. Eine Stunde lang zugedeckt dünsten, dann das Fleisch herausnehmen. Der Rahm wird mit zwei Kochlöffeln Mehl verrührt und zur Sauce gegossen, Zucker zugefügt (wenn etwas Hasenblut vorhanden, dieses ebenfalls) und alles aufgekocht. Sollte die Sauce zu dick geraten, gießt man etwas Rotwein ein, läßt aufkochen und passiert. Darin werden die Hasenteile nochmals kurz aufgekocht.

Das Gericht wird in einer tiefen Schüssel serviert. Als Beigabe: alle Arten Knödel.

Man nehme:
*1 Hasen
320 g Butter
3 Lorbeerblätter
¼ l Rotwein
¼ l Suppe
¼ l sauren Rahm
Mehl
40 g Zucker
Salz
Pfeffer*

HASENNETZCHEN

Man löst das Fleisch aus allen Häuten und faschiert es zusammen mit dem Schweinefleisch. Mit einem Wiegemesser werden Zwiebel, Schalotten und die Petersilie fein geschnitten und in der Butter geröstet. Die in Wasser eingeweichten Semmeln ausdrücken und mit Salz und Pfeffer sowie den zerdrückten Wacholderbeeren mit dem Faschierten zusammenmischen. Salz und Pfeffer, die beiden Eier und die feinblättrig geschnittenen Champignons kommen dazu. Nun werden aus der Masse eigroße Stückchen geformt, die man in Netzteile einschlägt. Diese Hasennetzchen werden auf dem Rost gebraten und mit dünnen Zitronenscheiben garniert; dazu Preiselbeeren servieren!

Man nehme:
*1 Hasen
200 g Schweinefleisch
1 Zwiebel
einige Schalotten
grüne Petersilie
160 g Butter
2 Semmeln
2 Eier
Salz, Pfeffer
5 Wacholderbeeren
5 Champignons
1 Schweinsnetz*

HASENBROT

Man nehme:

320 g Hasenfleisch
320 g Schweinefleisch
160 g Speck
1 Kalbsmilz
4 Eier
2 Semmeln
Salz
Pfeffer
5 Wacholderbeeren
1 Nelke
1 Sträußchen Kuttelkraut
40 g Selchzunge
1 kleine Gänseleber
5 Essiggurken

Das faschierte Fleisch wird mit der ausgeschabten Milz, drei ganzen Eiern und einem Dotter vermischt. Dazu kommen 80 g abgerindete, in Wasser erweichte und gut ausgedrückte Semmeln. Die Gewürze werden mit Salz und Pfeffer im Mörser gestoßen. Alles wird nun in eine tiefe Schüssel passiert und mit Speck, der Zunge, den Essiggurken und der Gänseleber (alles in kleine Würfel geschnitten!) vermischt.

Eine lange, mit Butter ausgestrichene, mit Mehl bestäubte Rehrückenform wird mit der Masse gefüllt; dabei wird die Form mehrmals mit der flachen Hand geschlagen, damit sich alles fest »zusammenbeutelt«. Ein entsprechend zugeschnittenes Stück Papier wird dreimal quer eingeschnitten, mit Butter bestrichen und auf die Fülle gelegt. Eineinhalb Stunden lang im Dunst zugedeckt kochen. Dann wird das Papier abgezogen, wieder daraufgelegt und das Hasenbrot auf ein Brett gestürzt. Mit der Form zugedeckt, läßt man es eine halbe Stunde lang stehen.

Das Hasenbrot kann warm mit Wildbret-Sauce oder kalt aufgeschnitten, mit Aspik und Orangenschnitten garniert, serviert werden.

WILDSCHWEINSCHLÖGEL

Man nehme:

1 Wildschweinschlögel
1 Zwiebel
1 gelbe Rübe
1 Petersilienwurzel
1 Stück Sellerie
1 Lorbeerblatt
5 Sträußchen Kuttelkraut
2 Zehen Knoblauch
Koriander
Neugewürz
Pfeffer
10 Wacholderbeeren
je ½ l Rotwein, Essig und Wasser

Zwiebel, gelbe Rübe, Petersilienwurzel, Sellerie und Lorbeerblatt werden – zusammen mit den Gewürzen – kleingehackt und in eine große Kasserolle gelegt und der sorgsam gereinigte, von der schwarzen Haut befreite, mit einem sauberen Tuch abgetrocknete und eingesalzene Schlögel dazugegeben. Das Fleisch wird mit Rotwein, Essig und Wasser aufgegossen und langsam gedünstet. Wenn es vollkommen weich ist, läßt man es noch ungefähr eine Viertelstunde lang im Sud stehen. Dann wird der Schlögel herausgenommen, in gefällige Schnitten geteilt, in einer Schüssel angerichtet und rundherum mit Kräuselpetersilie garniert.

Bei Tisch wird dazu gerissener Kren oder Preiselbeerkompott serviert.

Geflügel

WIENER BACKHENDL

Zum Backen werden nur kleine, junge Hühner genommen. Sie werden gereinigt, geviertelt, gesalzen, in Mehl eingelegt, in die versprudelten Eier getunkt, dann mit Semmelbröseln einpaniert und erst kurz vor dem Essen in heißem Fett herausgebacken.

Beim Anrichten werden sie mit grüner Petersilie garniert, die einmal kurz ins heiße Fett getaucht wurde.

Man nehme:
½ Huhn
pro Person
4 Eier
¼ kg Mehl
½ kg Semmelbrösel
1 kg Backfett
Salz
Petersilie

LIMONIHENDLN

Die sauber geputzten Hendln werden mit warmem Wasser ausgewaschen, in Portionen geteilt, gesalzen und eine Viertelstunde stehengelassen. In eine Kasserolle gießt man Rahm, in den man dünn geschnittene und von den Kernen befreite Zitronenscheiben gibt, und legt dann die Hälfte der Hühnerteile hinein. Darauf kommt wieder Rahm mit Zitronenscheiben, darüber die restlichen Stücke vom Hendl und zuletzt noch einmal Rahm und die Butter in kleinen Stücken. Die Hendln dürfen nicht gerührt, sondern nur geschüttelt werden und sollen nicht länger als nötig kochen, da sie sonst an Geschmack verlieren.
Beim Anrichten ordnet man die Hendlteile zierlich auf eine Schüssel und gießt die Sauce darüber.

Man nehme:
2 kleine Hendln
½ l Rahm
50 g Butter
1 Zitrone
Salz

PÖRKÖLT-HENDERLN

Die sauber geputzten Henderln werden in Stücke geschnitten und eingesalzen. Dann kommen in eine Kasserolle ein wenig Fett und drei feingehackte Zwiebeln, die goldgelb geröstet werden, ein Teelöffel Rosenpaprika und die Henderlteile. Zugedeckt werden die Henderln, wobei immer mit ein wenig Suppe aufgegossen wird, langsam gedünstet, so daß sich ein schöner Saft bildet. Damit die Stücke ganz bleiben, sollen die Henderln nicht umgerührt, sondern nur geschüttelt werden.

Man nehme:
2 Fleischhenderln
3 Zwiebeln
Salz
Paprika
Fett
Suppe

HUHN *Split*

Man nehme:

6 Poulardenbrüste oder -schenkel
100 ml Olivenöl
1 Zwiebel
2 Stangen Staudensellerie
1 Knoblauchzehe
1 Sardellenfilet
je 1 Teelöffel feingehackten frischen oder
¼ Teelöffel getrockneten Thymian und Rosmarin
½ Teelöffel feingeschnittenen frischen Salbei
125 ml Rotweinessig
185 ml trockenen Rot- oder Weißwein
Salz, Pfeffer
Mehl

Die Poulardenteile flach drücken, mit Salz und frisch gemahlenem Pfeffer würzen und leicht mit Mehl bestäuben. Etwa 60 ml Öl auf mittlerer Flamme in einer Sauteuse erhitzen. Darin die Poulardenteile etwa 15 Minuten braten, dabei einmal wenden.

Die Poulardenteile herausnehmen und warm halten. Das Fett aus der Sauteuse abgießen und diese mit Küchenpapier auswischen. Das restliche Öl hineingeben und die gewürfelte Zwiebel, den zerschnittenen Staudensellerie, die zerdrückte Knoblauchzehe, das zerdrückte Sardellenfilet sowie die Kräuter einrühren und vier bis fünf Minuten dünsten.

Anschließend den Essig zugeben und auf großer Flamme zwei Minuten einkochen lassen. Den Wein zugießen und unter Rühren zwei Minuten kochen. Danach die Poulardenteile wieder hineinlegen und im offenen Topf etwa 30 Minuten garen, bis sie weich sind, dabei einmal in der Sauce wenden. Abschmecken und sofort servieren.

HÜHNER IM EIGENEN SAFT

Man nehme:

2 junge Hühner
80 g Butter
Speck
Salz
Pfeffer
Petersilie
Zitrone
Suppe

Die geputzten Hühner werden außen und innen gewürzt. In jedes Huhn kommt ein 40-g-Stück Butter, das von reichlich Petersilie umhüllt wird. Die vorbereiteten Hühner werden dressiert und mit ein wenig Zitronensaft beträufelt.

Eine Kasserolle wird mit dünnen Speckplatten ausgelegt, die Hühner hineingegeben und ebenfalls mit Speckplatten bedeckt. Zugedeckt sollen sie jetzt langsam dünsten.

Fehlender Saft wird durch gute Suppe ersetzt. Sind die Hühner weich, werden sie herausgenommen, vom Dressierspagat befreit, in beliebige Stücke geteilt und in einer Schüssel, mit dem eigenen, entfetteten Saft übergossen, serviert.

HUHN AUF JÄGERART

Die Poulardenbrüste flach drücken, mit Salz und frisch gemahlenem Pfeffer würzen. In etwas Mehl wenden und überschüssiges Mehl abschütteln.

In einer Kasserolle 60 ml Öl auf mittlerer Flamme erhitzen. Darin die Poulardenbrüste etwa 15 Minuten von beiden Seiten goldbraun anbraten. Herausheben und warm halten. Das Öl abgießen und die Kasserolle mit Küchenpapier auswischen. Anschließend das restliche Öl hineingießen und die gewürfelte Zwiebel, die feingeschnittenen Selleriestangen, die gewürfelte Karotte, die in Scheiben geschnittenen Pilze sowie die zerdrückte Knoblauchzehe dazugeben. Das Gemüse weich dünsten. Anschließend die gehackten Kräuter sowie den Wein einrühren. Auf großer Flamme drei bis vier Minuten kochen lassen. Die Hitze reduzieren und einen Eßlöffel Mehl anstäuben. Zwei bis drei Minuten rühren, damit sich alles gut verbindet. Danach die Brühe zugießen und unter ständigem Rühren nochmals zwei bis drei Minuten kochen lassen. Die Poulardenbrüste wieder in die Kasserolle geben und mit der Gemüsemischung bedecken. Auf kleinster Flamme mit halb aufgelegtem Deckel etwa 30 Minuten ziehen lassen. Zum Schluß nochmals abschmecken.

Man nehme:

6 Poulardenbrüste oder -schenkel
100 ml Olivenöl
1 Zwiebel
2 Stangen Staudensellerie
1 mittelgroße Karotte
250 g Champignons
1 Knoblauchzehe
1 Eßlöffel Mehl
je 1 Teelöffel feingehackten frischen oder
¼ Teelöffel getrockneten Thymian und Rosmarin
125 ml trockenen Weißwein
250 ml Rindsuppe
Salz, Pfeffer
Mehl zum Bestäuben

PAPRIKAHÜHNER

In der Kasserolle werden die feingeschnittenen Zwiebeln in 80 g Fett angeröstet. Sind sie hell-goldgelb, legt man die zwei dressierten, gesalzenen Hühner dazu und läßt sie zugedeckt dünsten.

Wenn der eigene Saft verdünstet ist, staubt man die Hühner mit etwas Mehl, übergießt sie mit Suppe und läßt sie zugedeckt gar dünsten. Dann werden die Hühner mit dem Rahm übergossen, nachgesalzen, nach Belieben mit Rosenpaprika gewürzt und noch einmal gut aufgekocht. Herausnehmen, portionieren, auf einer tiefen Schüssel anrichten und, mit dem passierten Saft übergossen, zu Tisch bringen.

Als Beilage reicht man Nockerln, Nudeln oder Tarhonya.

Man nehme:

2 Hühner
80 g Fett
½ l Rahm
Salz, Paprika
2 große Zwiebeln
Mehl, Suppe

GEFLÜGEL

Man nehme:

2 junge Hühner
Suppe
Weinteig
Fett
Petersilie
Kerbelkraut
Bertram
Zitronenschale
2 Zwiebeln
Essig
Öl
Salz
Pfeffer

MARINIERTE HÜHNCHEN

Die Hühnchen werden, sauber geputzt, in Portionen geteilt, diese in einer Kasserolle mit Suppe übergossen und darin weich gekocht. Nachdem man die Stücke herausgehoben hat, läßt man sie kalt werden, taucht sie in Weinteig und bäckt sie in Fett heraus.

In einer Schüssel hat man inzwischen die feingehackten Kräuter, die geriebene Zitronenschale und die nudelig geschnittenen Zwiebeln ausgelegt. Darauf kommen die Hühnerteile, die mit Salz und Pfeffer gewürzt und mit Essig und Öl begossen werden. Man läßt sie in der Marinade eine Zeitlang liegen.

Beim Anrichten die Marinade darüberseihen und das Gericht mit Zwiebelringen bestreuen.

Man nehme:

1 fleischiges Hendl
300 g Kalbfleisch
250 g Speck
½ Semmel
Milch
2 Eier
Salz
Muskatnuß
Paprika
Petersilie
2 gelbe Rüben
Suppe
Mehl
⅛ l Rahm

FASCHIERTES HENDL

Man läßt das ganze, sauber geputzte Hendl in warmem Wasser liegen, damit das Fleisch schön weiß bleibt. Dann schneidet man es vorsichtig auf dem Rücken pürzelwärts auseinander und löst alle Knochen bis auf die Schenkel und Flügel aus, wobei darauf geachtet werden muß, daß die Haut nicht verletzt wird!

Das vom Hendlgerippe geschabte Hühnerfleisch wird mit dem Kalbfleisch faschiert. In einer Pfanne 60 g kleingewürfelten Speck anrösten und die kleingeschnittene Hühnerleber dazugeben. Wenn sie Farbe hat, wird mit etwas Salz gewürzt. Jetzt kommt auch das Faschierte dazu. Man röstet es etwas an, würzt mit Paprika und etwas Muskatnuß, mischt die in Milch eingeweichte, gut ausgedrückte Semmel dazu, schlägt die zwei Eier darüber und gibt etwas gehackte Petersilie dazu. Gut abrühren, bis die Masse recht dick geworden ist.

Jetzt trocknet man das Hendl gut ab, füllt es mit der Masse, näht die Haut am Rücken wieder zusammen, drückt das Hendl in seine ursprüngliche Form und belegt es mit dünnen Speckblättern.

In einer Kasserolle, die mit gelben Rüben ausgelegt wurde, wird das Hendel mit ein bis zwei Schöpfern Suppe begossen und langsam gedünstet. Wenn es gar ist, wird die Sauce mit etwas Mehl gestaubt. Dann gibt man zwei bis drei Teelöffel milden Paprika und den Rahm dazu, passiert die Sauce und gießt sie über das geteilte, angerichtete Hendel. Dazu reicht man Nockerln oder Tarhonya.

JÜDISCHER KAVIAR

Man nehme:

1 kg Hühnerlebern
250 g Gänse- oder Hühnerfett
7 Eier
250 g Zwiebeln
Salz
Pfeffer

Die Lebern säubern, waschen, mit Küchenpapier abtrocknen und ohne Fett im Backrohr am Rost braten, bis sie ganz durch und nicht mehr blutig sind. Die Eier hat man hart gekocht und kleingehackt. In einer Pfanne wird das Fett ausgelassen und darin die kleingewürfelten Zwiebeln hellgelb gebraten. Die ausgekühlten Lebern hackt man ebenfalls klein, vermischt alle Zutaten gut und würzt mit Salz und Pfeffer. Als Vorspeise kalt serviert, freut der Kaviar die Gäste.

DES RABBIS HUHN

Man nehme:

1 Brathuhn (ca. 2 kg)
400 g Kartoffelbrei
100 g Gänsefett
100 g Zwiebeln
Salz
Pfeffer
Muskatnuß

Das saubere Huhn mit Salz einreiben. Die Zwiebeln würfeln, im Gänsefett goldgelb rösten und mit Kartoffelbrei verrühren. Mit Salz, Pfeffer und geriebener Muskatnuß würzen. Mit dieser Masse das Huhn füllen, zunähen und gefällig formen.

In einer Pfanne Fett erhitzen, das Huhn hineinlegen, mit Fett übergießen und ins Backrohr schieben, wo es ca. eineinhalb Stunden gebraten wird. Häufig mit Bratensaft beträufeln, wobei dieser, falls notwendig, mit heißem Wasser ergänzt wird.

Das gebratene, gut getränkte Huhn einige Minuten rasten lassen, in gefällige Portionen teilen und mit Bratensaft übergossen zu Tisch bringen.

JÜDISCHES HÜHNERKOTELETT

Man nehme:

4 Hühnerbrüste
200 g Pilze
⅛ l Weißwein
1 Zitrone
100 g Mehl
100 g Speiseöl
Salz
Pfeffer

Die Hühnerbrüste häuten und vom Knochen lösen. Die Filets zwischen zwei Folien plattieren, dann salzen, mit Mehl bestäuben, im heißen Fett goldgelb braten und warm stellen. In einer Kasserolle den Wein ankochen, die blättrig geschnittenen Pilze dazugeben, die Temperatur reduzieren und 20 Minuten dünsten. Dann mit Salz und Pfeffer abschmecken. Die Filets auf einer warmen Platte anrichten, die gedünsteten Pilze darüber verteilen und zu Reis servieren.

Notabene

„Vergänglich ist dies Haus, doch Josephs Nachruhm nie. –
Er gab uns Toleranz, Unsterblichkeit gab sie!"

*Mit dieser noch heute erhaltenen Inschrift
schmückte die Wiener jüdische Gemeinde ein großes
Bürgerhaus in der Innenstadt.*

*Joseph II., 1741 bis 1790, hat unter seiner Herrschaft
im ganzen Reich allen Religionen Toleranz zuteil werden
lassen. Katholiken, Moslems, Orthodoxe, Evangelische
und Juden konnten nach ihren Glaubensgeboten leben,
ihre religiösen Bräuche pflegen und ihre Speisegebote
befolgen. Was sehr zur Bereicherung der österreichischen
Küche beigetragen hat.*

INDIAN MIT SCHINKENFÜLLE

Man nehme:

(Zutaten für 5-7 Personen)
1 kleineren Indian
80 g Butter
80 g Reis
160 g Schinken
3 Eier
⅛ l Rahm
Salz
Pfeffer
Petersilie
Muskatnuß
1 Semmel
Suppe

Die Butter wird flaumig abgetrieben, dazu kommen der ausgedrückte, gedünstete Reis, der kleingeschnittene Schinken, zwei ganze Eier und ein Dotter. Mit Salz, Pfeffer und Muskat abschmecken und drei Kaffeelöffel gehackte Petersilie untermischen. Mit dieser Masse wird der geputzte und gesalzene Indian gefüllt, und zwar von der Kropfhaut bis zu den Schenkeln unter der Haut, das Kropfloch wird mit einem Stück Semmel ausgestopft. Die Leibeshöhle bleibt ungefüllt, die Fülle befindet sich zwischen Haut und Fleisch des Indians.

In der Bratpfanne, die fingerhoch mit Wasser bedeckt ist, wird der Indian ins Rohr geschoben und langsam gebraten. Ungefähr eine Dreiviertelstunde lang bleibt er mit einem gebutterten Papier zugedeckt. Nachdem dieses abgenommen ist, brät man den Indian knusprig braun. Er wird während des Bratens öfter mit seinem eigenen Saft übergossen, der, sollte er zu wenig sein, mit guter Suppe ergänzt wird.

Der Indian wird in Portionsstücke geteilt, auf einer gewärmten Platte arrangiert, der Saft in der Sauciere dazu gereicht.

Als Beilage passen Kompott oder Salat.

GEFLÜGEL

ENTE MIT ZWIEBELN

Man nehme:

1 junge Ente
100 g Speck
100 g Schinken
2 Zwiebeln
1 gelbe Rübe
Mehl
weißen Essig
30-40 kleine Zwiebeln
Zitronenschale
Suppe
Butter
Salz

Die saubere Ente wird gesalzen und schön dressiert. Dann wird eine Kasserolle mit Speck, Schinken, Zwiebeln und der gelben Rübe, alles blättrig geschnitten, eingerichtet, die junge Ente darauf gelegt und langsam im Rohr gedünstet. Wenn sie weich und auf allen Seiten braun ist, nimmt man sie heraus, staubt die Sauce mit zwei Kaffeelöffeln Mehl, läßt auch sie braun werden, gießt mit Suppe auf und fügt einen Spritzer Essig dazu. Nochmals etwas kochen und die Sauce durch ein Sieb streichen, etwas Zitronenschale dazu und die Ente, mit dieser Sauce übergossen, wieder ins Rohr zum Gardünsten stellen.

Von den kleinen Zwiebeln – sie sollen nicht größer als eine Nuß sein – schneidet man oben und unten ein flaches Stück weg, legt sie in kochendes Wasser und läßt sie einige Augenblicke darin sieden. Dann werden die Zwiebeln braun geschmort. Dazu kommt etwas Suppe, man salzt und läßt sie weich köcheln. Die Zwiebeln dürfen aber nicht zerfallen!

Die Ente wird in der Mitte einer Schüssel in Portionen angerichtet, die heiße Sauce darüber gegossen und die braunen Zwiebeln wie ein Kranz rundherum arrangiert.

GEDÄMPFTE GANS

Man nehme:

1 Gans
120 g rohen Schinken
150 g Speck
1 Zwiebel
Wurzelwerk (Sellerie, Petersilienwurzel, gelbe Rübe, Karotte und Porree)
Lorbeerblatt
Beifuß
Salz
Pfeffer
Suppe
½ l Weißwein

Die sauber geputzte, ausgenommene Gans wird portioniert und alle Teile mit Salz, Pfeffer und Beifuß eingerieben. In einer passenden Kasserolle hat man den Boden mit nicht zu dicken Speckplatten ausgelegt, darüber das geputzte Wurzelwerk, die Zwiebel und den rohen Schinken (alles blättrig geschnitten). Nun kommen noch das Lorbeerblatt und die Ganslteile dazu. Alles im Rohr zugedeckt bei mittlerer Hitze eine halbe Stunde braten lassen. Dann gießt man ½ l Weißwein und ebensoviel Suppe dazu und läßt die Gans völlig weich dünsten. Wenn sie gar ist, wird das Fleisch herausgenommen; dann wird der Saft entfettet und passiert, nochmals aufgekocht und über die in einer tiefen Schüssel angerichteten Ganslteile gegossen.

GANSBRATEN

Man nehme:

Die sauber geputzte, ausgenommene Gans wird innen und außen mit Salz, etwas Pfeffer, Majoran, Beifuß und nach Belieben mit einer zerdrückten Knoblauchzehe eingerieben. In den Kropf schiebt man einen möglichst grünen Apfel und legt die dressierte Gans mit der Brust nach unten in eine große Bratpfanne, in die man zwei Finger hoch Wasser gegeben hat. Die Gans wird im Rohr bei mittlerer Hitze gebraten, nach etwa einer Stunde gewendet und die Brust mit etwas zerlassenem Fett übergossen. Dann läßt man sie bei stärkerer Hitze und unter häufigem Begießen mit dem eigenen Saft knusprig braun braten. Durch mehrmaliges Anstechen sorgt man dafür, daß das Fett der Gans ordentlich ausgebraten wird. Dieses wird vor dem Servieren vom Bratensaft abgenommen und schmeckt, kalt geworden, sehr gut auf Hausbrot; es kann aber auch verkocht werden.

1 Gans
Salz
Pfeffer
Majoran
Knoblauch
Beifuß
1 Apfel
Fett

Auf einer großen, vorgewärmten Schüssel wird die tranchierte Gans angerichtet und mit dem in der Sauciere vorbereiteten Saft zu Tisch gebracht.

EINGEMACHTES GANSLJUNGES

Man nehme:

2 Gansljunge
1 Ganslleber
160 g Butter
2 Champignons
Petersilie
Mehl
Salz
Pfeffer
Safran
Zitrone
Muskatnuß

Das sauber geputzte Gansljunge – Kopf, Hals, Magen, Kragen und die Flügel – wird in ungefähr 1 l Wasser mit einem halben Kochlöffel Salz weich gekocht.

In der Butter wird dieGanslleber geröstet und dann aus der Kasserolle herausgenommen. In das zurückbleibende Fett gibt man Mehl und bereitet eine sehr heiße Einbrenn. Dazu kommen zwei blättrig geschnittene Champignons und ein Kaffeelöffel gehackte Petersilie. Man läßt etwas aufkochen und gibt die kochende Suppe, in der das Junge gegart wurde, und fünf Fäden Safran dazu. Eine weitere Viertelstunde kochen. Inzwischen wird das Fleisch von den Knochen gelöst und ebenso wie die Ganslleber kleingeschnitten.

Die Einmach wird passiert, das Fleisch darin aufgekocht. Pfeffer, einige Tropfen Zitronensaft und geriebene Muskatnuß machen das Gericht pikant. Beim Aufkochen werden kleine Bröselknödel eingelegt. Wenn diese gar sind, wird in einer tiefen Schüssel serviert.

GEDÄMPFTE GANSLEBER

Man nehme:

1 Gansleber
Trüffeln
Salz
Pfeffer
Kuttelkraut
Majoran
Speck
Madeira

In der Mitte einer großen Gansleber einen Einschnitt machen und in diesen abgeschälte, feinblättrig geschnittene Trüffeln stecken. Dann wird die Leber mit Salz, Pfeffer, Kuttelkraut und Majoran etwas bestreut und in ein Speckblatt eingewickelt. Nun wird sie in eine Kasserolle gelegt, ein Gläschen Madeirawein dazugegeben und gut zugedeckt zwei Stunden lang im Dunst gekocht. Dann läßt man sie auskühlen, nimmt sie heraus, löst den Speck ab, schneidet die Leber in Stücke, garniert mit grüner Petersilie und gehacktem Aspik.

GEFÜLLTER GÄNSEHALS

Man nehme:
5 Gänsehälse
1 kg Kartoffeln
100 g Zwiebeln
3 Eier
70 g Gänsefett

Die Kartoffeln schälen, waschen und fein reiben. Die Zwiebeln schälen, kleinhacken und in 50 g Gänsefett goldgelb rösten, mit den Eiern, mit Salz, Pfeffer und ein wenig Zukker gewürzt in die Kartoffelmasse mischen.

Die Haut der Gänsehälse hat man vorsichtig vom Rückgrat gelöst und füllt diese jetzt nicht zu straff mit der Kartoffelmasse. An beiden Enden zugenäht, in heißes Salzwasser eingelegt, werden die Hälse jetzt etwa 20 Minuten auf sehr kleiner Flamme gekocht.

Dann in eine Pfanne mit dem erhitzten restlichen Gänsefett legen und etwa eine Stunde im Rohr bei 170 Grad braten. Als warme Vorspeise servieren.

SCHNEPFEN

Man nehme:
(pro Person)
2-3 Schnepfen
Speck
Salz
Pfeffer
Muskatblüte
1 Bouquet Petersilie
Butter
Weißbrot

Aus den geputzten Schnepfen nimmt man das Innere (den sogenannten Schnepfendreck) heraus, hackt es fein, gibt es mit etwas Butter, gewiegter Petersilie und Muskatblüte in eine Pfanne, salzt und läßt alles aufdünsten.

Die Schnepfen selbst werden gesalzen, gepfeffert, gespickt und am Spieß (oder im Rohr) gebraten. Der Saft wird aufgefangen und auf das Gedünstete geträufelt, das man auf schön gelb gebackene Weißbrotschnitten gestrichen hat.

Die Schnepfen werden in der Mitte einer flachen Schüssel angeordnet, die Brote kommen ringsherum und werden, noch mit etwas frischer Petersilie verziert, zu Tisch gebracht.

REBHÜHNER UND FASANE

Man nehme:

(pro Person)
1 Fasan oder
2 Rebhühner
Speck
Salz
Pfeffer
Butter

Die Vögel werden sauber gerupft und geputzt (die Köpfe müssen aber befiedert bleiben, auch die Füße sollen nicht abgeschnitten werden). Innen und außen gesalzen und sparsam gepfeffert, werden sie mit Spagat dressiert, mit Speck zierlich gespickt, auf den Spieß gesteckt und unter ständigem Bestreichen mit zerlassener Butter langsam schön braun gebraten. Man kann sie auch im Rohr braten, mit etwas Wasser in der Pfanne und mit Butterstücken belegt, doch schmecken sie »vom Spieß« besser!

WILDGANS UND WILDENTE

Man nehme:

1 Wildgans oder
Wildente
200 g Speck
Salz
Pfeffer
Neugewürz
Wacholder
2 Zwiebeln
Zitronenschale
¼ l Rahm
Essig

Die Gewürze werden mit einer Zwiebel in Essig aufgekocht. Wenn der Sud ausgekühlt ist, wird das sauber geputzte und ausgenommene Geflügel hineingelegt; es muß völlig bedeckt sein. An einem kühlen Ort bleibt es drei bis vier Tage eingebeizt stehen. Dann wird das Geflügel herausgenommen, die Brust dicht mit Speck durchzogen, mit Pfeffer und Salz eingerieben und in einer mit Speckplatten und Zwiebelscheiben ausgelegten Pfanne ins Rohr gebracht. Langsam braten und immer ein wenig von der Beize nachgießen. Wenn der Vogel gar ist, wird noch der Rahm darüber geleert. Nachdem tranchiert wurde, das Geflügel auf eine gewärmte Schüssel legen. Nun wird noch der durchgeseihte Saft darüber gegossen und das Gericht heiß zu Tisch gebracht.

Dazu passen Rotkraut, Knödel und eingekochte Preiselbeeren.

Fisch und Schalentiere

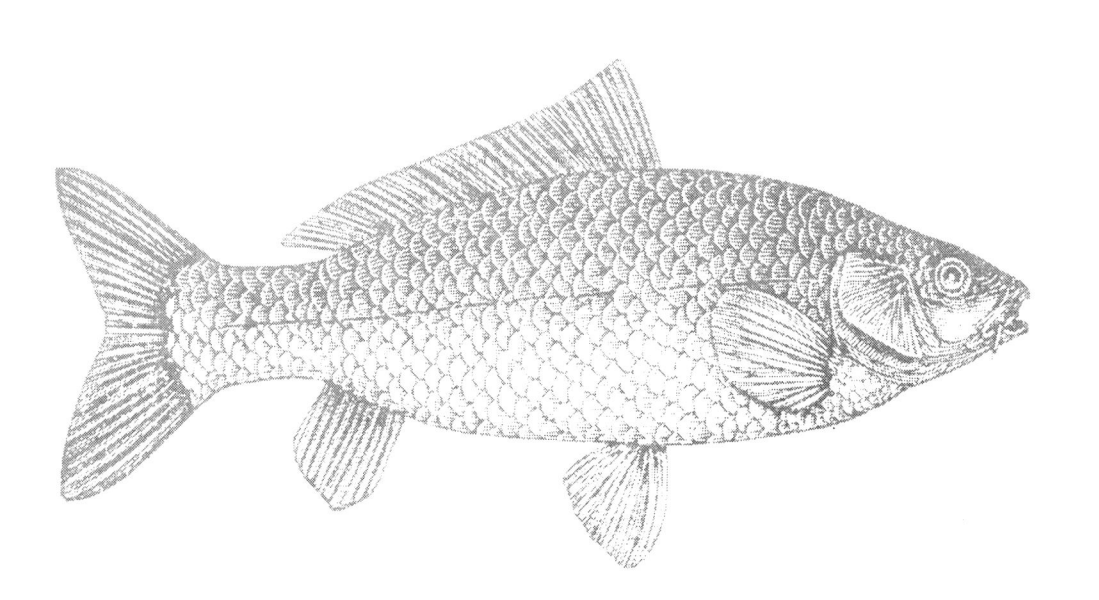

GEBRATENE BARBE

Man nehme:

1 große Barbe
160 g Butter
½ l Rahm
Salz
Paprika
Knoblauch
5 Sträußerln
Petersilie
Zitrone

Die Barbe wird ausgenommen, abgeschuppt, in ein feuchtes Tuch geschlagen und für einige Stunden an einen kühlen Ort gelegt. Dadurch wird das Fleisch zarter. Dann wird der Fisch mit einem scharfen Messer in Abständen von 1 cm geschröpft, wobei man nicht zu tief einschneiden darf. Jetzt wird er innen und außen mit Salz, in das man ein bis zwei Knoblauchzehen zerdrückt hat, eingerieben. Mit mildem Paprika wird noch ordentlich bestreut und die Bauchhöhle mit Petersilie ausgestopft. Dann wird der Fisch in eine passende Pfanne gelegt, mit zerlassener Butter übergossen und im Rohr etwa eine Dreiviertelstunde gebraten. Wenn er schon halb gar ist, gibt man ½ l Rahm darüber und begießt mehrmals mit dem entstandenen Saft. Dann wird der Fisch vorsichtig auf eine große Platte gehoben und mit Zitronenscheiben und Petersilie verziert.

Rundum mit kleinen Salzerdäpfeln garnieren und so zu Tisch bringen. Der Saft wird in der Sauciere gereicht. Dazu gibt es grünen Salat und, wenn erforderlich, weitere Salzerdäpfel.

FISCHEINTOPF *Zara*

Man nehme:

1,2 kg gemischten Fisch (Makrelen, Brassen, Steinbutt, Seehecht usw.)
500 g Meeresfrüchte (Scampi, Sepien und kleine Tintenfische)
1 kg Zwiebeln
2 Knoblauchzehen
6 Eßlöffel Olivenöl
500 g Tomaten
Salz
Pfeffer
1 Bund Petersilie, feingehackt
½ Teelöffel getrockneten Oregano
1 Glas trockenen Weißwein

Fisch und Meeresfrüchte, wenn nötig, putzen und ausnehmen. Fische filetieren, die Scampi schälen, die Sepien häuten, von ihrem durchsichtigen Chitinkeil befreien, die ungenießbaren Augen abschneiden und beiseite stellen. Die Zwiebeln in feine Ringe hobeln, die Knoblauchzehen in hauchdünne Scheiben schneiden. Vier Eßlöffel Olivenöl in einem weiten Topf langsam erhitzen.

Die Hälfte der Zwiebelringe und des Knoblauchs hineingeben. Die Tomaten häuten, entkernen und fein würfeln. Die Hälfte der Tomaten auf der Zwiebelschicht verteilen und salzen. Darauf die Fischfilets (notfalls durchschneiden), die Scampi und Meeresfrüchte setzen, salzen und pfeffern. Mit den restlichen Zwiebeln, Knoblauch und Tomatenwürfeln bedecken und wieder salzen und pfeffern. Die oberste Schicht mit Petersilie und Oregano bestreuen. Mit dem Weißwein übergießen und dem verbliebenen Öl beträufeln.

Bei schwacher Hitze und leicht geöffnetem Deckel schmoren. Der Eintopf ist fertig, wenn die Flüssigkeit, die aus Gemüse und Fisch austritt, eingekocht ist und das Gericht eine angenehm sämige Konsistenz aufweist.

GEBRATENER AAL *Neusiedl*

Man nehme:
2 mittlere Aale
Salz
Pfeffer
Salbei
Lorbeerblätter
Semmelbrösel
Fett
Holzspieße

Den Aal, der abgehäutet und vom Fett befreit wurde, schneidet man in drei Finger breite Stücke. Diese werden der Quere nach auf kleine Holzspieße gesteckt, wobei zwischen die Fischstücke immer zwei Salbei- oder Lorbeerblätter kommen. Man würzt den Aal mit Salz und Pfeffer und brät ihn in der Pfanne. Wenn er halb gar ist, wird er mit Semmelbröseln bestreut und fertig gebraten.

Dazu reicht man Salat und Erdäpfel.

MARINIERTER AAL

Man nehme:
1-2 mittlere Aale
Salbei
Wurzelwerk
3-4 Zwiebeln
Pfefferkörner
Koriander
2 Lorbeerblätter
Salz
¼ l Essig

Der gut geputzte, abgehäutete Aal wird in fingerlange Stücke geteilt, gesalzen, mit den Salbeiblättern, die zwischen die einzelnen Teile gelegt werden, in eine Pfanne gegeben und im Rohr bei starker Hitze gebraten.

Aus dem Essig, den man mit ⅛ l Wasser gestreckt hat, wird mit allen Gewürzen und dem Wurzelwerk ein Sud gekocht. Dann werden Wurzelwerk und die Lorbeerblätter herausgenommen und die feinblättrig geschnittene Zwiebel hineingetan. Die Flüssigkeit einmal aufwallen, dann den Sud auskühlen lassen.

Später werden die Aalstücke in einen irdenen Topf geschlichtet, darüber Zwiebeln aus dem Sud, neuerlich Aalstücke, dann wieder Zwiebeln, bis alles im Topf ist. Obenauf soll eine Lage Zwiebeln liegen. Dann wird mit dem Sud aufgegossen, bis alles gut bedeckt ist. Nun wird das Gefäß mit einem sauberen Tuch verbunden. Der Aal soll an einem kühlen Ort einige Tage marinieren.

Marinierter Aal wird mit der Zeit immer besser!

GEDÄMPFTER AAL

Man nehme:

1 mittelgroßen Aal
150 g Butter
1 Zwiebel
Wurzelwerk
5 Sträußchen Kuttelkraut
Pfeffer
Neugewürz
Koriander
1 Lorbeerblatt
½ l Rotwein
1 Schuß Madeirawein

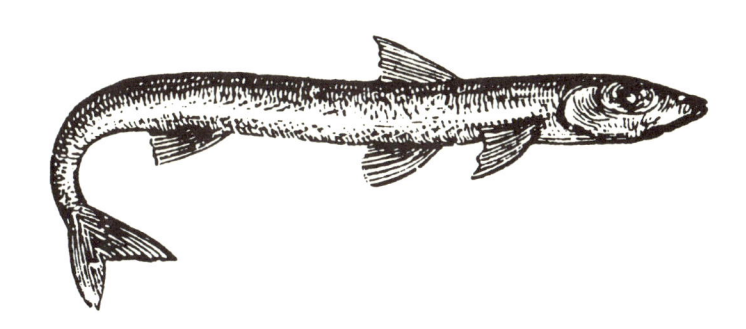

Der Aal wird sauber geputzt, abgehäutet und schneckenförmig so zusammengerollt, daß der Schweif zuerst einwärts gedreht wird und der Kopf aufwärts gerichtet steht. Damit er in dieser Lage bleibt, wird der Fisch mit dünnen Spießen durchstochen, auf dem Einsatz des Fischwandels festgebunden und gesalzen.

Im Wandel inzwischen die Butter, die feingehackte Zwiebel, das blättrig geschnittene Wurzelwerk, das Kuttelkraut und die Gewürze anrösten und »eingehen« lassen. Dann den Aal darauf legen, den Wein dazugießen und die Flüssigkeit mit Suppe ergänzen, bis der Aal ganz bedeckt ist. Man läßt ihn nun ungefähr eine halbe bis eine Stunde zugedeckt dünsten. Dann wird er mit dem Einsatz herausgehoben, auf ein sauberes Tuch gestellt, das man über ihm zusammenschlägt, damit es das Fett einsaugt.

Der Saft wird mit etwas Mehl gestaubt, dazu wird ein wenig Butter gegeben, passiert, entfettet und mit einem Schuß Madeirawein verbessert, aufgekocht und in der Sauciere serviert. Der Aal wird von Spießen und Spagat befreit und in einer Schüssel, mit Petersilie garniert, angerichtet.

GEBRATENER HECHT

Man nehme:

1 Hecht
Speck
Sardellenfilets
Butter
1 Zitrone
Petersilie

Nachdem der Hecht abgeschuppt, ausgenommen und gewaschen wurde, wird er abgehäutet: Man macht mit dem Messer auf dem Rücken des Fisches vom Schweif zum Kopf hin zwischen Haut und Fleisch einen Einschnitt, einen zweiten am Bauch. Wird jetzt die Haut am Kopf eingeschnitten, kann man sie ohne Mühe gegen den Schwanz abziehen. Sollte die Haut sich nicht nach Wunsch lösen, hilft man mit einem kleinen scharfen Messer nach. Flossen und Schweif werden mit der Schere etwas gestutzt und der Hecht abwechselnd mit Speck und Sardellenstreifen in schiefer Richtung dem Kopf zu auf beiden Seiten gespickt. Dann wird er mit Salz bestreut und auf einen dünnen, genügend langen Spieß gesteckt (es kann auch ein Holzstab sein). Dadurch soll der Hecht gerade bleiben. Man überbindet ihn jetzt mit drei Lagen gefettetem Papier und gibt ihn eine Stunde in das heiße Rohr. Eine Viertelstunde vor dem Anrichten wird das Papier entfernt und darauf geachtet, daß sowohl der Fisch als auch der Speck eine schöne Farbe bekommen.

Nachdem man den Spieß entfernt hat, wird der Hecht auf einer Schüssel angerichtet. Man verziert ihn mit dünnen Zitronenscheiben und Petersiliensträußchen, wobei eines auch in das Maul des Fisches gesteckt wird.

Dazu werden Sardellensauce und Erdäpfel serviert.

GEBACKENE SCHILLSCHNITTEN

Man nehme:

1 Schill
1 Zitrone
1 Zwiebel
Salz
Pfeffer
Lorbeerblätter
Mehl
Semmelbrösel
Fett
Petersilie

Nachdem der Schill ausgenommen, abgeschuppt und geputzt wurde, spaltet man ihn in zwei Teile. Diese werden abgehäutet, die Gräten entfernt und aus dem Fischfleisch daumenbreite, zwei Messerrücken dicke, ziemlich lange Filets geschnitten. Diese betropft man mit Zitronensaft, pfeffert und salzt und belegt sie mit dünn geschnittenen Zwiebelringen und Lorbeerblättern. Bedeckt läßt man sie eine Stunde kühl liegen.

Eine Viertelstunde vor dem Anrichten werden die Filets abgetrocknet, mit Semmelbröseln bestreut, die man mit Mehl (2:1) vermischt hat, und rasch im heißen Fett herausgebacken.

Man richtet die Filets zierlich mit Zitronenscheiben und Petersilie an und serviert sie mit Salat und Erdäpfeln.

GALIZISCHE FORELLE

Man nehme:

2 Forellen, ca. 600 g
30 g Knoblauch
100 g Zitrone
20 g Petersilie
150 g Speiseöl
Salz
Pfeffer

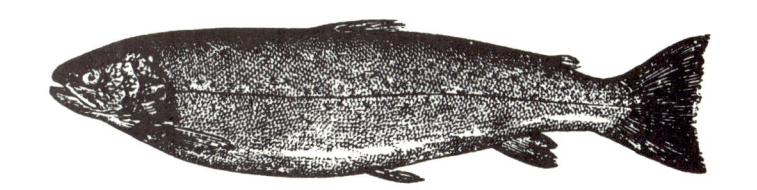

Den geschuppten Fisch gründlich waschen und mit einem Tuch abtrocknen. Mit Salz und zerriebenem Knoblauch einreiben, mit Pfeffer aus der Mühle bestreuen, Petersilienzweiglein in das Innere stecken. Mit Zitronensaft beträufelt, werden die Fische in heißem Speiseöl auf beiden Seiten goldbraun gebacken und mit Salzkartoffeln serviert.

Man nehme:

Forellen
Essig
Salz
Petersilie
Aspik

FORELLE, BLAU GESOTTEN

Forellen müssen frisch, so wie sie aus dem Wasser kommen, zubereitet werden, da sie durch langes Liegen ihre äußere Schleimhaut, die beim Kochen die schöne blaue Farbe gibt, verlieren. Dem Forellensud sollen weder Zwiebeln noch Wurzelwerk beigegeben werden, da das Fleisch der Fische von so feinem, natürlichem Geschmack ist, daß dieser rein erhalten werden sollte. Wenn die Forelle durch einen Schlag mit dem Messerrücken auf den Kopf getötet wird, sollen auf dem Herd schon ½ l Essig und in einem anderen Topf einige Liter Wasser zum Kochen gebracht worden sein.

Die getöteten Fische werden sofort ins kalte Wasser zurückgegeben. Dann benetzt man ein Schneidbrett mit Wasser, legt eine Forelle nach der anderen darauf und schlitzt sie mit einem scharfen Messer vom Bauch zum Kopf rasch auf, legt sie sofort wieder ins Wasser zurück und nimmt sie darin reinlich aus. Bei allen Hantierungen darf die äußere Haut der Forelle nicht verletzt werden, da nur sie die begehrte blaue Färbung liefert.

Die Fische kommen in ein Fischwandel und werden, den Bauch nach unten, knapp nebeneinander gelegt. Sollten die Fische das Wandel nicht ausfüllen, wird links und rechts daneben etwas geknülltes Papier gegeben. So läßt man sie eine Viertelstunde lang stehen, bis sie gänzlich steif sind. Darauf werden sie zunächst mit dem kochenden Essig übergossen, dann wird von der Seite vorsichtig so viel siedendes Salzwasser (je Kilo Forelle zwei starke Eßlöffel Salz!) dazugegossen, bis die Flüssigkeit stark fingerhoch über den Fischen steht. Beim Zugießen sollten die Fische nicht direkt vom Salzwasser getroffen werden!

Die Fische werden jetzt, zugedeckt, langsam gesotten, doch soll dabei das Wasser nie den Siedepunkt erreichen, da die Haut der Forellen sonst Risse bekommt. Die Forellen sind nach ca. 45 Minuten gar, wenn die Augen wie Perlen heraustreten. Werden sie warm serviert, bleiben sie bis knapp vor dem Anrichten im Sud. Sie werden dann, mit Petersilie als Verzierung zwischen den einzelnen Fischen, in einer warmen Schüssel aufgetragen. Man kann sie auch im Sud erkalten lassen, hebt sie vor dem Anrichten vorsichtig heraus, gibt zwischen die Fische gehackten Aspik und dekoriert ebenfalls mit grüner Petersilie.

GEFÜLLTER KARPFEN *Lemberg*

Man nehme:

1 großen Karpfen (ca 2 kg)
2 Eier
3 Semmeln
100 g Rindsmark
150 g Champignons
200 g Speck
1 Zwiebel
Petersilie
Salz
Pfeffer
150 g geriebenen Parmesan
Milch
Semmelbrösel
5 Sardellen
150 g Butter

Für die Fülle werden zwei in Milch eingeweichte, gut ausgedrückte Semmeln mit dem Mark, Parmesan, etwas feingewiegter Zwiebel, Petersilie, Salz und Pfeffer sowie den beiden Eiern gut abgemischt. Zuletzt kommen die würfelig geschnittenen Champignons dazu.

Der gereinigte Fisch wird am Rücken mit dem in Streifen geschnittenen, in Salz und Pfeffer getauchten Speck gespickt. Die Bauchhöhle wird mit der Masse gefüllt und mit Hölzchen zugespeilt. Auf einigen Semmelscheiben wird die mit den Sardellen abgetriebene heiße Butter verteilt und im Rohr unter fleißigem Begießen (eine bis eineinhalb Stunden) gebraten. Der Fisch wird nicht umgewendet! Wenn nötig, Wasser zugießen.

In der Schüssel angerichtet, wird der Fisch mit gerösteten Semmelbröseln bestreut und mit etwas Saft übergossen. Der Rest wird in der Sauciere serviert.

FOGOSCH *Ruszt*

Man nehme:

1 Fogosch
100 g Speck
Butter
Salz
Lorbeerblatt
Pfefferkörner
2-3 Fischköpfe
Bertramessig
2 Zitronen
4 Eier

Der sauber ausgenommene Fogosch wird gespickt, auf einem Einsatz in die Bratpfanne gestellt, mit zerlassener Butter übergossen und eine halbe Stunde im Rohr gebraten.

In einer kleinen Pfanne hat man inzwischen mit Wasser, einem Lorbeerblatt, einigen Pfefferkörnern sowie zwei bis drei Fischköpfen unter Beigabe von Bertramessig einen würzigen Fischsud aufgekocht. ³/₁₀ l davon werden durchgeseiht, mit vier Dottern, dem Saft von zwei Zitronen und einem nußgroßen Stück Butter über dem Feuer gesprudelt, bis die Sauce die Dicke von Chaudeau hat.

Der Fogosch wird auf der Fischschüssel angerichtet und, mit der Sauce übergossen, serviert.

FISCHGERICHTE

Man nehme:

1 Karpfen
(1½-2 kg)
150 g Fett
3 große Zwiebeln
Wurzelwerk
Lorbeerblatt
Pfefferkörner
Neugewürz
Muskatblüte
Zimtrinde
Nelken
Salz
Knoblauch
Weinessig
1 l Bier
1 Zitrone
Mehl
Zucker

SCHWARZER FISCH

Das Bier wird aufgekocht und abgeschäumt. Im heißen Fett werden drei Löffel Mehl zu einer dunklen Einbrenn geröstet und mit dem Bier aufgegossen. Nun kommen in diese Sauce alle Gewürze, das in Scheiben geschnittene Wurzelwerk, die Zwiebelringe, die Schale einer halben Zitrone sowie ein wenig Weinessig. Alles wird eineinhalb Stunden lang gekocht.

Inzwischen hat man den Karpfen, dessen Blut in Essig aufgefangen wurde, sauber geputzt und in Stücke geschnitten.

Wenn die Sauce schon dicklich ist, werden die Karpfenteile eingelegt. In einer kleinen Kasserolle hat man unterdessen etwas Zucker braun geröstet, das Blut mit dem Essig dazugeleert und aufgekocht. Dann wird die Mischung in die große Kasserolle zum Karpfen gegossen. Der Fisch kommt jetzt auf starkes Feuer und wird, wenn er sehr weich ist, weggestellt und Stück für Stück vorsichtig auf eine vorbereitete Schüssel gelegt.

Die Sauce wird durch ein feines Sieb gegossen, der Saft einer Zitrone hineingedrückt und so lange gekocht, bis sie dick und glänzend ist. Ungefähr ein Viertel der Menge muß einkochen. Diese Sauce wird über die Fischteile gegossen und das Gericht kalt gestellt, da dieses Gericht kalt am besten schmeckt.

Man nehme:

(pro Person)
2 Mittelstücke vom
Karpfen
1 Zwiebel
Essig
Salz
Paprika
Butter
¼ l Rahm

UNGARISCHER KARPFEN

Man putzt die Mittelstücke sauber, salzt sie und stellt sie in einer Kasserolle mit Wasser und Essig zu. Der Fisch soll dabei kaum bedeckt sein. Man läßt ihn ganz langsam kochen.

Inzwischen wird eine große Zwiebel fein geschnitten und in Butter gelb geröstet, mit einem halben Kaffeelöffel Paprika gewürzt; man gießt mit Fischbrühe auf, gibt den Rahm dazu und läßt die Sauce aufkochen. Der Karpfen wird auf einer Schüssel gefällig ausgelegt und mit ein wenig der durchgeseihten Sauce übergossen. Der Rest wird in der Sauciere gereicht.

KARPFENLAIBCHEN

Vom sauberen, geschuppten Karpfen den Kopf abschneiden und die Haut abziehen, das Fischfleisch von der Mittelgräte lösen und entgräten. Kopf, Haut und Gräten in 1 l Wasser zustellen und zu einem Sud kochen.

In der Zwischenzeit wird das Karpfenfleisch und in Wasser eingeweichte, gut ausgedrückte Matze mit den geschälten Zwiebeln faschiert, mit dem Eigelb gut abgemischt und mit Salz, Pfeffer und einer Prise Zucker gewürzt, dann zieht man das steifgeschlagene Eiweiß und die feingehackten Mandeln darunter.

Jetzt wird der Fischsud in einer Kasserolle abgeseiht und kochend gehalten. In den heißen Sud legt man die nicht zu groß geformten Kugeln aus der Fischmasse ein und läßt diese etwa zehn Minuten sanft köcheln. Dann kommen die feingehackten Zwiebeln, die Rosinen und die gehackten Mandeln dazu, mit Salz, Pfeffer und Zucker wird abgeschmeckt und alles noch zehn Minuten gekocht. Vom Feuer gezogen, wird in den Sud noch die Gelatine eingerührt.

Die Laibchen auf eine hübsche Platte auflegen, mit dem lauen Sud übergießen und erstarren lassen. Kalt servieren.

Man nehme:

1½ kg Karpfen
300 g Zwiebeln
2 Eier
150 g Matze
70 g geschälte Mandeln
Salz
Pfeffer
Zucker

Für den Sud:
200 g Zwiebeln
50 g Mandeln
50 g Rosinen
40 g Gelatine

KARPFEN IN PAPRIKASAUCE

Der gesäuberte, in zwei Finger breite, fingerlange Stücke geschnittene, gesalzene Fisch, die Butter und die feingeschnittene Zwiebel werden in eine Kasserolle gelegt; dazu kommt die zusammengebundene Petersilie. Man läßt alles ungefähr 15 Minuten lang zugedeckt rösten, dann wird der saure Rahm dazugegossen, der Topf zugedeckt und das Ganze eine halbe Stunde weiter gedünstet. Danach werden nach Belieben eine Messerspitze Rosenpaprika, ein Eßlöffel Kapern und etwas Zitronensaft dazugefügt. Nochmals aufkochen, bevor man den Karpfen anrichtet. Die Fischstücke vorsichtig herausnehmen, damit sie nicht zerfallen!

Dazu werden heurige Erdäpfel oder Nockerln serviert.

Man nehme:

1 kg Karpfen
160 g Butter
1 Zwiebel
5 Sträußchen Petersilie
½ l sauren Rahm
Paprika
Kapern
Salz
1 Zitrone

FISCHGERICHTE

Man nehme:

1 großen Milchner-
Karpfen
80 g Fett
1 Zwiebel
Wurzelwerk
Kuttelkraut
Kümmel
Knoblauch
¼ l Wein
⅛ l Essig
80 g Mandeln
Salz
weißen Pfeffer
Zucker

PFEFFERKARPFEN

Die feingeschnittene Zwiebel wird im Fett geröstet, dann kommt etwas zerdrückter Knoblauch und der gereinigte Milchner dazu; später den in zwei Finger breite und fingerlange Stücke geschnittenen Karpfen in die Kasserolle legen. Alles wird zugedeckt gedünstet.

Der in kleine Stücke zerschlagene Karpfenkopf wird in einem anderen Topf mit dem Wurzelwerk, etwas Kümmel und den übrigen Gewürzen mit ¼ l Wasser, ¼ l Wein und ⅛ l Essig gut verkocht. Dieser Sud wird über den gedämpften Fisch geseiht, die stiftelig geschnittenen Mandeln beigegeben, und alles wird nochmals aufgekocht. Dann hebt man die Fischstücke vorsichtig auf die Anrichteplatte und stellt diese gut warm. Nun wird der Sud passiert und mit Fingerspitzengefühl mit weißem Pfeffer gewürzt. Ein Stück Würfelzucker rundet den Geschmack ab. Fisch und Sauce werden gemeinsam gereicht.

Man nehme:

1 großen Karpfen
(ca. 2 kg)
120 g Butter
1 Zwiebel
je 100 g Nüsse,
Mandeln, Dörr-
zwetschken,
Rosinen und
Korinthen
160 g Schwarzbrot
160 g Lebkuchen
je 5 Sträußchen
Kuttelkraut und
grüne Petersilie
je 5 Körner Pfeffer,
Neugewürz,
Koriander
1 Nelke
1 Stück Zimt
40 g Zucker
½ l Bier
¼ l Rotwein
⅛ l Essig

BÖHMISCHER KARPFEN

Die Butter wird in eine Kasserolle gegeben, dazu kommen: die blättrig geschnittene Zwiebel, der zerhackte Karpfenkopf, die ausgelösten Nüsse und die ausgelösten Zwetschken, das feingeschnittene Schwarzbrot, der zerbröckelte Lebkuchen und die Gewürze (ganz wenig Zimt zugeben!), zuletzt der Zucker. Alles zusammen soll zugedeckt 15 Minuten lang dünsten. Dann wird mit Bier, Wein und Essig aufgegossen und weitergedünstet. Hat man Karpfenblut, wird es mit Essig abgerührt und in die Sauce gegeben. Diese wird passiert, mit den Rosinen und Korinthen sowie den gestiftelten Mandeln und einigen Nußkernen vermischt und aufgekocht. Die Sauce soll süßlich-sauer und etwas bitter sein und einen angenehm pikanten Geschmack haben. Fällt sie zu hell aus, kann sie mit gebranntem Zucker dunkler gefärbt werden.

Inzwischen wurde der Karpfen in zwei Hälften geteilt, in zwei Finger breite Stücke geschnitten und diese in einen aus ¾ l Wasser, ½ l Essig, Wurzelwerk, Kuttelkraut, Lorbeerblatt und zwei Eßlöffel Salz gekochten Sud eingelegt. Einmal aufkochen lassen und dann zugedeckt beiseite stellen, bis die Sauce fertig zubereitet ist.

Die Karpfenstücke werden in der Schüssel angerichtet und mit etwas Sauce übergossen. Die restliche Sauce wird in der Sauciere serviert.

KREBSE AUF BÖHMISCHE ART

Die gewaschenen, ausgewässerten Krebse werden einzeln in das in einer Kasserolle stark schwellende Bier geworfen. Immer wenn es wieder aufwallt, wird der nächste Krebs hineingelegt. Dann kommen etwas Salz, Kümmel, ein Stückchen Butter und eine Handvoll Petersilie dazu. In diesem Sud läßt man die Krebse kochen, bis sie sich schön rot gefärbt haben. Dann werden sie mit dem Schaumlöffel herausgeholt, auf einer Schüssel zierlich angerichtet und warm gestellt.

Aus drei Dottern, die mit einem Kaffeelöffel Mehl, einem Stückchen Butter und $3/10$ l Obers abgerührt wurden, wird unter Zugabe des kochenden Krebssudes mit dem Schneebesen eine sämige Sauce bereitet, zu der auch ein wenig Zucker kommt. Aufgekocht, wird die Sauce siedend über die Krebse gegossen und dieses Gericht so heiß wie möglich auf den Tisch gebracht.

Man nehme:

(pro Person)
12 Krebse
3 Eier
Mehl
3/10 l Obers
Butter
Zucker

Für den Sud:
(reicht für
4-5 Personen)
2l Bier
Salz
Kümmel
Petersilie
Butter

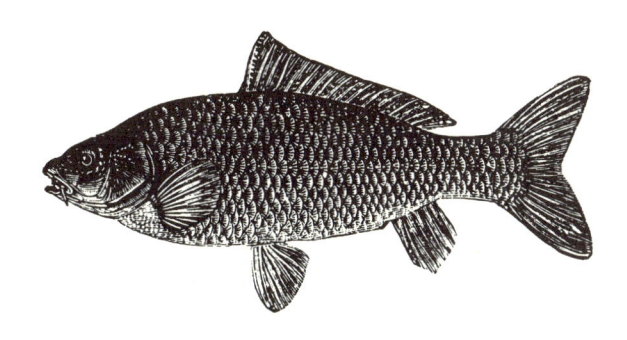

MIESMUSCHELPFANNE *Piran*

Man nehme:

*2 kg Miesmuscheln
100 ml Olivenöl
1 kleine Zwiebel
2 Knoblauchzehen
1 Handvoll Petersilie
1 Glas trockenen Weißwein
1 Teelöffel ganze Pfefferkörner
Salz
2 große bzw. 4 kleine Scheiben Weißbrot pro Person
Knoblauch und Petersilie zum Servieren*

Die Miesmuscheln unter fließendem Wasser waschen und abbürsten. Bereits geöffnete Miesmuscheln wegwerfen.

Das Olivenöl in einem großen Topf langsam erhitzen. Die Zwiebel und den Knoblauch fein hacken und darin andünsten, die Petersilie hacken und hinzufügen. Mit dem Weißwein ablöschen. Die Pfefferkörner im Mörser zerstoßen und den Fond damit würzen. Den Wein einkochen lassen, dann die Miesmuscheln in den Topf geben. Topf gut verschließen und die Muscheln einige Minuten garen. Den Topf dabei ab und zu kräftig schütteln. Die Muscheln sind fertig, sobald sie sich öffnen.

Die Weißbrotscheiben mit einer aufgeschnittenen Knoblauchzehe einreiben. Das aromatisierte Brot so in die Suppenschalen legen, daß es an jeder Seite ein wenig über den Rand ragt. Große Scheiben unter Umständen halbieren. Die Miesmuscheln abgießen, die ungeöffneten Muscheln entfernen. Den Sud auffangen und durch ein Sieb streichen. Unter Umständen salzen. Die Muscheln auf die Suppenschalen verteilen und mit dem Sud benetzen. Mit Petersilienblättchen garnieren.

Zum Garen der Muscheln einen großen Topf verwenden – die geöffneten Muscheln brauchen doppelt soviel Platz!

Saucen

BOLOGNESER SAUCE EMILIA

Die Zwiebeln grob hacken. Das Olivenöl in einem Schmortopf erhitzen und die Zwiebeln bei milder Hitze darin goldgelb dünsten. Den Weißwein angießen und langsam einkochen lassen. Wenn die Zwiebeln mürbe sind, das Rinderfaschierte hinzufügen und krümelig braten. Das Schweinefaschierte dazugeben und ebenfalls braten, bis es seine rohe Farbe verliert. Das Wurstbrät mit einer Gabel zerpflücken, in den Topf geben und unter ständigem Wenden durchbraten. Nun das Tomatenpüree einrühren und mit Salz, frisch gemahlenem Pfeffer und Oregano abschmecken. Topf verschließen und alle Zutaten bei ganz leiser Flamme langsam schmoren, bis die gewünschte Konsistenz erreicht ist.

Der Saucenfond läßt sich auch (nach Wunsch) mit einer feingeriebenen Karotte und einer feingewürfelten Selleriestange anreichern, die man mit den Zwiebeln mitdünstet.

Man nehme:
(für 10-12 Personen)
500 g Zwiebeln
100 ml Olivenöl
1 Glas trockenen Weißwein
500 g Rinderfaschiertes
500 g Schweinefaschiertes
500 g grobes Bratwurstbrät
600 g Tomatenpüree
Salz, Pfeffer
Oregano
nach Wunsch
1 Karotte und
1 Selleriestaude

SARDELLEN-KNOBLAUCH-SAUCE

Die Knoblauchknollen in Zehen zerteilen und sorgfältig schälen. Mit der Milch in einer Kasserolle aufkochen lassen und bei kleiner Flamme eine Stunde weich garen. Die Milch ist zwar laut Originalrezept verpönt, mildert aber den wüsten Knoblauchgeschmack und macht die Sauce insgesamt etwas bekömmlicher.

Die Milch abgießen und den Knoblauch mit einer Gabel zermusen. In eine ofenfeste Terrine füllen und mit Olivenöl übergießen. Die Sardellen unter fließendem Wasser entsalzen. Kleinschneiden und in das Knoblauchgemisch einrühren. Langsam erwärmen und bei kleiner Flamme köcheln lassen, bis sich die Sardellen aufgelöst haben und eine gleichmäßige Creme bilden, so daß die Gemüsebeilagen bei Tisch in die Sauce getunkt werden können.

Man nehme:
4 Knollen Knoblauch
1 l Milch
½ l Olivenöl extra vergine
200 g in Salz eingelegte Sardellenfilets
2 Karden (zarte Distelhalme)
je 2 gelbe und rote gedünstete Paprika
½ Wirsingkohl
4 Topinambur
2 gekochte rote Bete
4 gedünstete Zwiebeln
1 kleinen vorgekochten Blumenkohl
4 gekochte Kartoffeln
4 gekochte Karotten

PETERSILIENSAUCE, PIKANT

Man nehme:

*1 Bund Petersilie
2 Knoblauchzehen
2 hartgekochte Eidotter
4 Sardellenfilets
1 Eßlöffel Kapern
100 g altbackenes Weißbrot
150 ml Olivenöl extra vergine
50 ml Weinessig
Salz*

Alle Zutaten fein hacken und mit Öl und Essig zu einer gleichmäßigen und geschmeidigen Creme verrühren. Salzen und an einem kühlen Ort durchziehen lassen.

BOZNER SAUCE *Südtirol*

Man nehme:

*4 hartgekochte Eier
125 ml Olivenöl
Salz, Pfeffer
1 Eßlöffel Weinessig
1 Teelöffel Senf
1 Bund Schnittlauch*

Dotter durch ein feines Sieb streichen und mit dem Öl aufschlagen. Das Eiweiß fein hacken und unterheben. Salzen, pfeffern und mit Essig abschmecken, mit Senf verfeinern. Schnittlauchröllchen unter die Sauce rühren.

Bozner Sauce wird mit Vorliebe zu Spargel serviert.

BASILIKUMSAUCE

Man nehme:

*1 Knoblauchzehe
100 g Pinienkerne
4 Büschel Basilikum
Salz
100 g Pecorino
40 g Butter
2-3 Eßlöffel Olivenöl extra vergine*

Knoblauch schälen und zusammen mit 25 Gramm Pinienkernen im Mörser zerstoßen. Nach und nach das Basilikum und die restlichen Pinienkerne hinzufügen und zu einer cremigen Masse zerstoßen. Salzen und den geriebenen Pecorino untermengen. Butter einarbeiten und abschließend mit Olivenöl geschmeidig rühren.

FEINE SENFSAUCE

Man nehme:

*6 Eier
80 g Butter
¼ l Suppe
½ Zitrone
6 Eßlöffel französischen Senf
1 Eßlöffel Ribiselmarmelade*

In einem Schneekessel werden Butter, Dotter, Senf und kalte Rindsuppe mit der Schneerute über dem Feuer heiß geschlagen. Die Sauce darf aber nie kochen! Dann werden eine Prise Salz sowie der Saft einer halben Zitrone zusammen mit der Ribiselmarmelade untergerührt. Diese Sauce kann zu Fisch, aber auch zu Wild und Rindfleisch gereicht werden!

SCHNITTLAUCHSAUCE

Die Dotter von drei hartgekochten Eiern werden passiert, mit einem Löffel Öl verrührt, gesalzen, gepfeffert und mit dem Schneebesen unter Beigabe des Rahms zu einer glatten Sauce verrührt. Knapp vor dem Servieren wird eine große Handvoll feingeschnittenen frischen Schnittlauchs daruntergerührt.

Man nehme:

3 Eier
¼ l Rahm
Salz
Pfeffer
1 Eßlöffel Öl
Schnittlauch

UNIVERSALSAUCE

In der Butter röstet man das Mehl, gießt mit Wein und Suppe auf und läßt gut verkochen. Mit dieser Grundsauce können durch Beigabe verschiedener Würzen vielerlei Saucen bereitet werden.

Man nehme:

80 g Butter
80 g Mehl
¼ l Weißwein
¼ l Suppe

PETERSILIENSAUCE

Ein Eßlöffel feingeschnittener Petersilie wird kurz vor dem Anrichten zur Universalsauce gegeben, etwas gesalzen und gepfeffert, gut verrührt und einmal aufgekocht.

Man nehme:

Universalsauce
Petersilie
Salz, Pfeffer

KRÄUTERSAUCE

Petersilie, Bertram, Kerbelkraut und Sauerampfer werden fein geschnitten und mit der Grundsauce verrührt. Der schönen Farbe wegen geschieht das erst ganz knapp vor dem Anrichten.

Man nehme:

Universalsauce
Petersilie
Bertram
Kerbelkraut
Sauerampfer

KAPERNSAUCE

Die Grundsauce wird mit dem Saft einer Zitrone und zwei Eßlöffeln feingehackter Kapern abgeschmeckt.

Man nehme:

Universalsauce
1 Zitrone
2 Eßlöffel Kapern

SARDELLENSAUCE

100 g feingeputzte, kleingeschnittene Sardellen und der Saft einer halben Zitrone werden in den Saucenfond verrührt. Nach dem Aufkochen wird serviert.

Man nehme:

Universalsauce
100 g Sardellen
1 Zitrone

SEMMELKREN

Man nehme:

2 Semmeln
½ l Suppe
2 Eßlöffel Kren
1 Knoblauchzehe
Salz
Muskatnuß
3 Eier
3 Eßlöffel sauren Rahm

80 g abgerindete, feinblättrig geschnittene Semmeln kocht man in ½ l Suppe auf und gibt den zerdrückten Knoblauch, zwei Eßlöffel geriebenen Kren, ein wenig Salz und Muskatnuß dazu.

Die Sauce wird mit den in drei Eßlöffeln Rahm versprudelten Dottern von drei Eiern abgerundet.

ESSIGKREN

Man nehme:

1 Teller geriebenen Kren
Suppe
2 Eßlöffel Öl
Essig, Salz, Pfeffer

Der Kren wird mit ein wenig (½ Tasse) kochender Suppe übergossen und durchgerührt. Nach dem Auskühlen salzen, das Öl und nach Gusto Essig und Pfeffer dazugeben.

Der Essigkren wird kalt zu gekochtem Rindfleisch serviert!

OBERSKREN

Man nehme:

½ l Obers
2 Handvoll geriebenen Kren
Salz

Obers schlagen, den gesalzenen, geriebenen Kren unterziehen und sofort verwenden.

Ist bei Tafelspitz der Tupfen auf dem i!

APFELKREN

Man nehme:

6 Äpfel
1 Zitrone
2 Semmeln
2 Eßlöffel geriebenen Kren
1 Eßlöffel Öl
60 g Zucker
Essig

Die Äpfel werden geschält, geviertelt und in einer Kasserolle mit ¼ l Wasser, dem Saft einer halben Zitrone und 60 g Zucker gedünstet. Wenn sie weich sind, kommen sie in ein Sieb, dazu 80 g abgerindete, in kaltem Wasser erweichte, gut ausgedrückte Semmeln. Man passiert alles in eine tiefe Schüssel.

Nach dem völligen Auskühlen werden der Kren, das Öl und einige Tropfen Essig eingerührt.

Die Sauce soll dick und nicht zu sauer sein; wenn nötig, kann nachgezuckert werden.

Teigwaren, Reis, Polenta, Grieß

GEFÜLLTE NUDELTÄSCHCHEN

Man nehme:

Aus Mehl, Eiern und Salz einen Nudelteig kneten. Eßlöffelweise Wasser dazugeben, bis der Teig so geschmeidig ist, daß er sich gut ausrollen läßt, ohne zu kleben. Auf einer bemehlten Arbeitsfläche dünn ausrollen und mit einem Messer oder Teigrädchen ungefähr handtellergroße Dreiecke zurechtschneiden. Bis zur Weiterverarbeitung mit einem feuchten Küchentuch abdecken.

Für die Füllung das Gemüse sorgfältig waschen und mit dem Wasser, das noch an den Blättern haftet, dämpfen. Gut abtropfen lassen und ausdrücken, dann durch den Fleischwolf drehen. Das Gemüsepüree mit dem Topfen, den Eiern und dem Parmesan zu einer gleichmäßigen Masse verarbeiten. Majoranblättchen und Knoblauch fein hacken und die Füllmasse damit würzen. Mit Salz abschmecken.

Mit einem Teelöffel walnußgroße Portionen von der Füllung abstechen und auf die Teigdreiecke setzen. Die Enden über der Füllung zusammenklappen und festdrücken, so daß bauchige Täschchen entstehen. In Salzwasser etwa zehn Minuten garen und mit einer Schaumkelle herausheben. (Nicht abgießen, die Täschchen könnten dabei platzen.) Mit einer beliebigen Sauce anrichten.

Für den Teig:
500 g Mehl
3 Eier
Salz
Wasser

Für die Füllung:
500 g Mangold
500 g Borretsch
250 g Friséesalat
150 g Topfen
2 Eier
50 g geriebenen Parmesan
1 Eßlöffel frische Majoranblättchen
1 Knoblauchzehe
Salz

NUDELTÄSCHCHEN MIT KÜRBISFÜLLUNG

Man nehme:

(Zutaten für 6 Personen)
Für die Füllung:
1,2 kg Kürbis
50 g Butter
1 Eigelb
150 g geriebenen Parmesan
eventuell lauwarmes Wasser
Salz
Pfeffer
Muskat

Für den Teig:
½ kg Mehl
3 Eier

Außerdem:
Alufolie
1 Eiklar, Butter geriebenen Parmesan

Backrohr auf 200 Grad vorheizen. Den Kürbis schälen, entkernen und in grobe Würfel schneiden. In Alufolie wickeln und im heißen Ofen weich werden lassen (ca. 20 Minuten).

In der Zwischenzeit den Teig zubereiten. Mehl auf eine Arbeitsfläche häufen. In der Mitte eine Vertiefung bilden, Eier hineingeben und beides nach und nach zu einem gleichmäßigen Teig verarbeiten. Zu einer Kugel formen, mit einem Küchentuch abdecken und beiseite stellen.

Kürbis aus dem Rohr holen, die Würfel in eine Schüssel geben und mit einer Gabel zermusen. Die Butter in der heißen Kürbismasse zergehen lassen. Das Eigelb und den geriebenen Parmesan einarbeiten. Die Masse hat die richtige Konsistenz, wenn ein Teelöffel aufrecht darin stehen bleibt. Ist sie zu fest, einen Eßlöffel lauwarmes Wasser dazugeben. Salzen, pfeffern und mit Muskat abschmecken.

Eine Arbeitsfläche bemehlen und den Teig darauf ausrollen. In zwei gleich große Hälften teilen. Auf die eine Hälfte in regelmäßigen Abständen nußgroße Kürbisportionen setzen. Die Zwischenräume mit Eiklar bepinseln. Die zweite Teighälfte darauflegen und in den Zwischenräumen gut festdrücken. Mit einem Ausstechförmchen oder Teigrädchen die Tortelli abtrennen. In reichlich Salzwasser garen und mit zerlassener Butter und geriebenem Parmesan servieren.

Notabene

Vorspeisen werden Sie in österreichischen Kochbüchern nur spärlich finden. Wenn, dann sind es meist Anleihen aus fremden Küchen. In unseren Ländern war und ist die klassische Speisenfolge:

Suppe
Hauptspeise mit Beilagen
Salat
Nachspeise

Nur in den mediterran beeinflußten Gebieten reichte man vor dem Hauptgang kleinere Portionen von Nudelgerichten und Risottos. Salat gab es vor oder nach dem Fleischgang, nicht aber dazu.

Wieviel zu kochen ist, läßt sich durch praktische Erfahrung leicht erklären.
Als Vorspeise rechnet man pro Person ungekocht 4 dag Teigwaren oder Risotto von 4 dag Reis, als Hauptspeise jeweils das Doppelte. Fleisch rechnet man roh 15 dag (nach Vorspeisen serviert, genügen 10 dag).

Bei notwendigerweise größeren Braten, ganzen Schlögeln, Rehrücken etc. portioniert man das fertige Gericht nach den obigen Empfehlungen, die selbstverständlich nur ungefähre Angaben sind und sich auch nach oben korrigieren lassen, wenn Sie starke Esser bei Tisch erwarten.
Der Appetit bestimmt die Menge.

Von Leo Slezak, dem berühmten Tenor, erzählt die Anekdote, daß er in seinem Stammlokal „Meissel und Schaden" vom dienstfertigen Ober befragt: „Was werden Herr Kammersänger heute speisen?" die lakonische Antwort gab: „Gänse!"

SPAGHETTI MIT VENUSMUSCHELN *Istrien*

Man nehme:

60 Venusmuscheln
1 kleine Schalotte
1 Eßlöffel Olivenöl extra vergine
100 ml trockenen Weißwein
1 Karotte
1 kleine Zucchini
1 Lauchstange
1 Selleriestange
Salz
350 g Spaghetti
1 Eßlöffel gehackte Petersilie

Die Venusmuscheln unter fließendem Wasser abbürsten, geöffnete Muscheln aussortieren und wegwerfen. Die Schalotte winzig klein würfeln. Das Olivenöl in einem Topf erhitzen und die Schalotte darin andünsten. Die Venusmuscheln hinzufügen und den Weißwein angießen. Den Topf gut verschließen und die Venusmuscheln einige Minuten garen. Muscheln abgießen, den Sud dabei auffangen.

Das Gemüse in streichholzfeine Streifen schneiden und in Salzwasser blanchieren. Abgießen und abtropfen lassen.

Die Spaghetti in sprudelndem Salzwasser al dente kochen. In der Zwischenzeit den Muschelsud mit den Gemüsestreifen verrühren und die Muscheln aus den Schalen lösen. Nach Belieben zum Garnieren einige ganze Muscheln beiseite stellen. Die ausgelösten Muscheln unter das Gemüse heben.

Die Spaghetti abgießen und in den Topf zurückgeben. Die Muschelsauce unterheben, dann die Nudeln auf Portionsteller verteilen. Zum Garnieren die ganzen Muscheln obenauf setzen und mit der gehackten Petersilie bestreuen.

SPAGHETTI MIT SCAMPISAUCE

Man nehme:

4 Scampi
4 Eßlöffel Olivenöl
2 Knoblauchzehen
1 Eßlöffel Petersilie
1-2 Eßlöffel Semmelbrösel
Salz
1 Lorbeerblatt
1 Glas trockenen Weißwein
4 Eßlöffel Tomatenpüree
350 g Spaghetti

Die Scampi der Länge nach aufschlitzen und den Darm entfernen. In einer Pfanne das Olivenöl langsam erhitzen. Die Knoblauchzehen und die Petersilie fein hacken und darin andünsten. Je nach gewünschter Konsistenz ein bis zwei Eßlöffel Semmelbrösel einstreuen, mit Salz und Lorbeerblatt würzen. Die Scampi (mit der Schale) hineingeben und mit einem Spritzer Weißwein ablöschen. Mit dem restlichen Wein aufgießen. Das Tomatenpüree einrühren und ein wenig einkochen lassen. So viel Wasser zugeben, bis die Scampi bedeckt sind. Einkochen, bis die Scampi gar sind und die Sauce schön sämig wird. Nachsalzen und mit den al dente gekochten Spaghetti servieren.

SPAGHETTI MIT MEERESFRÜCHTEN

Man nehme:

*36 Miesmuscheln
36 kleine Venusmuscheln
125 ml trockenen Weißwein
100 ml Olivenöl
2 kleine Knoblauchzehen
3 Eßlöffel feingeschnittene glattblättrige Petersilie
3 mittelgroße Tomaten, geschält, entkernt und gewürfelt
450 g Spaghetti
Salz
frisch gemahlenen Pfeffer*

Die Muscheln gründlich unter fließendem kaltem Wasser abbürsten und abspülen. Anschließend zusammen mit dem Wein, zwei Eßlöffeln Olivenöl, einer zerdrückten Knoblauchzehe und der Hälfte der feingeschnittenen Petersilie in einen großen flachen Topf geben. Den Deckel auflegen und auf großer Flamme unter mehrmaligem Schwenken die Muscheln etwa acht Minuten dämpfen, bis sich alle weit geöffnet haben. Die dann noch geschlossenen Muscheln wegwerfen, da sie ungenießbar sind. Die Muscheln mit einem Sieblöffel aus dem Sud heben und in einer Schüssel handwarm abkühlen lassen. Den Sud durch ein feines Sieb in ein Schälchen abgießen. Je sechs Miesmuscheln und Venusmuscheln mit Schalen zurückbehalten, die restlichen Muscheln aus den Schalen lösen und entbarten.

In einer großen Sauteuse zwei Eßlöffel Olivenöl auf mittlerer Flamme erhitzen. Die restliche feingehackte Knoblauchzehe darin etwa zwei Minuten anschwitzen. Die Tomatenwürfel einrühren und drei bis vier Minuten andünsten, danach die restliche Petersilie, etwas Salz und Pfeffer sowie 250 ml des durchgeseihten Muschelsuds zufügen. Zum Kochen bringen, die Hitze reduzieren und die Mischung etwa fünf Minuten auf kleiner Flamme kochen lassen. Anschließend die Sauce abschmecken und eventuell noch mit etwas Muschelsud verdünnen. Die ausgelösten Muscheln hineinlegen und vom Herd nehmen.

Die Pasta in kochendes gesalzenes Wasser schütten und acht Minuten garen, bis sie al dente ist. Anschließend in einem Sieb abtropfen lassen.

Kurz vor dem Anrichten die zurückbehaltenen Muscheln in der Schale in die Sauce legen und kurz erhitzen. Nicht mehr kochen lassen, da sonst das Muschelfleisch zäh wird. Die abgetropfte Pasta in die Muschelsauce geben und alles vorsichtig miteinander vermischen. In einer vorgewärmten Servierschüssel anrichten, die Muscheln in den Schalen über der Pasta verteilen und Olivenöl darüber träufeln.

Man nehme:

*30 g Butter
250 g gemischte Waldpilze
1 kleine Knoblauchzehe
2 Eßlöffel feingeschnittene glattblättrige Petersilie
125 ml trockenen Weißwein
125 ml Sahne
125 ml Tomatensauce
350 g getrocknete Tagliolini
3 Eßlöffel frisch geriebenen Parmesan
250 ml Béchamelsauce
Salz
frisch gemahlenen schwarzen Pfeffer*

TAGLIOLINI MIT WALDPILZEN

Einen großen Topf Wasser zum Kochen bringen.

Die Butter in einer großen Sauteuse über mittlerer Hitze zerlaufen lassen. Die in dünne Scheiben geschnittenen Pilze zufügen und etwa sechs bis acht Minuten schmoren, bis sie weich sind und ihr Saft eingekocht ist. Den feingehackten Knoblauch und die feinzerschnittene Petersilie einrühren. Den Weißwein zugießen und etwa zwei Minuten einkochen lassen. Danach die Sahne einrühren, kurz aufkochen und die Hitze reduzieren. Die Tomatensauce zugießen und weitere zwei Minuten auf kleiner Flamme ziehen lassen. Mit Salz und frisch gemahlenem schwarzem Pfeffer abschmecken.

Den Grill vorheizen.

Einen Eßlöffel Salz in das kochende Wasser geben und darin die Pasta etwa zwei Minuten kochen, bis sie al dente ist. Anschließend in einem Sieb gründlich abtropfen lassen. Die Pasta mit den Pilzen und mit zwei Eßlöffeln geriebenem Parmesan vermischen und gleichmäßig in eine flache Gratinierschüssel schichten. Mit der Béchamelsauce überziehen und mit dem restlichen Parmesan bestreuen. Die Schüssel etwa 8 cm unter den heißen Grill stellen und die Pasta zwei bis drei Minuten überbacken.
Sofort servieren und eine kleine Schale mit geriebenem Parmesan getrennt dazu reichen.

NUDELN MIT PAPRIKAPÜREE

Man nehme:

2 rote und 2 gelbe Paprikaschoten
6-8 Eßlöffel Olivenöl extra vergine
Salz
Pfeffer
1 Knoblauchzehe
2 Eßlöffel Petersilie
250 g Tomatenpüree
400 g kurze Nudeln, z.B. Farfalle, Penne, Rigatoni
4 Eßlöffel geriebenen Pecorino

Die Paprikaschoten auf eine Gabel spießen und über einer offenen Flamme rösten, bis sich die Haut bräunt und Blasen wirft. (Wer keinen Gasherd besitzt, kann die Paprikaschoten auch auf den Bratrost legen und im Backofen rösten.) Die heißen Paprikaschoten in eine Schüssel legen und abdecken, damit sie ein wenig nachdämpfen können. Nach 15 Minuten häuten, entkernen und in feine Streifen schneiden. Das Olivenöl langsam in einer weiten Pfanne erwärmen. Die Paprikastreifen darin schwenken, salzen und pfeffern. Herausheben und warm stellen. Die Knoblauchzehe und die Petersilie fein hacken und im Olivenöl andünsten. Tomatenpüree hinzufügen und zu einer sämigen Sauce verköcheln lassen. Die Paprikastreifen wieder beigeben und gut durchwärmen. Nochmals mit Salz und Pfeffer abschmecken.

Die Nudeln in reichlich Salzwasser al dente kochen. Abgießen, auf Teller verteilen und mit der Paprikasauce anrichten. Geriebenen Käse darüberstreuen und auftragen.

POLENTA

Man nehme:

1½ l Wasser
225 g Maisgrieß
1½ Teelöffel Salz

In einer Kasserolle mit schwerem Boden 1 l Wasser zum Kochen bringen und salzen. Unterdessen den Maisgrieß mit dem restlichen ½ l Wasser verquirlen und ins kochende Wasser schütten. Mit einem Rührbesen rühren, bis die Masse andickt. Anschließend die Polenta unter gelegentlichem Rühren mit einem Holzlöffel auf kleiner Flamme zehn Minuten kochen, bis sie sehr dick geworden ist. Danach in eine gebutterte Form streichen.

Vor dem Anrichten wird die Polenta in der Form im 180 Grad heißen Ofen 15 Minuten erwärmt und kurz unter dem Grill gebräunt. In Scheiben aufschneiden und servieren.

TARHONYA *Sopron*

Man nehme:

Mehl nach Belieben
3-4 Eier

Trockenes Mehl wird auf ein Nudelbrett gesiebt und ausgebreitet. Man schlägt die Eier mit etwas Wasser sehr gut ab und spritzt diese Flüssigkeit mit den Händen oder einer Hühnerfeder in das Mehl. Mischung mit der flachen Hand so lange kreisförmig reiben, bis sich feste Teigkügelchen gebildet haben. Diese unterschiedlich großen Körnchen werden auf einem Tuch ausgebreitet und an der Sonne getrocknet. In Leinensäckchen trocken aufbewahrt, halten die Tarhonya sehr lange. Tarhonya können direkt als Einlage in Suppe eingekocht werden.
Als Beilage zu Fleischspeisen werden sie ebensogern verwendet.

Man nehme:

300 g Tarhonya
100 g Speck
1 große Zwiebel
Salz
Paprika
Suppe

Der Speck wird kleinwürfelig geschnitten, resch gebraten und aus der Pfanne genommen; im ausgebratenen Fett die feingeschnittene Zwiebel anlaufen lassen. Jetzt kommt eine Messerspitze Paprika dazu (nicht verbrennen!) und 300 g trockene Tarhonya. Man rührt so lange, bis die Tarhonya durch und durch heiß sind, dann wird mit kochender Suppe aufgegossen, aber nur nach und nach so viel, wie die Tarhonya aufnehmen können. Wenn sie keine Suppe mehr einziehen, zugedeckt dünsten lassen.
Beim Anrichten noch etwas salzen und mit den vorbereiteten Speckwürfeln garnieren.

GRIESSNOCKERLN *Udine*

Man nehme:

1 l Milch
60 g Butter
150 g Grieß
60 g gekochten Schinken, fein gehackt
60 g Parmesan
2 Eigelb
500 ml Tomatensauce
Salz
frisch gemahlenen Pfeffer

Die Milch in einer Kasserolle mit schwerem Boden erhitzen. Kurz vor dem Aufkochen die Butter zufügen. Mit einem Rührbesen den Grieß in die kochende Milch einrühren. Noch drei bis vier Minuten weiterrühren, bis die Mischung andickt. Mit Salz und Pfeffer würzen und unter ständigem Rühren mit einem Holzlöffel auf kleiner Flamme 15 Minuten kochen lassen. Vom Feuer nehmen, die beiden Eigelb einrühren, den Schinken unterheben und die Masse abschmecken. Die Masse in eine gefettete flache Form geben und die Oberfläche mit der nassen Hand glattstreichen. Mit Frischhaltefolie abdecken und mindestens zwei Stunden kühl stellen.

Mit einem runden Ausstecher von etwa 4 cm Durchmesser Gnocchi ausstechen. Auf ein gefettetes Backblech setzen und mit dem restlichen Parmesan bestreuen. Im 200 Grad heißen Ofen fünf bis zehn Minuten backen, bis der Käse geschmolzen ist und die Gnocchi heiß sind.

NUDEL- UND FLECKERLTEIG

Man nehme:
½ l Mehl
2 Eier
Salz

Man schüttet das Mehl auf ein Nudelbrett, macht eine Grube, in die man zwei Eier schlägt, gibt etwas Salz dazu und arbeitet die Zutaten mit beiden Händen unter eventueller Zugabe von Wasser zu einem glatten Teig ab. Diesen schneidet man in Stücke, formt Laibchen, läßt sie einige Zeit zugedeckt rasten und walkt sie so fein wie möglich aus. Wenn diese Flecken etwas übertrocknet sind, schneidet man sie in zwei Finger breite Streifen, legt diese übereinander und schneidet sie zu ganz feinen Suppennudeln.

Bei Nudeln und Fleckerln, die als Beilage dienen, wird der Teig nur messerrückendick ausgewalkt; auch hier legt man die Streifen übereinander und schneidet so rationell die gewünschten Teigwaren.

Gut getrocknet, können Fleckerln und Nudeln für längere Zeit aufbewahrt werden, am besten in luftdurchlässigem Leinen oder in Organzasäckchen.

BANDNUDELN MIT BASILIKUMSAUCE

Man nehme:
(Zutaten für 4 Personen)
2 mittelgroße Kartoffeln
100 g zarte grüne Bohnen
350 g Trenette (schmale Bandnudeln)
Salz, Pesto geriebenen Parmesan und Pecorino

Die Kartoffeln schälen und würfeln, die Bohnen waschen und halbieren. In einem großen Topf Wasser zum Kochen bringen und salzen. Kartoffeln und Bohnen hineingeben. Wenn das Gemüse fast gar ist, die Nudeln beifügen und al dente kochen. Eine Kelle Kochwasser abschöpfen und beiseite stellen.

Gemüse und Nudeln abgießen, gut abtropfen lassen und in eine große Schüssel geben. Pesto mit dem Kochwasser geschmeidig rühren und unter die Nudelmischung heben. Vor dem Servieren mit geriebenem Käse bestreuen.

PILAW-REIS

Man nehme:

*825 ml Geflügelsuppe
60 g Butter
1 kleine Zwiebel
330 g Rundkornreis
Salz*

Den Ofen auf 250 Grad vorheizen. Die Geflügelsuppe zum Kochen bringen. Die Butter in einem schweren Topf schmelzen und darin die feingewürfelte Zwiebel glasig dünsten. Den Reis einstreuen und mit einem Holzlöffel rühren, bis er mit der Butter überzogen ist. Die kochende Suppe zugießen und etwas salzen. Wieder zum Kochen bringen, danach die Kasserolle mit Aluminiumfolie verschließen, den Deckel auflegen und elf Minuten garen, ohne umzurühren. Anschließend noch etwa vier Minuten in das Rohr stellen.

Danach den Reis aus dem Topf auf ein großes Blech oder eine Marmorplatte schütten, damit der Garprozeß abgebrochen wird und der Reis so schnell wie möglich abkühlt. Der fertige Pilaw-Reis hält sich im Kühlschrank etwa zwei Tage. Vor dem Anrichten wird der Reis in etwas Butter in einer beschichteten Pfanne langsam erhitzt und dabei mit einer Gabel aufgelockert.

RISOTTO MIT PARMESAN

Die Suppe bis zum Siedepunkt erhitzen und am Sieden halten. Das Olivenöl in einem 3-l-Topf mit schwerem Boden erhitzen und darin die feingewürfelte Zwiebel über mittlerer Hitze andünsten, aber nicht bräunen. Den Reis zufügen und mit einem Holzlöffel rühren, bis er vom Öl überzogen ist. Die Hitze verstärken, etwa 125 ml kochende Suppe zugießen und den Reis unter ständigem Rühren kochen. Sobald der Reis die Suppe aufgesogen hat, wieder 125 ml zugießen und rühren, bis die Suppe vom Reis absorbiert wird. Die Suppe nach und nach einrühren, bis der Reis cremig und weich, jedoch nicht zermust, sondern noch körnig ist. Dabei muß der Reis ständig weiterkochen, ohne am Topfboden anzusetzen. Die Garzeit beträgt mindestens 20, wenn nicht 30 Minuten. Wenn die Reiskörner danach noch immer einen harten Kern haben und die Suppe bis auf wenige Löffel aufgebraucht ist, muß etwas kochendes Wasser zugefügt und der Reis noch länger gegart werden.

Anschließend den Topf vom Feuer nehmen und die Butter sowie den geriebenen Parmesan unter kräftigem Rühren mit dem Reis vermischen. Dabei noch einige Eßlöffel Suppe oder Wasser einrühren, bis der Risotto die gewünschte cremige und weiche Konsistenz hat. Nochmals abschmecken und sofort servieren. Eine kleine Schale mit geriebenem Parmesan getrennt dazu reichen.

Man nehme:

1¼ - 1½ l Geflügelsuppe
1 Eßlöffel Olivenöl
1 kleine gewürfelte Zwiebel
250 g Rundkornreis
45 g Butter
80 g frisch geriebenen Parmesan
Salz
frisch gemahlenen Pfeffer

RISOTTO MIT STEINPILZEN

Die Steinpilze putzen und mit einem feuchten Tuch abreiben. Sie sollen nicht ins Wasser getaucht werden. Das Öl in einer großen Sauteuse erhitzen und darin die in Scheiben geschnittenen Steinpilze über mittlerer Hitze sieben Minuten sautieren. Anschließend die zerdrückte Knoblauchzehe sowie die feingeschnittene Petersilie unterheben. Mit dem Wein ablöschen und etwa eine Minute einkochen lassen. Die Pilze mit Salz und frisch gemahlenem Pfeffer würzen und vom Feuer nehmen.

Den Risotto nach dem Grundrezept zubereiten, dabei die Pilze gleich zu Beginn unter den Reis heben.

Man nehme:

ca. 250g Steinpilze
3 Eßlöffel Olivenöl
1 Knoblauchzehe
2 Eßlöffel feingeschnittene Petersilie
125 ml trockenen Weißwein
Risotto alla parmigiana
Salz, frisch gemahlenen Pfeffer

SPARGELRISOTTO

Man nehme:

3 Eßlöffel Olivenöl
3 Eßlöffel Zwiebelwürfel
1 Stange Staudensellerie, fein zerschnitten
24 Spargelstangen, geschält, in 1½ cm langen Abschnitten
1 Rezeptmenge Risotto alla parmigiana
2 Eßlöffel feingeschnittene glattblättrige Petersilie
Salz
frisch gemahlenen Pfeffer

Olivenöl auf mittlerer Flamme erhitzen, darin die Zwiebelwürfel und den feinzerschnittenen Sellerie etwa vier Minuten andünsten. Die Spargelabschnitte sowie etwas Salz und frisch gemahlenen Pfeffer zufügen und unter ständigem Rühren etwa fünf Minuten sautieren; gleich zu Beginn unter den Reis heben.

RISI-PISI

Man nehme:

45 g Butter
1 mittelgroße Zwiebel, fein gewürfelt
½ Stange Staudensellerie, fein geschnitten
900 g zarte, frisch enthülste Erbsen
500 ml Geflügelsuppe
1 Bouquet garni (1 frischer Thymianzweig, 1 Lorbeerblatt, 2 Stengel glattblättrige Petersilie)
1 Rezeptmenge Risotto alla parmigiana
Salz
frisch gemahlenen Pfeffer

Die Butter in einer Kasserolle erhitzen, Zwiebelwürfel und feinzerschnittenen Sellerie über mittlerer Hitze in drei bis vier Minuten glasig dünsten. Anschließend die Erbsen zufügen, die Geflügelsuppe zugießen und das Bouquet garni einlegen. Auf kleiner Flamme im offenen Topf etwa 15 bis 20 Minuten garen. Mit Salz und frisch gemahlenem Pfeffer abschmecken.

Einen Risotto alla parmigiana nach dem Grundrezept zubereiten. Gleich zu Beginn die Erbsen mit ihrem Fond unterheben. Genügend zusätzlichen Fond zugeben, bis der Risotto fast, aber nicht ganz so flüssig wie eine Suppe ist.

RISOTTO MIT GEFLÜGELLEBER

Das Öl in einer Sauteuse auf großer Flamme erhitzen. Die Geflügelleber, die man vorher etwa zwei Stunden in Milch eingelegt hat, hineingeben und drei bis vier Minuten braten, so daß sie innen noch rosa ist. Mit dem Marsala übergießen und flambieren. Die Sauteuse vorsichtig schwenken, bis die Flammen verlöschen. Die Hühnerleber mit einem Sieblöffel herausheben und bereithalten. Den Bratfond mit der Geflügelsuppe ablöschen und in eine kleine Schale gießen.

Die Sauteuse zurück aufs Feuer setzen und darin die Butter schmelzen. Das Mehl einrühren und ein bis zwei Minuten anschwitzen. Anschließend die Suppe einrühren und den feingehackten Thymian zufügen. Die Sauce glattrühren und auf kleiner Flamme fünf Minuten kochen lassen, mit Salz und frisch gemahlenem Pfeffer abschmecken und vom Feuer nehmen. Die Geflügelleber in kleine Stücke schneiden, in die Sauce geben und warm halten. Unterdessen den Risotto nach dem Grundrezept zubereiten. Den fertigen Risotto in eine vorgewärmte Schüssel schütten und die Geflügellebersauce darüber geben. Sofort servieren.

Man nehme:

2 Eßlöffel Olivenöl
450 g geputzte Geflügelleber
60 ml Marsala oder Portwein
250 ml Rindsuppe
20 g Butter
1½ Eßlöffel Mehl
2 Teelöffel feingehackten frischen Thymian
Risotto alla parmigiana
Salz
frisch gemahlenen Pfeffer

FRITIERTE REISBÄLLCHEN

Den Risotto zu walnußgroßen Kugeln rollen. Mit dem Finger in jede Kugel ein Loch bohren und mit einem kleinen Mozzarellawürfel füllen. Wieder zur Kugel formen.

Die Kugeln zuerst in Mehl wenden, anschließend in verquirltes Ei tauchen und danach in Semmelbröseln wälzen. In heißem Öl braun und knusprig fritieren. Auf Küchenpapier entfetten. Die Reisbällchen heiß servieren, bevor die geschmolzene Mozzarellafüllung wieder hart wird.

Man nehme:

Reste von Risotto alla parmigiana
Mozzarellawürfel
Mehl
Semmelbrösel
verquirltes Ei
Sonnenblumen- oder Olivenöl zum Fritieren

GRAUPENRISOTTO MIT RÄUCHERSPECK *Trentino*

Man nehme:

*250 g Perlgraupen
Salz
1 kleine Zwiebel
30 g Butter
1 dicke Scheibe luftgetrockneten oder mild geräucherten Schinkenspeck
½ Glas Weißwein
Pfeffer
1 Handvoll Spinatspitzen oder gehackte Petersilie
geriebenen Käse zum Servieren*

Perlgraupen waschen und in reichlich Salzwasser fast vollständig gar kochen.

Inzwischen mit der Vorbereitung des Risottos beginnen: Die Zwiebel sehr fein hacken und in der Butter andünsten. Die Speckscheibe würfeln und kurz mitbraten.

Die Graupen abgießen, abtropfen lassen und mit Zwiebeln und Speck anrösten, bis sich alles gut vermengt. Den Weißwein angießen und einkochen lassen, salzen und pfeffern. Zum Schluß Spinatspitzen oder Petersilie unterheben. Auf Teller verteilen und mit geriebenem Käse bestreuen.

BÖHMISCHE GRAMMELPOGATSCHERLN

Man nehme:

*500 g Grammeln
500 g Mehl
Salz
15 g Germ
⅛ l Weißwein
1 Ei*

Mehl und Grammeln verschneidet man mit dem Wiegemesser auf dem Nudelbrett sehr fein, gibt dann die in lauwarmem Wasser aufgelöste Germ dazu, salzt und verarbeitet alles unter Zugabe des Weißweins zu einem geschmeidigen Teig. Dieser wird fingerdick ausgewalkt und mit dem Krapfenstecher ausgestochen. Die Krapfen auf dem Blech etwas gehen lassen, vor dem Backen mit Ei bestreichen und mit einem scharfen Messer gewürfelt einschneiden.

UNGARISCHE GRAMMELPOGATSCHERLN

Man nehme:

*500 g Grammeln
2 Eier
Salz
Paprika
Mehl
Obstschnaps*

Die Grammeln werden fein geschnitten und mit einer Prise Salz und Paprika gewürzt. Ein Dotter, ein Stamperl Schnaps und so viel Mehl, wie nötig ist, werden mit den gehackten Grammeln zu einem festen Teig abgearbeitet, den man eine halbe Stunde rasten läßt. Dann wird der Teig fingerdick ausgewalkt und mit einem Wasserglas ausgestochen. Die Pogatscherln kommen auf ein mit einem gefetteten Papier ausgelegtes Blech. Mit versprudeltem Ei bestrichen, gitterartig eingeschnitten und mit grobem Salz bestreut, heiß im Rohr herausbacken.

ARME RITTER

Die Semmeln werden in halbzentimeterdicke Streifen geschnitten, mit Milch befeuchtet, paniert und goldgelb gebacken.

Man nehme:

3 altbackene Semmeln
Milch
2 Eier
Semmelbrösel
Mehl
Fett
Salz

BRANDTEIGKRAPFERLN

Milch und Butter werden in einer Kasserolle zum Kochen gebracht, dann rührt man langsam das Mehl dazu. Dieser Teig wird so lange über dem Feuer gerührt, bis er sich von Löffel und Kasserollenrand löst. Nun leert man ihn in eine tiefe Schüssel und läßt ihn unter mehrmaligem Umrühren auskühlen. Dann erst werden fünf ganze Eier dazugemischt. Aus diesem Teig werden mit einem kleinen Löffel nußgroße Kugeln geformt, die, in heißem Fett schwimmend, unter wiederholtem Schütteln der Kasserolle braun gebacken und dann auf Fließpapier gelegt werden.

Unterdessen wird die Fülle vorbereitet: In einer Kasserolle 40 g Butter mit einem Eßlöffel gehackter Petersilie anrösten. Dazu kommt ein von den Häutchen befreites Kalbshirn, etwas Salz und nach Geschmack Pfeffer; das Ganze wird gut durchgemischt und geröstet. Die gebackenen Krapferln werden nun in der Mitte bis zur Hälfte aufgeschnitten und mit Kalbshirn gefüllt.

Als Fülle kann auch Eierspeise, gedünstetes Gemüse oder beliebiges Haschee verwendet werden.

Man nehme:

Teig:
¼ l Milch
220 g Mehl
50 g Butter
5 Eier

Fülle:
40 g Butter
1 Kalbshirn
Petersilie
Pfeffer
Salz

FEINE SCHINKENFLECKERLN

Man nehme:

Fleckerln von
½ l Mehl
8 Eier
½ l Rahm
300 g Schinken
Butter
Semmelbrösel
Salz

Die Fleckerln werden in siedendem Salzwasser zugedeckt so lange gekocht, bis sie alle an der Wasseroberfläche schwimmen. Dann werden sie in ein Sieb gegossen, mit kaltem Wasser abgeschreckt und stehengelassen.

Inzwischen werden acht Dotter mit dem Rahm, dem feingeschnittenen Schinken und einem halben Kaffeelöffel Salz verrührt. In diese Masse kommen jetzt die Fleckerln. Dann zieht man unter alles den Schnee der acht Eiklar. Die Mischung wird in eine mit Butter befettete und mit Semmelbröseln bestäubte Form gefüllt und im Rohr gebacken.

STRUDELTEIG

Man nehme:

½ l Mehl
1 Ei
40 g Butter
Salz

Das Mehl kommt auf ein Nudelbrett, man macht in der Mitte eine Grube, gibt eine Messerspitze Salz und das ganze Ei hinein und arbeitet alles langsam unter Zugabe von ca. ¼ l lauwarmem Wasser zu einem geschmeidigen Teig. Dieser wird so lange mit der Hand geknetet, bis er sich von dieser und vom Nudelbrett löst. Danach wird er auf dem mit Mehl bestreuten Brett mit dem Ballen und der flachen Hand so lange bearbeitet, bis Blasen am Teig sichtbar werden. Jetzt den Teig mit einer Schüssel zudecken und eine halbe Stunde rasten lassen.

Nach dieser Zeit wird ein Tisch mit einem sauberen Tuch bedeckt und dieses stark mit Mehl eingestaubt. Mit dem Nudelwalker wird nun der Teig etwas ausgewalkt und über die beiden Handrücken nach allen Seiten hin so dünn wie möglich ausgezogen. Die Ränder, die immer dicker bleiben, wegschneiden. Dann wird der ausgezogene Teig mit der zerlassenen Butter bestrichen und beliebig gefüllt. Durch Anheben des Tuches wird er mit beiden Händen gerollt und auf das gefettete Backblech gebracht, wobei die Nahtstelle des Strudelteiges nach unten schauen soll.

Knödel

BÖHMISCHE KNÖDEL

Die altbackenen Semmeln werden würfelig geschnitten und in heißer Butter geröstet. Während sie auskühlen, wird in einer Schüssel das Mehl mit dem in der Milch verquirlten Ei und etwas Salz zu einem glatten, glänzenden Teig abgerührt. Erst wenn er sich vom Kochlöffel löst, werden die Semmelbröckerln gleichmäßig untergerührt. Der Teig soll jetzt, mit einem Tuch bedeckt, eine halbe Stunde rasten.

Dann werden auf dem bemehlten Nudelbrett aus diesem Teig zwei längliche Rollen geformt, in siedendes Salzwasser eingelegt und langsam ca. 25 Minuten gekocht. Dabei muß man sie mehrmals vorsichtig mit dem Kochlöffel wenden.

Aus dem Wasser genommen, werden sie sofort in daumendicke Scheiben geschnitten und so zu Fleisch, Wild und Geflügel gereicht.

Man nehme:
3 altbackene Semmeln
400 g Mehl
20 g Butter
1 Ei
1 l abgekochte kalte Milch
Salz

PILZNOCKEN *Südtirol*

Das Brot in der lauwarmen Milch einweichen. Unterdessen die Pilze mit einem scharfen Messer putzen, kleinschneiden und beiseite stellen. Butter langsam in einer Pfanne erhitzen. Die Zwiebel hacken und darin andünsten. Wenn sie glasig wird, die Pilze hinzufügen und bei lebhafter Hitze unter ständigem Rühren braten.

Das Brot aus der Milch heben, gut abtropfen lassen, ausdrücken und in eine Schüssel geben. Die Pfanne vom Herd nehmen und Pilze sowie Zwiebelhack mit dem Brot vermengen. Die Eier unterkneten; die Kräuter fein hacken und in den Teig streuen. Salzen und pfeffern, dann zehn Minuten ruhen lassen. Falls der Teig zu feucht und klebrig sein sollte, mit einem Eßlöffel Mehl bestäuben. Mit zwei Eßlöffeln oder mit den Händen Nocken formen und im leise wallenden Salzwasser garen. Sobald die Nocken an die Oberfläche kommen, mit einer Schaumkelle herausheben und auf Tellern anrichten. Mit zerlassener Butter übergießen und mit geriebenem Käse bestreuen.

Diese Pilznockerln schmecken auch ausgezeichnet als Einlage einer klaren Rindsuppe.

Man nehme:
(Zutaten für 6 Personen)
300 g Knödelbrot oder feingeschnittenes Weißbrot vom Vortag
¼ l lauwarme Milch
300 g frische Pilze (vorzugsweise Steinpilze)
50 g Butter
1 Zwiebel
3 Eier
1 Handvoll Petersilie
1 Bund Schnittlauch
Salz
Pfeffer
eventuell 1 Eßlöffel Mehl
Butter und geriebenen Käse zum Garnieren

SPECKKNÖDEL

Man nehme:

60 g Fett
1 Büschel Petersilie
½ Zwiebel
8 altbackene Semmeln
¼ l Milch
2 Eier
60 g Mehl
20 g Semmelbrösel
150 g durchwachsenen Räucherspeck
Salz
Pfeffer

Die altbackenen Semmeln werden würfelig geschnitten und im Fett geröstet. Milch, ein ganzes Ei und ein Dotter mit Salz gut verquirlen, dann über die ausgekühlten Semmelbröckerln gießen und eine halbe Stunde stehenlassen. Dann erst werden Mehl, Semmelbrösel und der würfelig geschnittene, glasig geröstete Speck und die feingehackte Petersilie gut daruntergemischt. Mit nassen Händen feste kleine Knödel formen, die, in siedendes Salzwasser eingelegt, in etwa zehn Minuten gar sind.

Diese Speckknödel können als Beilage, aber auch als selbständiges Essen zu Kraut oder in der etwas nachgewürzten Kochbrühe serviert werden.

GEWÖHNLICHE SEMMELKNÖDEL

Man nehme:

6 Semmeln
¼ l Milch
3 Eier
200 g Mehl
120 g Fett
1 große Zwiebel
1 Büschel Petersilie
Salz

Die in Würfel geschnittenen Semmeln werden in einen Weitling gegeben. Die Milch, in der zwei Dotter und ein ganzes Ei versprudelt wurden, wird darüber gegossen, etwas Salz und die im Fett geröstete kleingehackte Zwiebel und Petersilie dazugeben und mit dem nach und nach beigegebenen Mehl vermischen. Mit unter fließendem Wasser befeuchteten Händen formt man herzhafte Knödel, die in wallendem Salzwasser gar gekocht werden.

RIESENKNÖDEL

Man nehme:

(Zutaten für 5-7 Personen)
10 Semmeln
¼ l Milch
160 g Butter
8 Eier
200 g Speck
Salz
Semmelbrösel

Die Semmeln werden würfelig geschnitten, 200 g davon beiseite gegeben, die übrigen mit der Milch genetzt und mit einem Abtrieb aus 160 g Butter, zwei Dottern und sechs ganzen Eiern vermischt. Dazu kommt der würfelig geschnittene Speck, den man mit den 200 g Semmelwürfeln geröstet hat. Man salzt und mischt alles gut ab. Eine Serviette wird in Wasser getaucht, mit der Masse gefüllt und mit Spagat zugebunden. Einen Kochlöffel durchschieben und mit dem daran hängenden Knödel quer über einen Topf mit kochendem Wasser legen. Nach etwa einer halben Stunde ist der Knödel gar (Nadelprobe!). Mit in heißer Butter gebräunten Semmelbröseln übergießen und servieren. Statt Speck schmecken auch Selchfleischwürfel sehr gut.

SERVIETTENKNÖDEL

Man nehme:

8 Semmeln
½ l Milch
160 g Butter
8 Eier
200 g Selchspeck
Salz
Semmelbrösel

Die würfelig geschnittenen Semmeln werden mit ½ l Milch benetzt. Die Butter flaumig abtreiben, mit sechs ganzen Eiern und zwei Dottern vermischen. Dazu kommen die geschnittenen Semmeln und der würfelig geschnittene, glasig geröstete Speck, dessen flüssig gewordenes Fett vorher abgegossen wurde. Alles wird gut vermengt und mit etwas Salz gemischt. Die Masse wird auf ein in kaltes Wasser getauchtes, sauberes Hangerl gelegt, das mit Spagat knapp über dem Teig zusammengebunden wird. Die Tuchzipfel verknoten und einen Kochlöffelstil durch den Knoten schieben. Nun legt man den Kochlöffel über eine Kasserolle, so daß der Knödel ins kochende Salzwasser hängt. Eine halbe Stunde lang kochen.

Zum Anrichten wird der Riesenknödel aus dem Tuch getan und mit in Fett gerösteten Semmelbröseln übergossen.

BAUERNKNÖDEL

Man nehme:

8 Semmeln
100 g Fett
1 Büschel Petersilie
1 l Mehl
Salz
½ l Milch

Die würfelig geschnittenen Semmeln werden in der Kasserolle im heißen Fett, in dem man schon die gehackte Petersilie hat anlaufen lassen, ordentlich angeröstet, bis sie Farbe zeigen. In einem Weitling hat man inzwischen das Mehl, einen Kaffeelöffel Salz und die Milch zu einem glatten, dünnen Teig abgerührt, in den die gerösteten Semmeln kommen. Alles gut abmischen; dann werden daraus Knödel geformt, die in wallendem Salzwasser gar gekocht werden.

Man nehme:

140 g Butter
4 Eier
270 g Grieß
Salz

GRIESSKNÖDEL

Die Butter flaumig rühren, zwei Eidotter, zwei ganze Eier, drei Eßlöffel Wasser, etwas Salz und 180 g Grieß dazugeben und eine Viertelstunde zugedeckt stehenlassen. Nun werden 90 g Grieß nachgerührt, danach muß der Teig zwei Stunden lang zugedeckt rasten. Man formt kleine Knödel und kocht sie in Salzwasser eine Viertelstunde. Mit etwas kaltem Wasser im Sud abschrecken und fünf Minuten zugedeckt ziehen lassen, bevor man die Knödel mit dem Seihlöffel aus dem Wasser hebt.

Notabene

*Eine große Hilfe für Ihre Vorratswirtschaft
ist das Tiefkühlen.
Portionierte Suppeneinlagen haben Sie
bei Bedarf immer zur Hand.
Auch alle Arten Knödel lassen sich gut einfrieren
ebenso wie Fleischgerichte im eigenen Saft.
Mehlspeisen sollte man nicht länger
als drei Monate eingefroren lassen. Versehen Sie
deshalb Ihr Kühlgut mit einem selbstbestimmten
Ablaufdatum, an das Sie sich aber
auch halten sollten.*

TOPFENKNÖDEL

Man nehme:

80 g Butter flaumig abtreiben und nach und nach ein Dotter und ein ganzes Ei dazurühren. Dazu kommt der fein durch ein Sieb gedrückte Topfen. Zuletzt werden so viel Semmelbrösel daruntergemischt, bis der Teig fest ist. Diese Masse läßt man eine halbe Stunde rasten, salzt erst jetzt, rührt den Teig noch einmal durch und formt daraus Knödel, die bei schwachem Feuer ca. zehn Minuten kochen müssen (nicht länger, da sie sonst zerfallen!).

180 g Butter
2 Eier
250 g Topfen
Semmelbrösel
Salz

TOPFENKNÖDEL

Man nehme:

Der Topfen wird in ein sauberes Hangerl eingeschlagen und durch Zusammendrehen so stark wie möglich ausgepreßt. Der so gewonnene trockene Topfen wird zerbröckelt durch ein feines Sieb passiert. Dazu kommen die Eier, etwas Salz, 100 g Butter, der Grieß und ein wenig Mehl. Alles wird gut abgerührt und der Teig zu Knödeln geformt. Diese werden in siedendes Wasser eingelegt und gar gekocht.

Aus dem Wasser gehoben, werden sie mit den in der restlichen Butter gerösteten Semmelbröseln überschüttet und mit saurem Rahm übergossen.

1 kg Topfen
4 Eier
200 g Butter
120 g Grieß
50 g Mehl
100 g Semmelbrösel
1 dl sauren Rahm
Salz

ERDÄPFELKNÖDEL (aus rohen Erdäpfeln)

Man nehme:

Die rohen Erdäpfel werden, nachdem sie geschält und abgewaschen wurden, auf dem feinen Hachel gerieben. Danach schüttet man sie in ein Sieb, übergießt sie mit etwas heißer Milch und läßt sie ordentlich abtropfen. Dann verrührt man die durch die Erdäpfelpresse gedrückten, gekochten Erdäpfel in einer Schüssel mit den rohen Erdäpfeln, dem Ei, Salz und Mehl. Mit einem in heißes Fett getauchten Löffel sticht man größere Knödel aus dem Erdäpfelteig, die, in siedendes Wasser eingelegt, nach acht bis zehn Minuten gar sind. Man kann sie beim Anrichten noch mit feingeschnittenen, braun gerösteten Zwiebeln übergießen. So serviert, können sie mit Salat oder Kraut als selbständiges Fasten- oder Ultimoessen gereicht werden.

1 kg rohe Erdäpfel
¼ kg gekochte Erdäpfel
Milch
70 g Mehl
80 g Fett
1 Ei
1 Zwiebel
Salz

ERDÄPFELKNÖDEL (aus gekochten Erdäpfeln)

Man nehme:

1 kg mehlige Erdäpfel
50 g Butter
3 Eier
Mehl
Salz

Mehlige Erdäpfel in der Montur kochen, schälen, durch die Presse drücken und sofort die übrigen Zutaten und so viel Mehl wie nötig (ca. 120 g) dazumischen. Den Teig rasch durchkneten und auf einem bemehlten Nudelbrett zu einer Walze formen, von der man gleich große Stücke schneidet und, mit bemehlten Händen, schöne, runde Knödel formt. Diese werden sofort in siedendes Salzwasser eingelegt. Nach etwa zehn Minuten Kochen auf mäßigem Feuer sind sie gar und werden mit dem Knödelschöpfer herausgehoben, in eine Schüssel gelegt und mit etwas zerlassener Butter übergossen. Anstelle von Mehl kann man auch Grieß und Stärkemehl, halb und halb, verwenden.

ERDÄPFELKNÖDEL

Man nehme:

½ kg Erdäpfel
5 Eier
160 g Butter
1/16 l Grieß
1/16 l Mehl
Salz
Petersilie

Die Erdäpfel werden gekocht, heiß passiert und mit der abgetriebenen Butter, zwei ganzen Eiern und drei Dottern, dem Grieß und dem Mehl, etwas geschnittener Petersilie und einer Prise Salz gut abgerührt, dann eine halbe Stunde lang zugedeckt stehengelassen. Daraus nicht zu große Knödel formen, die man in siedendem Salzwasser eine halbe Stunde lang kochen läßt.

ERDÄPFELKNÖDEL

Man nehme:

1 kg Erdäpfel
5 Eier
80 g Butter
Salz
Muskatnuß
Petersilie
Semmelbrösel
Backfett

Die Erdäpfel werden mit der Schale im Rohr gebraten, geschält, passiert und mit der Butter und drei ganzen Eiern verrührt. Salzen, etwas geriebene Muskatnuß und etwas feingeschnittene Petersilie dazugeben. Alles glatt abrühren und kalt stellen. Wenn die Masse abgekühlt und fest ist, werden kleine Knödel geformt, die in zwei verschlagenen Eiern und danach in Semmelbröseln gewälzt und in heißem Fett herausgebacken werden.

Erdäpfel

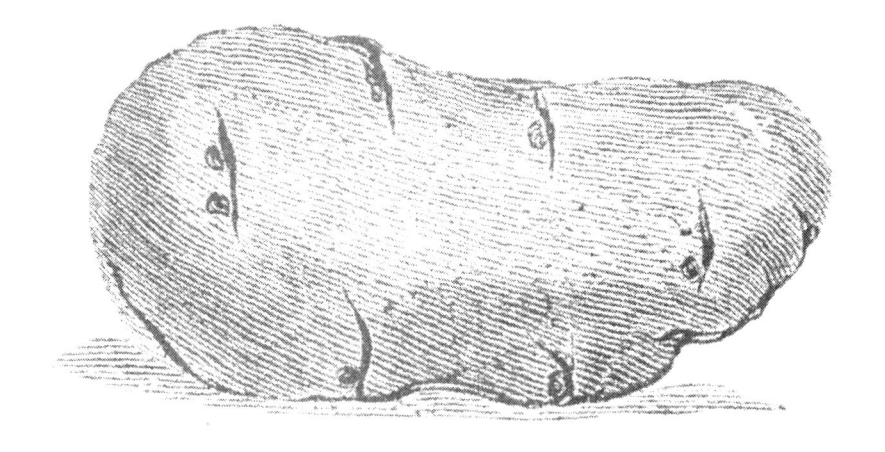

ERDÄPFELKROKETTEN

Man nehme:

Die gekochten Erdäpfel werden geschält, passiert und mit der Butter vermischt, die mit einem ganzen Ei und einem Dotter abgetrieben wurde.

Eine Prise Salz, eine Prise Muskatnuß, je drei Eßlöffel Grieß und Mehl werden dazugerührt. Auf einem bemehlten Brett wird der Teig fingerdick ausgewalkt, in daumendicke und fingerlange Stücke geschnitten, in Semmelbröseln gewendet und in Fett herausgebacken. Die Kroketten müssen heiß serviert werden.

300 g Erdäpfel
80 g Butter
2 Eier
Grieß
Mehl
Salz
Muskatnuß
Semmelbrösel
Fett

ERDÄPFEL IN DER MONTUR

Man nehme:

Man wäscht die Erdäpfel sehr sauber, legt sie in einen passenden Topf, gießt so viel kaltes Wasser darüber, daß sie bedeckt sind, gibt Salz und Kümmel dazu und kocht sie zugedeckt gar (vom Moment des Siedens an rund eine Dreiviertelstunde). Man kann die Erdäpfel auch, mit Salz und Kümmel eingerieben, ins Rohr schieben und braten.

Ob gekocht oder gebraten: Man muß sorgfältig auf den Augenblick des Garwerdens achten. Zu lange gekochte Erdäpfel verlieren nämlich sehr an Geschmack.

Die fertigen Erdäpfel legt man auf eine hübsch arrangierte Serviette und serviert mit frischer Butter, Sardellenbutter oder Gänsefett.

(pro Person)
½ kg Erdäpfel
Salz
Kümmel

Man nehme:

1 kg Erdäpfel
200 g Mehl
Salz
1 kleine Zwiebel
Fett

SCHUBANKEN

Die geschälten, gewaschenen und geviertelten Erdäpfel werden in Salzwasser weich gekocht. Dann wird das Mehl auf die Erdäpfel geschüttet und mit dem Kochlöffel mehrere Löcher bis auf den Topfboden in die Masse gestoßen, so daß das Wasser durchsprudelt. Der Topf wird zugedeckt und an den Herdrand geschoben, wo die Erdäpfel 20 Minuten weiterdämpfen. Über der Masse stehendes Wasser wird abgegossen. Darauf werden die Erdäpfel zusammen mit dem Mehl zuerst zerstampft und dann zu einem festen Teig abgerührt. Etwas mit Salz abschmecken. Mit einem großen Löffel, der in heißes Fett getaucht wurde, Nocken ausstechen und auf einer vorgewärmten Schüssel anrichten.

Die fertigen Schubanken bestreut man mit gerösteten Zwiebeln. Man kann sie auch mit zerlassener brauner Butter übergießen, mit geriebenem Lebkuchen oder Mohn bestreuen und angezuckert essen.

Man nehme:

1 kg Erdäpfel
1 kg Mehl
Fett
Salz

ERDÄPFELNUDELN

Die Erdäpfel werden gekocht, geschält und passiert. Nachdem sie ausgekühlt sind, mit so viel Mehl und etwas Salz abarbeiten, daß ein fester Teig entsteht. Dieser wird auf einem bemehlten Brett zu daumendicken Würsten gerollt, von denen mit befeuchtetem Messer ebenfalls daumenbreite Stücke geschnitten werden, die man, zwischen den Handflächen rollend, zu dicken Nudeln formt, deren Enden stumpf zulaufen. In wallend kochendes Wasser locker einlegen und 15 Minuten kochen lassen. Mit einem Sieblöffel herausheben, mit kaltem Wasser abschrecken und in zerlassenem Fett abschmalzen.

WUZELNUDELN MIT MOHN

Für die Mohnnudeln wird der Teig kleinfingerdick gerollt, in drei Finger breite Stücke geschnitten und zwischen den Handflächen gerollt („gewuzelt"). In wallendem Wasser ungefähr 15 Minuten kochen. Wenn alle Nudeln oben schwimmen, herausheben, gleich mit einer Mischung aus geriebenem Mohn und Staubzucker bestreuen und mit heißer Butter übergießen. Bei Tisch reiche man noch in einem Schälchen Zucker-Mohn und in einem Töpfchen heiße Butter.

Für Nußnudeln nimmt man anstatt Mohn geriebene Nüsse. Für Bröselnudeln röstet man Semmelbrösel in Butter an und gibt diese über die Nudeln. Gesalzen reicht man die Bröselnudeln zu Fleischgerichten; gezuckert mit beliebigem Kompott als Haupt- oder Nachspeise.

Man nehme:

Erdäpfelteig
Mohn
Staubzucker
Butter

ERDÄPFELSCHMARREN

Die gekochten und geschälten Erdäpfel werden nach dem Auskühlen blättrig geschnitten. Die kleingeschnittene Zwiebel wird im Fett goldgelb geröstet, nun die Erdäpfel dazugegeben. Man würzt mit Salz, Pfeffer und, wer mag, mit etwas Kümmel. Der Erdäpfelschmarren wird so lange geröstet, bis die einzelnen Stücke eine zarte braune Kruste haben.
Man richtet den Schmarren entweder in einer Schüssel an oder kann ihn auch mit einem mit Wasser befeuchteten Suppenschöpfer zu kleinen, gefälligen Gupfen formen, die man mit in heißes Fett getauchter Petersilie verziert.

Man nehme:

1 kg speckige
Erdäpfel (Kipfler)
1 Zwiebel
Salz
Pfeffer
Kümmel
Fett

ERDÄPFELPÜREE

Man nehme:

½ kg Erdäpfel
80 g Butter
¼ l Obers
Salz

Die Erdäpfel werden geschält, geviertelt und in Salzwasser sehr weich gekocht. Vorsichtig abgießen, dann kommen das heiße Obers und die Butter dazu. Alles mit einem Schneebesen glatt verrühren und dabei mit Salz würzen. Sollte das Püree zu fest werden, wird es vorsichtig mit heißer Milch locker gemacht. Es wird in der Schüssel mit braun gerösteten Zwiebeln zu Tisch gebracht. Für eine festliche Tafel kann man es auf einer feuerfesten Platte zu einem Kegel formen, mit Püree, das man in einen Spritzsack gefüllt hat, kunstvoll verzieren und im heißen Backrohr goldgelb überbacken.

HEURIGE MIT PETERSILIE

Man nehme:

1½ kg Heurige
80 g Butter
Salz
Petersilie

Ein köstliches Gericht sind neue, junge Erdäpfel. Man wäscht möglichst kleine Erdäpfel und reibt dabei die zarte Schale ab. In Salzwasser werden sie weich gekocht, ohne daß sie aufspringen.

Inzwischen hat man in einer Kasserolle Butter zerlassen und reichlich gehackte Petersilie dazugegeben. Darin werden die garen, abgeseihten Heurigen geschwenkt. Sie sollen gleich zu Tisch gebracht werden.

ERDÄPFELNOCKEN

Man nehme:

1 kg Erdäpfel
80 g Butter
5 Eier
Salz
Muskatnuß
Petersilie
Semmelbrösel
Fett

Die Erdäpfel werden im Rohr gebacken. Dann werden sie passiert und mit Butter, drei ganzen Eiern, Salz, etwas geriebener Muskatnuß und einer Handvoll feingehackter Petersilie verrührt. Gut abschmecken, dann den Teig kalt stellen. Wenn das Ganze kalt und fest ist, werden mit einem Suppenlöffel Nocken geformt, in zwei verschlagenen Eiern gedreht, in den Semmelbröseln gewälzt und in heißem Fett herausgebacken. Gleich servieren. Diese Nocken sind für viele Fleischspeisen die passende Garnitur.

GEDÜNSTETE ERDÄPFEL

Die Erdäpfel werden geschält und in kleine Würfel geschnitten. Sie kommen mit 100 g Butter in eine Kasserolle und werden mit etwas Salz und Pfeffer gewürzt. Dann gibt man zwei bis drei Suppenlöffel Bouillon dazu und dünstet die Erdäpfel zugedeckt langsam weich. Mit gehackter Petersilie bestreuen und in einer Schüssel servieren.

Man nehme:

1 kg Erdäpfel
100 g Butter
Salz
Pfeffer
Petersilie
Suppe

BÖHMISCHE DALKEN

Sechs große, mehlige Erdäpfel werden gekocht, geschält und durch die Presse gedrückt. Ein eigroßes Stück Butter wird abgetrieben, mit einem Dotter und einem ganzen Ei verrührt und mit den Erdäpfeln vermengt. Etwas salzen und den Teig gut abrühren, bis er glatt ist. Sollte er zu fest ausfallen, kann noch ein Ei dazugegeben werden. Aus diesem Teig formt man auf das gefettete Blech Dalken und bäckt sie heraus.

Diese Dalken werden zur Garnierung von gedünstetem und eingemachtem Fleisch verwendet, sie können aber auch mit Powidl bestrichen und gezuckert als Mehlspeis' an Fastentagen gegessen werden.

Man nehme:

6 große Erdäpfel
2 Eier
Butter
Salz

ERDÄPFELGULASCH

Die Erdäpfel werden roh geschält, in kleine Stücke geteilt und, damit sie nicht braun werden, in kaltes Wasser gelegt. Dann werden die Zwiebeln fein geschnitten und im Fett goldgelb geröstet. Dazu gibt man 2 bis 3 Eßlöffel Rosenpaprika, der aber nicht geröstet werden darf, da er sonst sofort braun und bitter wird. Die abgeseihten Erdäpfel werden dazugegeben und mit so viel Wasser aufgegossen, daß dieses fingerhoch über den Erdäpfeln steht. Salzen und mit etwas Pfeffer und Majoran würzen. Das Gulasch wird bei mittlerer Hitze und unter öfterem Umrühren gar gekocht.

Man nehme:

2 kg Erdäpfel
½ kg Zwiebel
Salz
Pfeffer
Paprika
Kümmel
Majoran
Fett

MAJORANERDÄPFEL

Man nehme:

1½ kg Erdäpfel
80 g Fett
80 g Mehl
Salz
Majoran
½ Zwiebel
Petersilie

Die Erdäpfel werden gekocht, geschält und in dünne Scheiben geschnitten.

Aus Mehl und Fett wird eine helle Einbrenn zubereitet, in der man auch die feingehackte Zwiebel mitgeröstet hat. Man gibt die geschnittenen Erdäpfel hinein und gießt, wenn vorhanden, mit Suppe oder aber mit Wasser auf, so daß die Stücke bedeckt sind. Nachdem man Salz nach Geschmack und reichlich – wenn möglich frischen – Majoran dazugegeben hat, aufkochen lassen. Es kann auch noch ein Spritzer Essig beigefügt werden.

Das Gericht wird in tiefen Tellern mit einem Stück Hausbrot serviert.

Gemüse

KUKURUZ IM ROHR

Die Kukuruzkolben werden von Blättern und Fasern befreit, mit Butter rundum eingerieben und gesalzen. Auf dem Backblech ausgelegt, werden sie bei starker Hitze unter mehrmaligem Wenden gebraten. Ganz heiß zu Tisch gebracht, mit frischer Butter bestrichen. Sie werden mit der Hand gegessen. (Der Kukuruz kann auch in Salzwasser gar gekocht werden. Gebraten schmeckt er jedoch herzhafter.)

Man nehme:

(pro Person)
2 milchige
Kukuruzkolben
Salz
Butter

PILZE VOM GRILL

Den Grill vorheizen. Die Pilze mit einem Tuch feucht abwischen, in eine Grillpfanne setzen und mit der Hälfte des Öls beträufeln. Mit der feingehackten Knoblauchzehe bestreuen und mit Salz und frisch gemahlenem Pfeffer würzen. Etwa fünf bis zehn Minuten marinieren.

Anschließend die Grillpfanne im Abstand von etwa 15 cm unter den heißen Grill schieben. Die Pilze langsam von beiden Seiten grillen; Steinpilze sechs bis sieben Minuten, die kleineren Champignons nur vier bis fünf Minuten.

Auf eine vorgewärmte Servierplatte geben, mit Petersilie bestreuen und mit dem restlichen Öl sowie dem Fond aus der Grillpfanne beträufeln. Sofort auftragen.

Man nehme:

12 Steinpilze oder
große Chamignon-
kappen
125 ml Olivenöl
1 große Knoblauch-
zehe
1 Eßlöffel feinge-
schnittene glatt-
blättrige Petersilie
Salz
frisch gemahlenen
Pfeffer

TSCHORBA MIT FLEISCHKNÖDERLN

Man nehme:

Für den Sud:
1 Karotte
1 Stange Porree
1 mittlere Sellerieknolle
1 Petersilienwurzel
60 g Tomatenmark
Salz
Pfeffer

Für die Knöderln:
800 g reines Rinderfaschiertes
2 Eier
100 g Rundkornreis

Das Gemüse putzen, kleinschneiden und in 2 l Wasser zu einem Sud kochen, der mit Salz und Pfeffer gewürzt wird.

Der Rundkornreis wird in Salzwasser gar gekocht und abgeseiht, dann mit dem Faschierten und zwei Eiern gut vermischt und mit Salz und Pfeffer gewürzt. Kleine Knöderln formen und in den kochenden Sud einlegen, jetzt erst das Tomatenmark dazurühren und kurz aufkochen.

PORREE

Man nehme:

2 kg Porree
80 g Fett
80 g Mehl
Suppe
Salz

Man befreit die Porreestangen von den äußeren groben Blättern und den Wurzeln. Dann schneidet man den sauber gewaschenen Porree in daumenbreite Stücke, die in guter Suppe kurz überdünstet werden; die Porreeringe sollen nicht auseinanderfallen! Inzwischen hat man aus Mehl und Fett eine helle Einbrenn bereitet, die mit dem Gemüse und der Suppe kurz aufgekocht wird. Sollte Salz fehlen, gibt man es dem fertigen Gericht bei.

SCHWARZWURZELN

Damit die Schwarzwurzeln während des Putzens nicht ihre weiße Farbe verlieren und rot werden, verrührt man in einer Schüssel etwas Mehl mit Wasser und fügt Essig sowie warmes Wasser dazu. In diese Mischung legt man die geputzten Wurzeln.

Aus 80 g Butter und ebensoviel Mehl macht man eine helle Einbrenn, die mit guter Suppe aufgegossen werden soll. Dazu kommen die in beliebige Stücke geschnittenen Wurzeln, die in frischem Wasser abgeschwemmt wurden. Man salzt nach Geschmack und kocht die Wurzeln weich.

Sie können mit beliebiger Sauce oder auch mit in Butter gerösteten Semmelbröseln serviert werden.

Man nehme:
1 ½ kg Schwarzwurzeln
80 g Butter
150 g Mehl
Essig
Salz

GEFÜLLTE KOHLRABI

Die Kohlrabi werden geputzt, nebeneinander in eine Kasserolle gestellt und mit leicht gesalzenem Wasser bedeckt. Halb gar gekocht, werden sie herausgehoben und zur Seite gestellt; der Kochsud wird aufbewahrt. Inzwischen läßt man in einer Pfanne zwei mittlere gehackte Zwiebeln und eine Handvoll kleingeschnittener Petersilie anrösten und gibt das Fleisch, Salz und Pfeffer und zwei bis drei Eßlöffel gekochten Reis dazu. Mit dieser Masse werden die von unten mit einem Löffel ausgehöhlten Kohlrabi gefüllt.

In einer Kasserolle läßt man zwei Eßlöffel Butter zergehen und stellt die gefüllten Kohlrabi hinein. Dann wird etwas Sud dazugegossen. Man läßt die Kohlrabi zugedeckt dünsten, bis sie weich sind und die Unterseite eine schöne braune Farbe hat. Auf einer gewärmten Schüssel anrichten und mit dem Saft übergießen, den man aus der Kochsauce unter Beigabe von ½ l Rahm, in den ein Kochlöffel Mehl eingerührt wurde, bereitet hat. Vor dem letzten Aufkochen der Sauce werden auch die kleingehackten, beim Aushöhlen übriggebliebenen Kohlrabistücke beigegeben.

Man nehme:
15 Kohlrabi
½ kg Faschiertes
Petersilie
Zwiebel
Pfeffer
Salz
Fett
Butter
Reis
Mehl
½ l Rahm

KOHLRÜBEN

Man nehme:

8 große Kohlrüben
80 g Fett
Zucker
½ Zwiebel
Suppe

Die Kohlrüben werden geschält, würfelig geschnitten und in Salzwasser halb weich gekocht.

Ein Eßlöffel Zucker im Fett braun werden lassen, die feingeschnittene Zwiebel mitrösten und die abgeseihten Kohlrüben dazugeben. Mit so viel Suppe aufgießen, daß das Gemüse bedeckt ist. Zugedeckt werden die Kohlrüben gar gedünstet. Nach Gusto salzen.

Die grünen Kohlrübenblätter wurden währenddessen (nicht zugedeckt) weich gekocht und in kaltes Wasser gelegt. Wenn das Gericht gar ist, werden sie fein geschnitten und dazugemischt. Man kann die Kohlrüben etwas stauben, oder man gibt ein aus Mehl und Butter geknetetes nußgroßes Kugerl in die Kasserolle. Unter Rühren kurz aufkochen!

GURKENGEMÜSE

Man nehme:

4-5 Gurken
80 g Fett
60 g Mehl
Salz
Dillkraut
½ l Rahm
Essig

Die geschälten Gurken werden in mundgerechte Würfel geschnitten. Gesalzen bleiben sie in einer Schüssel eine Viertelstunde stehen. Unterdessen wird aus Fett und Mehl eine Einbrenn gemacht, in die man die leicht ausgedrückten Gurkenwürfel legt. Man läßt sie etwas anrösten, übergießt mit dem Rahm und gibt ein wenig Essig dazu, rührt alles gut durch und läßt es gar kochen. In einer Schüssel anrichten.

Vor dem Servieren kommt noch ein Löffel kalter Rahm darauf, und die feingehackte Dille wird darüber gestreut.

Wie dieses Gemüse kann man auch Kürbis zubereiten, nur wird dieser dann nudelig geschnitten.

SPINAT

Man nehme:

Der Spinat wird gewaschen und in siedendem Salzwasser – nicht zudecken! – gekocht. So behält er seine grüne Farbe. Er wird abgeseiht und in kaltes Wasser gelegt, leicht ausgedrückt und durch ein Sieb passiert.

Aus Butter und Mehl macht man eine lichte Einbrenn, gibt die feingeschnittene Zwiebel und die in Salz zerdrückte Knoblauchzehe dazu, dann wird der Spinat eingerührt, mit Suppe aufgegossen, nach Gusto gepfeffert, nachgesalzen und so lange gerührt, bis er kocht. (Anstelle von Suppe kann auch Milch oder Obers zum Aufgießen verwendet werden!)

1 kg Spinat
80 g Butter
80 g Mehl
½ Zwiebel
1 Zehe Knoblauch
½ l Suppe
Salz
Pfeffer

KOHLSPROSSEN

Man nehme:

Die Kohlsprossen werden gewaschen, geputzt, und der weiße Stengelrest wird kreuzweise eingeschnitten, ohne daß das Sprosserl zerfällt. Sie werden in Salzwasser gekocht, bis sie weich sind, und in kaltes Wasser gelegt. Aus dem Mehl und der Butter wird eine ganz lichte Einbrenn bereitet, diese mit ein bis zwei Löffeln Suppe aufgegossen. Man läßt verkochen, gibt die abgeseihten Sprosserln dazu, würzt mit Gefühl und läßt noch etwas aufkochen.

1 kg geputzte
Kohlsprossen
80 g Butter
80 g Mehl
Salz
Pfeffer
Suppe

KOCHSALAT

Man nehme:

Die Kochsalathäuptel werden geviertelt, von den groben Stengeln befreit, ausgewaschen und in Salzwasser gar gekocht, dann in kaltes Wasser gelegt.

Das Mehl wird mit der Butter etwas angeröstet, der zerschnittene Salat dazugegeben, mit Suppe aufgegossen, gesalzen und gepfeffert. Unter öfterem Umrühren läßt man gut kochen. (Nach Belieben kommen die ebenfalls gekochten, ausgelösten Erbsen dazu.)

8 Häuptel Kochsalat
120 g Butter
120 g Mehl
¼ l Suppe
Salz
Pfeffer
(eventuell eine Handvoll grüne Erbsen)

KOCHSALAT

Man nehme:

4 Häuptel Kochsalat
⅛ l sauren Rahm
80 g Butter
2 Eßlöffel Mehl
Semmelbrösel
Petersilie

Jedes Kochsalathäuptel wird in vier Teile geteilt, gewaschen, alle in Salzwasser aufgekocht, aus dem Wasser genommen und auf ein Sieb gelegt. Sobald sie abgetropft sind, legt man sie auf eine warme Schüssel und übergießt mit einem Gemisch aus einigen Löffeln Sud und dem Rahm. Zum Schluß streut man die in Butter gerösteten, leicht gesalzenen Semmelbrösel darüber.

GRÜNE ERBSEN

Man nehme:

1 kg ausgelöste Erbsen
160 g Butter
Zucker
Salz
Petersilie
Mehl

In eine Kasserolle kommen die feinen Erbsen, ein Eßlöffel Zucker und 80 g Butter. Das Ganze wird mit Wasser bedeckt und zugedeckt gedünstet. Sind die Erbsen weich, fügt man eine weiße Einbrenn aus 80 g Butter und zwei Eßlöffeln Mehl dazu, salzt und bestreut mit feingehackter Petersilie. Alles wird gut gerührt. Kurz aufkochen lassen und anrichten.

BÖHMISCHE ERBSEN

Man nehme:

½ l getrocknete Erbsen
1 ganze Zwiebel
Semmelbrösel
Salz
Fett

Die getrockneten Erbsen kommen in 2 l kaltes Wasser und werden zwei Stunden lang langsam gekocht. Während des Kochens werden die Bälge nach und nach, wie sie nach oben steigen, abgenommen. Man seiht ab, salzt erst jetzt und legt die Erbsen auf eine Schüssel, wo sie mit gerösteter, feingehackter Zwiebel und gerösteten Semmelbröseln übergossen werden.

KARFIOL IN BÉCHAMEL

Man nehme:

1 großen Karfiol
Salz
80 g Butter
80 g Mehl
2 Eier
½ l Suppe
¼ l Obers
Salz
Pfeffer
Muskatnuß
200 g geriebenen Käse

Während der Karfiol (nachdem er geputzt, gewaschen und geteilt eine Viertelstunde lang in kaltem Wasser gelegen ist) in kochendes Salzwasser gegeben und weich gekocht wird, wird die Béchamel bereitet.

In 80 g Butter wird mit 80 g Mehl eine helle Einbrenn gemacht, die mit kalter Suppe und dem Obers aufgegossen wird. Dabei muß gut gerührt werden, damit keine Bröckerln entstehen. Ist die Sauce abgekühlt, wird mit Salz, geriebener Muskatnuß und Pfeffer gewürzt, der geriebene Käse untergezogen und zwei Dotter eingerührt. Mit dieser nicht zu dicken Masse wird der inzwischen gar gewordene, abgetropfte Karfiol, den man in eine feuerfeste Schüssel gelegt hat, übergossen und im Rohr gebacken.

Einige Flocken Butter darauf machen eine schöne braune Kruste!

FISOLEN

Man nehme:

1 kg grüne Fisolen
120 g Fett
120 g Mehl
½ Zwiebel
1 Zehe Knoblauch
Petersilie
Dillkraut
Essig
¼ l sauren Rahm

Die Fisolenfäden werden abgezogen, die Fisolen gewaschen und streichholzlang schief geschnitten; in Salzwasser kochen.

Unterdessen wird aus Fett und Mehl eine Einbrenn bereitet, in der man auch die feingehackte halbe Zwiebel mitrösten läßt. Den zerdrückten Knoblauch und die feingehackte Petersilie dazugeben. Nun gießt man mit Fisolensud auf, fügt einen Spritzer Essig zu und läßt aufkochen. Ist alles gut verkocht, kommen die gekochten Fisolen dazu; den Rahm und die feingeschnittene, frische Dille zusetzen. Einmal aufkochen lassen, dann servieren.

EINGEBRANNTE FISOLEN

Man nehme:

1 kg Fisolen
Mehl
Fett
1 Zwiebel
Knoblauch
Suppe
Essig
Beizkräutel
Liebstöckel
Salz
Rahm

Die Fisolen werden sauber geputzt, von den Fäden befreit, fein geschnitten und in Salzwasser zugestellt. In einer Kasserolle macht man eine blaßgelbe Einbrenn, die feingeschnittene Zwiebel und zwei zerdrückte Knoblauchzehen werden mitgeröstet und mit etwas Suppe und Essig zu einer kurzen Sauce abgerührt. Dann gibt man Beizkräutel und Liebstöckel sowie Salz dazu, läßt einmal aufkochen und nimmt die Kräuter heraus. Die gekochten Fisolen kommen jetzt dazu, und man läßt alles nochmals aufkochen. Zwei bis drei Löffel Rahm verfeinern das Gericht. Nach Bedarf wird die Einbrenn mit Suppe verlängert.

Man reicht diese Fisolen zu gekochtem Rindfleisch, Braten oder Wurst.

EINGEBRANNTE LINSEN

Man nehme:

¾ kg getrocknete
Linsen
1 Zwiebel
1 Zehe Knoblauch
80 g Fett
80 g Mehl
Suppe
Salz
Pfeffer
Beizkräutel
Essig
Zitronenschale

Man läßt die Linsen in 2 l Wasser einige Stunden weichen. Dann abseihen und in Salzwasser kochen.

Unterdessen bereitet man aus Fett, in dem bereits die Zwiebel goldgelb angelaufen ist, und Mehl eine Einbrenn, gießt mit etwas Suppe und zwei Eßlöffeln Essig auf, gibt Salz, Knoblauch und Beizkräutel dazu und läßt aufkochen. Dann wird das Beizkräutel herausgenommen und die abgeseihten Linsen dazugetan.

Vor dem Servieren noch einmal aufkochen lassen! (Ein mitgekochtes Stück Zitronenschale verfeinert den Geschmack!)

EINGEBRANNTE BOHNEN MIT GRIESS-STRUDEL

Man nehme:

¾ kg getrocknete große Bohnen
150 g Fett
½ kg Mehl
1 Ei
2 Zwiebeln
150 g Grieß
100 g Grammeln
Salz
Pfeffer

Die Bohnen, die über Nacht in reichlich Wasser eingeweicht waren, werden abgeseiht, mit frischem Wasser zugestellt und langsam weich gekocht.

Währenddessen häuft man 180 g Mehl auf das Nudelbrett, drückt in die Mitte eine Grube, schlägt das Ei hinein, gibt eine halbe Tasse Wasser und etwas Salz dazu und knetet langsam, unter bedachtsamer Beigabe von Mehl alles so lange, bis der Teig griffig wird und sich walken läßt. Er wird dann messerdick zu einem möglichst gleichmäßigen Rechteck ausgewalkt, das mit zerlassenem Fett bestrichen wird.

Darauf kommt die vorbereitete Fülle: Inzwischen wurden die zwei Zwiebeln kleingeschnitten und goldgelb geröstet. Die Hälfte kommt zu den kochenden Bohnen, in der anderen Hälfte wird der Grieß angeröstet, die Grammeln dazugegeben, gesalzen und gepfeffert. Diese Mischung wird nun, nicht zu dick, auf dem Nudelteig verteilt und alles zu einem Strudel gerollt. Mit dem Kochlöffel werden vier Finger breite Stücke abgedrückt, wobei man mit etwas in Wasser befeuchteten Fingern die Schnittflächen gut verschließt. Dann legt man diese Strudelstücke in wallendes Salzwasser ein, wo sie eine gute Viertelstunde gekocht werden. Mit der Siebschaufel herausholen und zu den inzwischen mit einer Einbrenn aus 80 g Mehl und 80 g Fett eingebrannten Bohnen geben. Darin läßt man sie eine Zeitlang bei mildem Feuer weiterkochen. Salz und Pfeffer werden nach Geschmack beigegeben.

Das Gericht wird in einer großen Schüssel zu Tisch gebracht. Die Bohnen sollen nur suppig eingedickt ein.

UNGARISCHE GEFÜLLTE PAPRIKA

Man nehme:

8 große grüne Paprika
400 g faschiertes Schweinefleisch
Reis
Salz
Pfeffer
Knoblauch
Fett
Paradeissauce

Das Faschierte wird mit Salz, Pfeffer, einer zerdrückten Knoblauchzehe und vier Eßlöffeln gekochtem Reis vermischt. Die grünen Paprika werden, nachdem man die Kappe mit dem Stengel abgeschnitten hat, von den Kernen befreit. Dann taucht man sie so lange in kochendes Wasser, bis sich die äußere Haut leicht abziehen läßt. Anschließend in kaltes Wasser legen. Stück für Stück mit der vorbereiteten Masse füllen und den Deckel, mit dem Stengel nach unten, darauf stecken. Mit der Spitze nach oben werden sie in einer mit Fett ausgestrichenen Pfanne aufgestellt und zwei Finger hoch mit Paradeissauce übergossen. Im Rohr eine Dreiviertelstunde bei mittlerer Hitze dünsten.

Man richtet die Paprika in einer tiefen Schüssel an und reicht geröstete Erdäpfel dazu.

KÜRBISKRAUT

Man nehme:

1 Kürbis (ca. 2 kg)
80 g Fett
60 g Mehl
½ l sauren Rahm
Salz
Paprika
Dillkraut

Der Kürbis wird geschält, entkernt und feinnudelig geschnitten, mit Salz bestreut und eine Viertelstunde lang zur Seite gestellt.

Aus Fett und Mehl wird eine Einbrenn zubereitet, dazu kommen die gut ausgedrückten Kürbisschnitzel; man läßt sie etwas rösten, fügt einen Großteil des Rahms und einen Spritzer Essig hinzu, rührt gut durch und läßt verkochen.

Nach Belieben wird mit Salz, etwas mildem Paprika und feingeschnittenem Dillkraut gewürzt.

Wenn das Kürbiskraut in der Schüssel angerichtet wird, gibt man obenauf einige Löffel kalten, sauren Rahm, den man vorsorglich aufgehoben hat.

GEMÜSE

ROTKRAUT

Nachdem der Strunk und die groben Rippen vom Rotkraut ausgeschnitten wurden, werden die Blätter zusammengerollt und feinnudelig geschnitten, gesalzen und mit etwas heißem Essig übergossen, gut durchgemischt und eine Viertelstunde stehengelassen. Inzwischen röstet man die feingehackte Zwiebel im Fett. Dann kommt das abgeseihte Rotkraut dazu, der Zucker, ein Teelöffel Salz und Kümmel. Alles wird gut verrührt und zugedeckt zwölf Minuten gedünstet, bevor je ¼ l Rotwein und Suppe hinzukommen. So lange zugedeckt dünsten, bis das Kraut völlig weich ist.

Man gibt die Buttersauce dazu, rührt alles gut durch und läßt verkochen. Es kann mit Salz und Essig nachgewürzt werden, das Gericht muß aber dann noch einmal aufkochen. Ein geschälter, blättrig geschnittener Apfel, der mitgedünstet wird, verfeinert den Geschmack.

Man nehme:
2 Häuptel Rotkraut
120 g Fett
1 Zwiebel
60 g Zucker
Kümmel
Salz
¼ l Rotwein
Suppe
Essig
⅛ l Buttersauce
(Universalsauce)
1 Apfel

UNGARISCHES KRAUT

Das Kaiserfleisch wird im Sauerkraut zugestellt, weich gekocht, dann herausgenommen und beiseite gestellt.

Die feingehackte Zwiebel, in ein wenig Fett goldgelb angeröstet und mit etwas Mehl zu einer lichten Einbrenn gerührt, wird mit ⅛ l Suppe und dem Rahm aufgegossen, mit Salz und Paprika gewürzt und zu einer schmackhaften Sauce verkocht. In diese wird jetzt das abgeseihte Kraut gegeben und aufgekocht.

Das Kaiserfleisch wird in Schnitten geteilt und obenauf gelegt und das Gericht direkt vom Herd in der Kasserolle zu Tisch gebracht.

Man nehme:
1 kg Sauerkraut
600 g Kaiserfleisch
1 große Zwiebel
Mehl
Salz
Paprika
¼ l Rahm
Fett
Suppe

KRAUTFLECKERLN

Man nehme:

1 Häuptel Kraut
140 g Fett
Salz
Pfeffer
Kümmel
Zucker
Fleckerln von
½ l Mehl

Das Krauthäuptel wird vom Strunk und den gröberen Blattrippen befreit, mit dem Wiegemesser sehr fein geschnitten, gesalzen, nach 20 Minuten ausgedrückt und in eine Kasserolle gelegt, in der das Fett heiß gemacht wurde. Zugedeckt und unter öfterem Rühren wird es weich gedünstet. Wenn es Farbe angenommen hat, wird das Kraut gewürzt, wobei manche Köchinnen auch eine Prise Zucker verwenden. Danach gibt man die Fleckerln, die in Salzwasser gekocht und abgeseiht wurden, dazu und läßt sie unter mehrmaligem Rühren ordentlich heiß werden.

Die Krautfleckerln werden in einer vorgewärmten Schüssel gehäuft angerichtet.

GEWICKELTES KRAUT

Man nehme:

1 Krauthäuptel
¼ kg gekochten
Schinken (es können
auch Bratenreste
verwendet werden)
120 g Butter
1 Semmel
2 Eier
Salz
Pfeffer
Fines herbes
Milch
Rahm
eventuell Paprika

Das Krauthäuptel wird in kochendes Salzwasser getaucht; danach kann man die Blätter nach und nach leicht abnehmen. Man legt sie auf ein Schneidbrett und deckt sie mit einem zweiten, mit Gewichten beschwerten Brett zu, um die Blätter schön in Form zu bringen.

Inzwischen hat man die Fines herbes in etwas Butter angeschwitzt. Die restliche Butter wird abgetrieben und der feingehackte Schinken, zwei Eier, die in Milch eingeweichte, gut ausgedrückte Semmel und einige Löffel Rahm eingerührt. Man würzt nach Geschmack und füllt mit dieser Masse Blatt für Blatt. Die Blätter wie ein Briefkuvert zusammenfalten und nebeneinander in eine mit Butter befettete Kasserolle legen, etwas Rahm darüber gießen und im Rohr dünsten. Man bringt die Krautwickler am besten in der Kasserolle zu Tisch.

Dieses Gericht kann nach Belieben mit Paprika gewürzt werden.

KRAUTSTRUDEL

Man nehme:

2 Häuptel Kraut
120 g Fett
Kümmel
Salz
Paprika
Pfeffer
Semmelbrösel
Strudelteig
Butter

Von den zwei Häupteln Kraut werden der Strunk und die Blattrippen weggeschnitten. Das Kraut wird mit dem Wiegemesser sehr fein geschnitten und zwischendurch immer wieder gesalzen.

In einer Kasserolle wird Fett heiß gemacht, das ausgedrückte Kraut hineingegeben und, nachdem man einen Kaffeelöffel Kümmel untergemischt hat, zugedeckt und unter öfterem Rühren weich gedünstet. Dann wird nach Geschmack gewürzt und die Masse beiseite gestellt, um auszukühlen.

Der auf einem Tischtuch fein ausgezogene Strudelteig (von ½ l Mehl) wird mit zerlassener Butter bestrichen und mit gerösteten Semmelbröseln bestreut. Darauf verteilt man das ausgekühlte Kraut. Dann wird der Strudel mit Hilfe des Tuches zusammengerollt, auf das gefettete Backblech gebracht und mit zerlassener Butter bestrichen. Bei starker Hitze wird der Strudel eine gut halbe Stunde im Rohr gebacken.

Für Festtage kann die Fülle durch Zugabe von ¼ kg kleingeschnittenem Schweinebraten, Schinken oder ¼ kg gebratenen, in dünne Scheiben geschnittenen Bratwürsteln verfeinert werden.

GEFÜLLTES KRAUT

Man nehme:

2 kleine Krauthäuptel
100 g Kalbfleisch
100 g gekochten Schinken
100 g Speck
50 g Rindsmark
Salz
Pfeffer
Lorbeerblatt
Zitronenschale
1 Ei
¼ l Rahm
Suppe
Butter
Semmelbrösel

Von den Krauthäupteln werden die äußeren, groben Blätter weggenommen und die Mittelstrünke herausgeschnitten. Die Strünke werden in Salzwasser blanchiert, fein geschnitten und mit dem faschierten Kalbfleisch, Speck, Schinken und Mark abgemischt. Das Ei und etwas Rahm kommen dazu, mit Salz und Pfeffer und sehr wenig gestoßenem Lorbeerblatt wird gewürzt. Auch ein wenig geriebene Zitronenschale verfeinert den Geschmack. Diese Fülle wird in die ausgehöhlten Krauthäuptel gefüllt, die Öffnung mit Blättern verschlossen, die Häuptel werden mit Spagat zugebunden und in eine Kasserolle gelegt. Mit heißer Suppe so aufgießen, daß das Kraut bedeckt ist. Langsam weich dünsten, dann wird die Flüssigkeit behutsam abgeseiht, die Häuptel vorsichtig herausgenommen, in eine mit Butter befettete Kasserolle gelegt und mit dem übrigen Rahm übergossen. Bei Mittelhitze eine halbe Stunde im Rohr weiterdünsten.

Dann werden die Häuptel auf einer vorgewärmten Schüssel angerichtet, der Spagat entfernt und der Saft, in dem sie gedünstet wurden, dazugegeben. Vor dem Servieren kommen obenauf noch in Butter geröstete, leicht gesalzene Semmelbrösel.

GEFÜLLTES KRAUT

Man nehme:

einige Krauthäuptel
Kälberfaschiertes
Schinken
Speck
Mark
Zitronen
Salz
Pfeffer
1 Ei
Rahm
Suppe
Butter
Semmelbrösel
Bratwürste

Man wählt kleine Krauthäuptel, von denen man die Stengel samt den »Kretzerln« aushöhlt und die groben Blätter wegnimmt. Die Kretzerln werden in Salzwasser blanchiert, fein geschnitten und mit etwas Kälberfaschiertem, feingeschnittenem, gekochtem Schinken, feingeschnittenem Speck und Mark, Zitronenschalen, Salz und Pfeffer, einem ganzen Ei und etwas Milchrahm vermischt.

Diese Fülle wird in die ausgehöhlten Häuptel gefüllt, die Öffnung mit Blättern verschlossen und mit Spagat überbunden, dann in eine Kasserolle gelegt und mit Suppe so aufgegossen, daß sie darüber zusammengeht. Wenn die Häuptel weich gekocht sind, wird das Wasser abgegossen, die Häuptel auf einen Teller gegeben und später in eine mit Butter befettete Kasserolle behutsam eingelegt. Der Milchrahm wird darüber gegossen, und nachdem sie ein halbe Stunde im Rohr gedünstet haben, werden die Häuptel herausgenommen und der Spagat entfernt.

In einer Schüssel anrichten, den Saft dazugeben, das Kraut mit Butter und Semmelbröseln abbrennen und mit in Stücke geschnittenen Bratwürsten garnieren.

EINGEBRANNTES KRAUT

Man nehme:

Das Kraut wird feinnudelig geschnitten und mit etwa ¼ l Essig, 1 l Wasser und je einem Kaffeelöffel Salz und Kümmel weich gekocht. Unterdessen macht man aus dem Fett, der feingehackten Zwiebel und dem Mehl eine helle Einbrenn, gießt sie mit einem Schöpfer Suppe auf und gibt auch ein wenig vom Krautwasser dazu. Das abgeseihte Kraut wird in die Einbrenn gegeben, gut verrührt und nach dem Aufkochen mit dem Rahm verfeinert.

1 großes Krauthäuptel
¼ l Essig
Salz
Kümmel
120 g Fett
1 Zwiebel
100 g Mehl
¼ l Rahm
Suppe

EINGEBRANNTER KOHL

Man nehme:

Die Häuptel werden geviertelt, gut gewaschen und, nachdem der Strunk herausgeschnitten wurde, in Salzwasser weich gekocht. Die Strünke kleinschneiden und mitkochen. Den Topf dabei nicht zudecken, da der Kohl sonst seine Farbe verliert! Wenn er gar ist, wird abgegossen.

In das heiße Fett gibt man etwas gehackte Zwiebel und ein bis zwei zerdrückte Knoblauchzehen, läßt alles gut anrösten und schüttet dann das Mehl hinein, das zu einer hellen Einbrenn geröstet wird. Nun wird mit ¼ l Suppe aufgegossen und eingekocht. Zuletzt kommen Kohl, etwas Salz und Pfeffer sowie Kümmel und ein halber Kaffeelöffel Majoran dazu. Man rührt gut durch und läßt aufkochen.

Sollte der Kohl zu dick geraten sein, verdünnt man mit etwas Suppe.

2 große Kohlhäuptel
100 g Fett
Salz
Pfeffer
Kümmel
Majoran
Knoblauch
Zwiebel
100 g Mehl
Suppe

GRÜNER KOHL

Man nehme:

4 große Kohlhäuptel
80 g Fett
2 Zehen Knoblauch
½ Zwiebel
Salz
Pfeffer
Kümmel
½ l Suppe

Der geputzte, in vier Teilen vom groben Strunk befreite Kohl wird in Salzwasser weich gekocht. Er soll dabei nicht zugedeckt werden, damit er die Farbe behält.

Aus Fett und Mehl macht man eine dunkle Einbrenn, fügt die feingehackte angeröstete Zwiebel, den in Salz zerdrückten Knoblauch und zwei, drei Fingerspitzen Kümmel dazu, gießt mit Suppe auf, würzt mit Pfeffer und gibt den gekochten Kohl dazu. Alles wird gut durcheinandergerührt.

Kohl schmeckt am besten nach dem zweiten Aufwärmen!

BRAUNER KOHL

Man nehme:

4 große Kohlhäuptel
200 g Fett
80 g Zucker
80 g Selchspeck
1 Zwiebel
2 Zehen Knoblauch
½ l Suppe
80 g Mehl
Salz
Pfeffer

Die geteilten und vorbereiteten Kohlhäuptel werden wie für den grünen Kohl gekocht.

In 120 g heißes Fett werden 80 g Zucker gegeben. Man läßt ihn braun werden und fügt den feingeschnittenen Speck und die gehackte Zwiebel dazu. Alles etwas anrösten lassen. Dann mit der Suppe aufgießen und den abgetropften, garen Kohl hineingeben; zugedeckt dünsten lassen.

Später kommt die aus 80 g Fett und ebensoviel Mehl hergestellte helle Einbrenn dazu. Nochmals aufkochen lassen.

GEDÜNSTETES SAUERKRAUT

Im heißen Fett Zucker bräunen und das feingewiegte Zwiebelhäuptel mitrösten. Dazu kommt das Sauerkraut, das man zehn Minuten lang zugedeckt dünsten läßt. So viel Suppe dazugeben, daß sie über dem Kraut zusammenschlägt. Unter öfterem Umrühren läßt man zugedeckt so lange kochen, bis die Suppe verdunstet ist. Mit etwas Salz, Kümmel und Essig würzen und etwas nachdünsten. Das Kraut soll angenehm süßlich-sauer schmecken.

Man nehme:
1 kg Sauerkraut
120 g Fett
100 g Zucker
1 Zwiebel
Essig
Salz
Kümmel
Suppe

KOLOSZVÁRER KRAUT

Man legt das Kraut in eine Kasserolle, gibt Fleisch, würfelig geschnittenen Speck und Schinken dazu, bedeckt mit Wasser, salzt etwas und läßt alles weich kochen. Wenn Fleisch und Kraut gar sind, kommt eine lichte Einbrenn hinein.

Nachdem alles aufgekocht hat, wird das Gericht in einer tiefen Schüssel angerichtet und mit Rahm übergossen. Vor dem Aufkochen können nach Gusto auch zwei bis drei Teelöffel Paprika dazugegeben werden.

Man nehme:
1 kg Sauerkraut
½ kg Schweinsschlögel
300 g rohen Schinken
150 g Speck
⅛ l Rahm
Salz
Mehl
Fett

PAPRIKAKRAUT

Das Sauerkraut wird mit etwas Wasser weich gekocht. Unterdessen bereitet man aus Fett und Mehl eine lichtbraune Einbrenn, die mit ¼ l Rahm und etwas Krautsaft aufgegossen wird. Dabei sollte fleißig gerührt werden, damit die Sauce glatt bleibt. Dann fügt man das abgeseihte Kraut hinzu, rührt je nach Geschmack Paprika ein und gibt zuletzt noch ¼ l Rahm dazu. Sollte das Kraut zu dick werden, wird mit Krautsud aufgegossen.

Dieses Kraut wird besonders schmackhaft, wenn man es zusammen mit geselchtem Schweinefleisch gar kocht, zu dem es eine ausgezeichnete Beilage ist.

Man nehme:
1 kg Sauerkraut
100 g Fett
100 g Mehl
½ l sauren Rahm
Salz
Pfeffer
Rosenpaprika
1 Zwiebel

BLAUKRAUT

Man nehme:

*1-2 Häuptel
Blaukraut
120 g Fett
60 g Zucker
1 Zwiebel
Salz
Pfeffer
Kümmel
¼ l Rotwein
Essig
Suppe
Mehl
1 Apfel
eventuell Edelkastanien*

Das Blaukraut wird geteilt und, nachdem die Rippen entfernt worden sind, nudelig geschnitten. Etwas Essig darüber gießen, mit Salz vermischen und eine Viertelstunde stehenlassen. Die Zwiebel wird fein geschnitten und geröstet, dazu kommen 60 g Zucker, ½ Kaffeelöffel Kümmel und das geschnittene Blaukraut. Nachdem alles 15 Minuten lang gedünstet hat, wird der Wein und so viel Suppe dazugegeben, daß das Kraut ganz bedeckt ist. Dann zugedeckt weich dünsten. Man schmeckt mit Salz und Essig ab und läßt noch einmal, nachdem mit ganz wenig Mehl gestaubt wurde, aufkochen.

Verfeinern kann man Blaukraut durch einen blättrig geschnittenen Apfel, der mitgedünstet wird. Werden gekochte, ausgelöste Kastanien unter das Kraut gemischt, paßt es vorzüglich zu Wildgerichten.

Mehlspeisen

BUTTERTORTE

Die Butter wird flaumig abgetrieben, der Zucker dazugemengt und nach und nach mit acht Dottern eine halbe Stunde lang gerührt. Dann mischt man den Schnee von acht Eiklar und das Mehl darunter, rührt den Teig gut ab und bäckt jeweils die Hälfte in einer gebutterten, bemehlten Tortenform bei mittlerer Hitze. Aus dem Tortenreif genommen, werden die Tortenhälften auf ein Sieb zum Auskühlen gelegt. Sie werden später so aufeinandergelegt, daß die auf dem Blech gewesene Seite nach unten beziehungsweise nach oben zeigt. Zwischen die Tortenhälften kommt Marmelade nach Geschmack. Die gleiche Marmelade wird aufgekocht und damit die Torte heiß überzogen. Nachdem sie vollkommen trocken ist, glasiert man mit Vanille- oder Zitroneneis.

Man nehme:

280 g Butter
270 g Staubzucker
10 g Vanillezucker
8 Eier
280 g Mehl
Marmelade

SANDTORTE »TANTE GUCKI«

Die Butter wird sehr lange flaumig gerührt, nach und nach gibt man fünf Dotter, den Zucker, die geriebenen Mandeln und einen Eßlöffel Rum dazu. Dann reibt man die Schale einer halben Zitrone zur Masse und mischt schließlich das steifgeschlagene Eiklar und das Mehl darunter. Gut abgerührt, kommt die Masse in die gefettete, bemehlte Tortenform und wird bei guter Hitze gebacken.

Man nehme:

280 g Butter
5 Eier
210 g Staubzucker
280 g Kartoffelmehl
10 g Mandeln
Rum
Zitrone

TOPFENTORTE

Butter und Eidotter gut abtreiben, dann gibt man den Zucker und die geschälten, feingeriebenen Mandeln dazu und rührt alles lange ab. Dann fügt man den passierten Topfen, ein wenig Vanillezucker und die geriebene Schale des Viertels einer Zitrone dazu. Den steifgeschlagenen Schnee der Eiklar vermischt man mit den Semmelbröseln, vermengt alles und bäckt die Masse in einer gebutterten, gefehten Form langsam etwa eine Stunde.

Vor dem Anrichten wird die Topfentorte mit Staubzucker bestreut.

Man nehme:

140 g Butter
140 g Staubzucker
140 g Mandeln
140 g Topfen
80 g Semmelbrösel
8 Eier
Vanillezucker
1 Zitrone

APFELTORTE

Man nehme:

250 g Mehl
200 g Butter
80 g Zucker
3 Eier
1 kg Maschanskeräpfel
Rum
Zitrone
Rosinen
Zimt

Mehl, Butter, zwei Dotter, 20 g Staubzucker und eine Messerspitze geriebene Zitronenschale werden zu einem geschmeidigen Teig verarbeitet. Während dieser an einem kühlen Platz eine halbe Stunde rastet, werden die Äpfel geschält, blättrig geschnitten und mit 60 g Zucker und zwei Eßlöffeln Rum in einer Kasserolle überdünstet. Sie kommen dann in eine Schüssel zum Auskühlen.

Die Hälfte des Tortenteiges wird stark messerdick ausgewalkt und mit dem Tortenreif ausgestochen. Dieser Tortenboden wird in die gebutterte und gefehte Tortenform gelegt. Den restlichen Teig formt man zu einem fingerdicken Teigreifen, den man in der Form rundum in gleicher Höhe festdrückt. In diese Teigform kommen jetzt die überkühlten Äpfel, die man mit Zimt und Rosinen bestreut. Aus dem Teigrest werden dünn ausgewalkte, fingerbreite Streifen geschnitten, die man gitterförmig auf die Torte legt. Zuletzt wird sie mit verschlagenem Ei bestrichen.

Bei mäßiger Hitze wird diese Torte eine gute halbe Stunde gebacken.

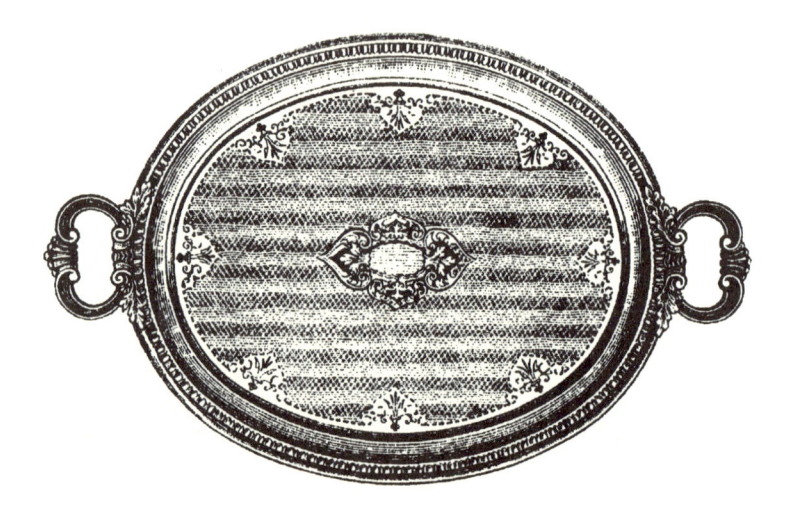

WEINTORTE

Man nehme:

280 g Staubzucker
280 g Mandeln
18 Eier
⅛ l Wein
¹⁄₁₆ l Weingeist
Zimt
1 Orange

Der Staubzucker wird mit 18 Eidottern flaumig abgetrieben, dann mischt man die geschälten, feingeriebenen Mandeln, eine Prise Zimt, die geriebene Schale einer Orange und den Schnee von acht Eiklar dazu. Gut abgemischt, wird diese Masse in der gebutterten und gefehten Tortenform eine Stunde lang bei mittlerer Hitze gebacken.

Bevor man die Torte zu Tisch bringt, gießt man ein wenig Wein darüber. Nachdem sich dieser eingesaugt hat, bestreut man die Torte mit Staubzucker, gießt ein wenig Weingeist darüber, entzündet ihn und serviert die Torte brennend.

FEINE ERDÄPFELTORTE

Man nehme:

180 g Zitronenzucker
9 Eier
180 g Erdäpfelmehl
1 Zitrone

Für die Fülle:
2 Eier
70 g Staubzucker
100 g Butter
Kaffee
50 g Pignolien

Der Zucker und die Eidotter werden mit dem Saft einer Zitrone eine Stunde lang gerührt. Dann werden Eischnee und Erdäpfelmehl vorsichtig untergemischt. In der gebutterten, gefehten Tortenform wird die Masse bei mittlerer Hitze eine Dreiviertelstunde gebacken. Nach dem Erkalten wird die Torte in drei Blätter geschnitten, die, mit Creme bestrichen, wieder aufeinandergelegt werden.

Die Creme bereitet man aus zwei Eidottern, die mit Zucker und zwei Eßlöffeln türkischem Kaffee über Dunst bis zum Dickwerden gerührt werden. Dann gibt man in die noch warme Masse die weiche Butter. Wenn die Creme ganz glatt ist, wird sie vom Dunst genommen und bis zum Erkalten weitergerührt.
Auf die mit Kaffeeglasur überzogene Torte streut man reichlich blättrig geschnittene Pignolien.

ERDÄPFELTORTE »MARIANDL«

Man nehme:

160 g Staubzucker
9 Eier
80 g Mandeln
40 g Zitronat
Orangenschale
Zimt
Nelken
½ kg Erdäpfel
Butter
weiße Semmelbrösel

Die Erdäpfel werden sauber gewaschen und in der Schale im Rohr gebacken.

Währenddessen wird der Staubzucker eine halbe Stunde mit den Dottern abgerührt. Wenn diese Mischung schön cremig geworden ist, werden die mit der Schale feingeriebenen Mandeln, das feingeschnittene Zitronat, je eine Messerspitze feingehackte Orangenschale, Zimt und eine gestoßene Nelke dazugerührt. Wenn die Erdäpfel gar sind, werden sie geschält, passiert und mit der Dottermasse vermengt (ca. eine Viertelstunde), zuletzt wird der Schnee untergezogen.

Man füllt diese Masse in die mit Butter bestrichene und mit weißen Semmelbröseln ausgefehte Form und bäckt die Torte bei mittlerer Hitze etwa eine Stunde. Sie wird beliebig glasiert oder nur mit Staubzucker bestreut.

WIENER TORTE

Man nehme:

280 g Butter
8 Eier
240 g Staubzucker
280 g Mehl
1 Zitrone
Marillenmarmelade

Die abgetriebene Butter wird mit vier Dottern und vier ganzen Eiern sowie dem Zucker und einer Messerspitze feinstgehackte Zitronenschale – alles nach und nach beigegeben – eine halbe Stunde lang gerührt. Dann kommt das Mehl dazu. Auf tortengroßen Papierblättern, die man mit Butter bestrichen hat, wird die Masse fingerhoch verteilt. So viele Blätter, wie der Teig ergibt, werden auf das Backblech gelegt und im Rohr bei mittlerer Hitze gebacken. Von den völlig erkalteten Tortenblättern zieht man vorsichtig das Papier ab. Blatt für Blatt bestreicht man mit Marmelade. Das letzte Blatt wendet man, damit die glatte, auf dem Papier gelegene Seite oben liegt.

Mit einem scharfen Messer schneidet man die Tortenränder rundum gleichmäßig und überzieht die Torte mit weißer Glasur.

KAFFEECREMETORTE

Der Zucker wird mit den Dottern sehr flaumig abgetrieben. Dann zieht man das Mehl und den festen Schnee von sechs Eiklar unter und füllt diese Masse in die befettete, gefehte Tortenform. Im Rohr wird die Torte langsam eine Dreiviertelstunde bei mittlerer Hitze gebacken. Aus der Form genommen, auf dem Sieb ausgekühlt, wird die Torte umgedreht und in drei Blätter geschnitten, die mit Kaffeecreme gefüllt und überzogen werden. Man verziert die Torte mit gerösteten Kaffeebohnen.

Für die Creme werden Dotter, Staubzucker, Vanillezucker, je fünf Eßlöffel Obers und ganz stark eingekochter schwarzer Kaffee im Schneekessel so lange geschlagen, bis die Masse dick wird. Dann stellt man den Schneekessel in kaltes Wasser und schlägt weiter, bis die Masse völlig ausgekühlt und steif ist. In einer Schüssel treibt man jetzt die Butter sehr flaumig ab, vermischt die beiden Massen löffelweise und stellt die Creme, nachdem sie gut verrührt wurde, wieder für eine halbe Stunde in den Kühlschrank. Dann erst wird sie verwendet.

Man nehme:

140 g Staubzucker
10 g Vanillezucker
8 Eier
60 g Mehl
50 g Stärkemehl
geröstete Kaffeebohnen

Für die Creme:
140 g Staubzucker
⅛ l Obers
240 g Butter
7 Eier
⅛ l türkischen Kaffee
10 g Vanillezucker

BLITZTORTE

Die Butter wird mit 50 g Zucker schaumig gerührt. In einem zweiten Gefäß rührt man drei ganze Eier und 40 g Zucker ebenfalls schaumig ab. Dann vermischt man beide Massen, gibt das Reismehl dazu und reibt die halbe Schale der Zitrone in den Teig. Ist alles gut vermengt, wird die Torte in einer gut gefetteten, gefehten Form im mittelheißen Rohr etwa 45 Minuten lang gebacken.

Die Torte auf einem Gitter auskühlen lassen, dann zweimal durchschneiden, mit Marillenmarmelade bestreichen, zusammensetzen und mit Staubzucker bestreuen.

Man nehme:

140 g Butter
90 g Staubzucker
100 g Reismehl
3 Eier
1 Zitrone
Marillenmarmelade

INDIANERTORTE

Man nehme:

250 g Staubzucker
160 g Mehl
6 Eier
¼ l Schlagobers
50 g Vanillezucker
70 g Schokolade
50 g Butter

Die Dotter werden mit dem Zucker eine halbe Stunde lang gerührt. Dann zieht man das Mehl und den Schnee unter, gibt die Masse in einen gefetteten, gestaubten Schneekessel und bäckt sie darin. Auf ein Gitter gestürzt, läßt man die Torte auskühlen. Dann schneidet man sie in der Mitte quer durch und höhlt den oberen runden Teil mit einem Löffel ordentlich aus, ohne die Form zu zerstören. Jetzt füllt man die Torte mit dem geschlagenen Obers, das man mit Vanillezucker gemischt hat. In einer Kasserolle weicht man die Schokolade auf, verrührt sie gut mit der Butter, gießt diese Glasur über die Rundung und läßt sie seitlich verlaufen. Die Torte soll vor dem Servieren gut gekühlt werden.

MÜRBE TORTE

Man nehme:

280 g Butter
350 g Mehl
140 g Staubzucker
4 Eier
Marmelade

Man treibt die Butter recht flaumig ab, gibt die Dotter in die Masse, unter die man abwechselnd Mehl und Zucker mischt. Gut abgerührt, wird der Teig in einer gestaubten Tortenform zu schöner Farbe gebacken. Dann bestreicht man die Torte mit beliebiger heißer Marmelade. Nachdem diese ausgekühlt und wieder fest geworden ist, gibt man den Schnee, den man mit ein wenig Staubzucker sehr steif geschlagen hat, darüber, verteilt ihn gleichmäßig glatt oder trägt ihn mit dem Dressiersack in zierlichen Mustern auf. Dann wird die Torte noch einmal ins laue Rohr geschoben, wo sie so lange bleibt, bis der Schnee etwas Farbe zeigt.

Der mürbe Teig läßt sich besser erst nach frühestens 24 Stunden schneiden, da er sonst noch spröde ist und leicht zerbröckelt.

BRÖSELTORTE »TANTE ANNIE«

Butter, Zucker und Mehl werden am Brett mit zwei Dottern, einem ganzen Ei und dem Saft einer halben Zitrone zu einem glatten Teig verarbeitet. Nachdem dieser eine Viertelstunde gerastet hat, wird er zu drei Tortenblättern ausgewalkt, die man nach dem Backen auf dem gefetteten und bemehlten Blech mit Marmelade bestreicht und aufeinanderlegt. Die Torte wird gut überzuckert serviert.

Man nehme:
280 g Mehl
280 g Butter
140 g Staubzucker
3 Eier
1 Zitrone
Marmelade

KAISERMELONE

Am Vortag bäckt man einen Biskuitteig. Dieser wird in einer Schüssel aus dem Staubzucker und acht nach und nach dazugeschlagenen Dottern eine halbe Stunde lang gerührt, worauf man den Schnee von acht Eiklar und das Mehl unterzieht. Auf ein befettetes und gefehtes Blech gestrichen, bäckt man das Biskuit bei mittlerer Hitze goldgelb und läßt es am Blech bis zum nächsten Tag kühl stehen. Dann schneidet man den Kuchen zu daumennagelgroßen Würfeln.

Im Schneekessel verrührt man acht Dotter, vier ganze Eier, ein wenig Staubzucker und ⅙ l Obers gut. Ist alles ordentlich abgesprudelt, werden die Biskuitwürfel hineingegeben und kurz untergerührt. In einer befetteten und gefehten Melonenform wird die Masse eine Stunde im Dunst gekocht, dann auf den passenden Teller gestürzt, in Schnitten geschnitten und mit Schlagobers serviert.

Man nehme:
20 Eier
160 g Staubzucker
140 g Mehl
¼ l und ⅙ l Obers

POLENTATORTE

Der Zucker wird mit den Dottern gut abgetrieben. Dann wird der Polentagrieß eingerührt und zuletzt der Schnee beigemengt.

In der gebutterten, gefehten Tortenform wird die Torte langsam gebacken, erkaltet aufgeschnitten, mit Marillenmarmelade gefüllt und mit beliebigem Eis überzogen.

Man nehme:
140 g Staubzucker
100 g feinen Polentagrieß
4 Eier
Marillenmarmelade

STEIRERTORTE

Man nehme:

6 große Äpfel
320 g Staubzucker
170 g Butter
210 g Mehl
8 Eier
Zimt
Zitrone
Salz

Man schält die ausgesucht großen Äpfel, schneidet sie in kleine Stücke und dünstet sie mit 70 g Zucker und einer Prise Salz zu einer dicken Salse. Während diese auskühlt, bereitet man den Tortenteig. Dazu arbeitet man 110 g Staubzucker, die Butter, das Mehl und vier passierte, hartgekochte Dotter unter Beigabe einer Prise Zimt und etwas geriebener Zitronenschale zu einem schönen Teig ab. Diesen drittelt man und bäckt drei Tortenblätter, die mit der Apfelsalse gefüllt und aufeinandergelegt werden. Auf das oberste Blatt kommt der Schnee von vier Eiklar, den man mit 140 g Staubzucker steif geschlagen hat. Noch einmal ins Rohr gebracht, läßt man die Schneehaube langsam trocknen und etwas Farbe gewinnen.

ZITRONENTORTE »IRENE«

Man nehme:

210 g Butter
210 g Mehl
40 g Mandeln
40 g Staubzucker

Für die Fülle:
190 g Mandeln
140 g Staubzucker
2 Zitronen
1 Ei

Aus der Butter, dem Mehl, dem Staubzucker und 40g geriebenen Mandeln wird auf dem Brett ein Teig bereitet und in zwei Hälften geteilt. Die erste Hälfte verteilt man auf dem gefetteten, gefehten Tortenboden und stürzt das so gewonnene Tortenblatt auf das bemehlte Brett, setzt es wieder in den Ring, fettet und bestaubt es noch einmal und formt aus der zweiten Hälfte den Tortenboden.

Auf diesen kommt die Fülle, zu der man 140 g geriebene Mandeln mit 140 g Staubzucker und dem Saft von zwei Zitronen abgemischt hat. Man reibt auch noch die Schale einer halben Zitrone dazu. Diese Masse verteilt man gleichmäßig auf dem Tortenboden, deckt ihn mit dem vorbereiteten Tortenblatt zu, bestreicht dieses mit versprudeltem Ei und bestreut es mit den restlichen Mandeln, die man in kleine Stifte geschnitten hat.

Die Torte wird im Rohr langsam gebacken und nach dem Auskühlen mit Staubzucker bestreut angerichtet.

SCHOKOLADEBISKUITTORTE

Butter und Zucker werden flaumig abgetrieben, dann mit der im Rohr erweichten Schokolade und sieben Dottern nach und nach vermischt. Mit dem Eischnee kommen die Semmelbrösel und die mit der Schale geriebenen Mandeln dazu. Alles wird gut verrührt und in der gefetteten, bemehlten Tortenform gebacken. Nach dem Auskühlen wird die Torte mit Schokoladeglasur überzogen.

Man nehme:

150 g Butter
150 g Staubzucker
150 g Schokolade
7 Eier
150 g Mandeln
20 g Semmelbrösel

ALLERFEINSTE BISKUITTORTE

Der Zucker, vier ganze Eier und vier Dotter werden im Schneekessel über Dunst so lange heiß geschlagen, bis die Masse dick wird. Dann nimmt man den Kessel vom Dunst und schlägt die Masse weiter mit der Schneerute, bis sie kalt ist. Erst jetzt werden der Schnee von vier Eiklar und das Mehl sorgfältig untergezogen. In eine gebutterte, gefehte Tortenform gegeben, bäckt man die Torte bei mittlerer Hitze etwa eine Stunde. Aus der Form genommen, auf dem Sieb ausgekühlt, wird sie mit beliebiger Glasur überzogen.

Man nehme:

140 g Staubzucker
8 Eier
120 g Mehl
Vanillezucker

TRAUNKIRCHNER SANDTORTE

Die Butter wird sehr flaumig abgetrieben, dann rührt man nach und nach den Zucker, die feingehackte Schale je einer halben Zitrone und Orange sowie den Saft einer halben Zitrone dazu. Jetzt wird auch das Mehl gleichzeitig mit dem festen Schnee untergerührt. Die glatt abgemischte Masse kommt in eine gebutterte, gefehte Tortenform und wird im Rohr bei mittlerer Hitze eine Dreiviertelstunde gebacken. Aus dem Reif genommen und auf ein Sieb gestellt, läßt man sie auskühlen und überzieht sie erst dann mit beliebiger Glasur.

Man nehme:

80 g Butter
140 g Staubzucker
140 g Mehl
3 Eier
1 Zitrone
1 Orange

Dieser Teig eignet sich auch sehr gut für Kirschen- oder Weichselkuchen. Dazu läßt man die trockenen Früchte vor dem Backen in die Masse einsinken.

SONNENTHALTORTE

Man nehme:

150 g Butter
150 g Staubzucker
150 g Mehl
1 Ei

Für die Fülle:
1 Ei
1 Ei schwer Staubzucker
Mandeln
Haselnüsse

Zucker, Butter, Mehl und ein Ei werden auf dem Nudelbrett zu einem glatten Teig verarbeitet, aus dem man drei gleich große Tortenblätter bäckt. Diese werden mit einer Fülle bestrichen, die man aus dem Schnee von einem Eiklar sowie einem Ei schwer geriebenen Mandeln, geriebenen Haselnüssen und Staubzucker rührt. Dann wird die Torte zusammengesetzt, mit Zitroneneis überzogen und an der Luft getrocknet.

BROTTORTE

Man nehme:

200 g Staubzucker
180 g Mandeln
120 g schwarzes Brot
8 Eier

Acht Dotter werden mit 100 g Staubzucker schaumig gerührt. Die mit der Schale geriebenen Mandeln und das geröstete Brot werden fein untergemischt. Zur Masse kommt noch der Schnee von acht Eiklar, der mit 100 g Staubzucker steif geschlagen wurde. Diese Masse wird in der gebutterten, gefehten Tortenform im Rohr langsam gebacken.

Die Torte kann beliebig mit Konfitüre gefüllt und mit Zuckereis überzogen werden.

MOZARTTORTE

Man nehme:

210 g Butter
210 g Staubzucker
280 g Mandeln
70 g Mehl
3 Eier
Nelken
Muskatblüte
Zimt
Zitrone

Butter und Zucker werden flaumig abgetrieben, ein ganzes Ei und zwei Dotter werden leicht eingerührt. Dann reibt man die Schale einer Zitrone in den Teig und würzt diesen mit je einer Messerspitze gemahlenen Nelken, Zimt und Muskatblüte. Die mit der Schale geriebenen Mandeln und das glatte Mehl werden danach dazugemischt.

In einer mit Butter befetteten, gut gefehten Tortenform wird die Torte sehr langsam gebacken. Man kann sie mit Zitroneneis oder Schokoladeglasur (wie bei der Sachertorte) überziehen.

Notabene

Um Torten und Bäckereien ein schöneres Aussehen zu geben, überzieht man sie mit verschiedenen Glasuren, die in alten Kochvorschriften auch „Eis" genannt werden, ohne etwas mit Gefrorenem zu tun zu haben. Zum Beeisen kann man die Glasuren verschieden einfärben. Mit Hilfe einer kleinen, aus Butterbrotpapier gedrehten Tüte, deren Spitze man abgeschnitten hat, kann man zusätzlich Verzierungen anbringen.

Dazu gibt man jeweils einen Kaffeelöffel der Farbglasur in das vorbereitete Stanitzel, schlägt dieses oben mehrmals um und befördert dann durch sanften Druck der Finger die benötigte Menge Eis aus der Öffnung.
Das Zeichnen von Mustern mit Glasur sollte man vorher auf einem Bogen weißen Papiers üben.

Gekaufte kandierte Blüten und Früchte dienen ebenfalls zur zierlichen Dekorierung.

Cremetorten überzieht man auch außen mit der Fülle, von der man einen Teil aufbewahrt hat. Mit einem Dressiersack und passender Tülle kann man die Torte reich verzieren. Wer geschickt ist, kann auch Schriften, die zu manchen Anlässen passen, direkt auf die Torte schreiben.

Wer dies noch nicht so recht wagt, behilft sich mit einem Stück Oblate. Diese wird auf die gewünschte Größe zurechtgeschnitten und dient als Schreibunterlage. Sollte dabei etwas mißlingen, ist es keine große Mühe, die Schrift auf einer neuen Oblate zu wiederholen.

KRITZENDORFER TORTE

Man nehme:

80 g Butter
220 g Staubzucker
8 Eier
Mehl
5 Mandeln
1 kg abgerebelte Ribiseln

Man rührt aus einem Dotter, der Butter, einem Eßlöffel Staubzucker und zwei Eßlöffeln Mehl einen Teig. Die acht Eiklar werden zu einem sehr festen Schnee geschlagen, dem nach und nach 200 g Staubzucker untergemischt werden. Der feste Zuckerschnee wird mit dem Teig gut vermengt, danach werden die sauber gerebelten trockenen Ribiseln vorsichtig daruntergemischt. Zuletzt gibt man die fünf feingeschnittenen Mandeln in die Masse, die in einer gut gefetteten, gefehten Tortenform sehr langsam gebacken wird.

MARASCHINOTORTE

Man nehme:

140 g Mehl
160 g Staubzucker
8 Eier

Für die Fülle:
3 Eier
³⁄₁₆ l Milch
120 g Staubzucker
150 g Butter
Mehl
Maraschinolikör
Vanillezucker
Kirschenmarmelade

Die Dotter werden mit 80 g Zucker schaumig gerührt, dann zieht man den mit dem restlichen Zucker steifgeschlagenen Schnee unter und mischt löffelweise das Mehl zur Masse.

In der gebutterten, gefehten Tortenform wird die Torte im mittelheißen Rohr etwa 40 Minuten gebacken. Auf ein Sieb legen und auskühlen lassen, dann wird die Torte zweimal durchgeschnitten und mit der Maraschinocreme gefüllt.

Für die Creme werden unter fleißigem Umrühren drei Dotter, ³⁄₁₆ l Milch, zwei Eßlöffel Mehl und 120 g Zucker aufgekocht. Man rührt bis zum Auskühlen weiter und fügt etwas Vanillezucker und zwei Stamperl Maraschinolikör dazu. Zum Schluß rührt man 150 g Butter schaumig in die Creme.

Die gefüllte Torte wird mit Kirschenmarmelade bestrichen und mit Zitroneneis überzogen.

ILSETORTE

120 g Zucker werden mit den Dottern dickschaumig gerührt und mit dem Schnee von sieben Eiklar, die mit dem restlichen Zucker sehr steif geschlagen wurden, vermengt. Beide Sorten Mehl werden gemischt, in die Masse gesiebt und leicht untergezogen. Von dieser Masse gibt man ein Drittel in eine Schüssel und verrührt sie mit der feingeriebenen Schokolade.

In die gebutterte, gefehte Tortenform wird jetzt vorsichtig abwechselnd eine Lage weißer und schwarzer Teig gefüllt, so daß sieben Schichten entstehen. Die Torte im nicht zu heißen Rohr etwa 50 Minuten backen. Nach dem völligen Erkalten überzieht man sie mit Marillenmarmelade, über die man Zuckereis streicht.

Man nehme:

180 g Staubzucker
75 g Mehl
75 g Kartoffelmehl
7 Eier
2 Rippen Kochschokolade
Marillenmarmelade

TEGETTHOFFTORTE

Die Butter wird flaumig abgetrieben, mit dem Staubzucker verrührt und nach und nach mit den Dottern vermischt. Die Kastanien hat man gebraten, geschält und passiert. Danach werden sie mit einer Prise feingemahlenem Kaffee gemischt. Zum Schluß wird noch der sehr steife Schnee von zwölf Eiklar beigegeben. Diese Masse wird zu zwei gleichen Teilen bei mittlerer Hitze im Rohr gebacken. Die beiden Tortenblätter auf ein Sieb legen und erkalten lassen.

Inzwischen rührt man für die Fülle die 80 g gebratenen, passierten Kastanien mit 80 g Staubzucker und vier Eßlöffeln Rum gut durch, vermischt den Schnee von zwei Eiklar mit der Masse und streicht sie zwischen die Tortenblätter. Die ganze Torte wird wieder vorsichtig aufs gefettete Blech gelegt und mit dem Schnee von vier Eiklar, den man gut mit 160 g Staubzucker, den gehackten Pignolien und Pistazien vermengt hat, überzogen. Mit den restlichen grobgehackten Pistazien bestreut, wird die Torte im offenen Backrohr ungefähr 15 Minuten übertrocknet.
Auf Tortenpapier gelegt und auf den passenden Teller gebracht, ist sie ein besonders festlicher Nachtisch.

Man nehme:

240 g Butter
320 g Staubzucker
320 g Kastanien
16 Eier
1 Prise Kaffee

Für die Fülle:
80 g Kastanien
240 g Staubzucker
6 Eier
Rum
20 g Pignolien
50 g Pistazien

WIENER KONGRESSTORTE

Man nehme:

140 g Mandeln
140 g Mehl
140 g Staubzucker
140 g Butter
50 g Pistazien
1 Ei

Für die Fülle:
½ Mokkatasse Kaffee
½ l Schlagobers
Staubzucker

Die mit der Schale geriebenen Mandeln werden mit dem Mehl, dem Zucker und der Butter unter Beigabe eines Dotters auf dem Brett gut abgearbeitet. Den gekneteten Teig läßt man eine Stunde rasten, teilt ihn dann in fünf gleiche Teile und bäckt in der Springform aus jedem ein dünnes Tortenblatt. Wenn alle fünf Blätter fertig sind, füllt man sie – Lage für Lage – mit folgender Oberscreme:

Man schlägt ½ l Schlagobers unter Beigabe von ein bis zwei Eßlöffeln Staubzucker schnittfest und zieht dann vorsichtig eine halbe Mokkatasse sehr starken, ausgekühlten Kaffee darunter. Oder man mischt zwei Kaffeelöffel mehlfein gemahlenen Kaffee in das geschlagene Obers.

Die gefüllte Torte wird mit der restlichen Oberscreme überzogen und mit gehackten Pistazien bestreut.

HIMBEERTORTE

Man nehme:

200 g Staubzucker
100 g Mehl
40 g Butter
7 Eier
¼ l Obers
½ kg Himbeeren

Die Dotter werden über Dunst mit 100 g Zucker lauwarm geschlagen und bis zum Erkalten weitergerührt. Dann werden die flüssige, aber nicht heiße Butter, der Schnee und zuletzt das Mehl vorsichtig daruntergemengt.

Diese Masse wird in der gebutterten, gefehten Tortenform im mittelheißen Rohr gebacken. Nach dem Erkalten wird sie zweimal durchgeschnitten. Von dem mit 100 g Zucker steifgeschlagenen Obers nimmt man etwa ein Viertel, mischt die sauberen, trockenen Himbeeren darunter und füllt damit die Tortenblätter.

Die Oberseite der Torte wird mit dem Obers hübsch dressiert, mit Himbeeren verziert, sehr kühl gestellt und bald serviert.

SCHWARZE LINZER TORTE

Auf dem Brett werden Butter, Zucker, Mehl und die feingeriebenen Mandeln sowie die erweichte Schokolade rasch zu einem Teig abgearbeitet. In der gefetteten und gefehten Tortenform wird aus diesem Teig ein Boden geformt, wobei man genügend zur Seite gibt, um daraus fingerdicke Nudeln zu formen, die gitterförmig auf den Tortenboden gelegt werden. Man kann das Gitter auch mittels des Dressiersacks durch die größte Tülle aufbringen. Langsam backen, dann das Gitter mit Marmelade füllen.
Die Torte soll vor dem Genuß mindestens ein bis zwei Tage kühl aufbewahrt werden.

Man nehme:

280 g Butter
280 g Staubzucker
280 g Mehl
210 g Mandeln
210 g Schokolade
3 Eier
Ribiselmarmelade

WEISSE LINZER TORTE

Die Butter wird eine halbe Stunde lang flaumig abgetrieben, eines nach dem anderen werden neun Dotter und dann noch ein ganzes Ei untergerührt. Die geriebenen Mandeln, Staubzucker und Mehl werden dazugegeben und der Teig ordentlich abgearbeitet. Dann läßt man ihn 30 Minuten rasten. Auf dem bemehlten Blech walkt man ihn fingerdick aus und schneidet mit Hilfe des Tortenreifs einen passenden Tortenboden, den man in die gut gebutterte Springform einlegt und die Oberseite mit versprudeltem Ei bestreicht.
Aus dem Rest des Teiges rollt man kleinfingerstarke, längliche Nudeln, mit denen man die Torte gitterförmig belegt und am Rand rundum einfaßt. Auch das Gitter wird mit Ei bestrichen, dann kommt die Torte eine Dreiviertelstunde ins Rohr. Nach dem völligen Erkalten werden die Zwischenräume des Gitters mit Ribiselmarmelade ausgefüllt.

Man nehme:

280 g Butter
11 Eier
280 g Staubzucker
280 g Mandeln
280 g Mehl
Ribiselmarmelade

LINZER TORTE »TANTE MARIANDL«

Man nehme:

280 g Butter
280 g Mehl
280 g Mandeln
280 g Staubzucker
Ribiselmarmelade
Zimt
Muskatnuß
Gewürznelken
4 Eier

Die ungeschälten Mandeln werden fein gerieben und mit Mehl, Butter und Zucker gut verarbeitet, wobei die gestoßenen Gewürze und vier Dotter dazukommen. (Zimt nimmt man ca. 2 Teelöffel, ½ Teelöffel Muskatnuß, 3 bis 4 Nelken, doch soll man die Gewürzmischung kosten und nach persönlichem Geschmack gebrauchen.)

Der Teig ist sehr rasch zubereitet. Die Hälfte wird kleinfingerdick auf das Tortenblech gestrichen, darauf kommt Ribiselmarmelade. Dann wird der restliche Teil ausgewalkt, in Streifen geschnitten und quer in Gitterform darübergelegt. Die Torte wird eine Stunde lang »kühl« gebacken und dann mit Staubzucker bestreut.

Linzer Torten werden nach einigen Tagen noch besser!

TRAUNKIRCHNER TORTE

Man nehme:

250 g Butter
280 g Mehl
80 g Staubzucker
10 g Vanillezucker

Für die Fülle:
70 g Staubzucker
90 g Marillenmarmelade
3 Eier

Die Zutaten werden auf dem Brett gut abgearbeitet, der fertige Teig dann in vier gleiche Teile geteilt, dünn zu gleich großen Tortenblättern ausgewalkt und gebacken. Nach dem Abkühlen werden die Blätter mit der aus dem steifen Schnee, Staubzucker und Marillenmarmelade gerührten Fülle bestrichen und aufeinandergelegt.

Die Torte muß einige Tage kühl rasten und wird dann, mit Staubzucker bestreut, angerichtet.

Notabene

Ein hinreißendes Finale entscheidet oft über den Erfolg einer kulinarischen Rhapsodie. Komponiert wurde schon alles, sie müssen nur die Noten von einfachen Keksen, Germbäckereien, Schnitten, Strudeln, Krapfen bis hinauf zu den krönenden Torten lesen und spielen lernen. Erlauben Sie nochmals einen musikalischen Vergleich - es heißt halt üben, fleißig üben, bis zur Konzertreife.

Ihre Gäste werden Ihre Meisterschaft bewundern und Sie mit den sonst gebotenen Gerichten loben und preisen. Bevor Sie an das süße Werk gehen, noch eine liebe, wahre Geschichte. Frau von Z. war eine Dame der Wiener Gesellschaft, die von ihrer Kochkunst so überzeugt war, daß sie alles selbst zubereitete und ihrer Köchin nur die niederen Dienste überließ. Neben dem Kochen war das Versammeln berühmter Leute an ihrem Tisch ihr wichtigstes Anliegen. Endlich war es ihr gelungen, den Komponisten Richard Strauss zu einer Zusage zu einem Diner in ihrem Haus zu bringen.

Das Menü war langwierig und „bemüht". Richard Strauss überstand es mit Fassung, wandte sich aber beim Abschied an die Gastgeberin: „Gnädige Frau, Ihre Linzer Torte war einmalig, ich habe mir nachreichen lassen, ich liebe Linzer Torten, aber so eine köstliche habe ich schon lange nicht gegessen!" Frau von Z. war fast sprachlos über des Meisters Lob: „Sie sind ein Schmeichler ..." Strauss: „Das bin ich nicht, ich habe die Torte gelobt, aber kein Wort gesagt über das übrige Essen!"

ESTERHÁZYTORTE

Man nehme:

200 g Mandeln
170 g Staubzucker
6 Eier

Für die Fülle:
250 g Butter
150 g Staubzucker
50 g Mehl
¼ l Milch
4 Eier
Vanillezucker

Für die Glasur:
Zuckereis
Schokoladeglasur

Sechs Eiklar werden zu einem steifen Schnee geschlagen, dem nach und nach die geschälten, geriebenen Mandeln und 170 g Zucker beigegeben werden. Von dieser Masse bäckt man sechs bis acht dünne, goldgelbe Tortenblätter.

Diese Blätter werden mit folgender Creme gefüllt: Vier Dotter werden mit 150 g Zucker, 50 g Mehl und der Milch mit etwas Vanillezucker unter ständigem Rühren kurz aufgekocht und dann zum Auskühlen beiseite gestellt. Die Butter wird schaumig gerührt und löffelweise in die erkaltete Creme gemischt.

Nun wird das oberste Tortenblatt mit Zuckereis überzogen und die Schokoladeglasur mit Hilfe eines kleinen Papierstanitzels in daumenbreiten Abständen kreisförmig von der Mitte aus aufgespritzt. Die noch warme Schokolade wird zu einem hübschen bogenförmigen Muster geformt, indem man einen Messerrücken sanft vom Zentrum aus zum Tortenrand zieht.

RADETZKYTORTE

Man nehme:

240 g Butter
560 g Staubzucker
240 g Mehl
18 Eier
320 g gekochte Kastanien
30 g Pistazien
30 g Pignolien
1 Messerspitze Kaffee
2 Eßlöffel Rum
Hohlhippen zur Verzierung

240 g Butter werden flaumig abgetrieben, 30 g Zucker und nach und nach 16 Eidotter dazugegeben. Alles wird gut verrührt. 320 g gekochte Kastanien werden passiert und mit einer Messerspitze feingeriebenen Kaffees und dem Schnee von zwölf Eiklar in den Butterabtrieb leicht eingemischt. Aus dieser Masse werden zwei gleich große Tortenblätter in mit Butter befetteter und gefehter Tortenform bei starker Hitze etwa eine gute halbe Stunde im Rohr gebacken.

Nach dem Backen werden die Reifen von der Tortenform genommen und die Teigblätter zum Auskühlen auf ein Sieb gelegt. Sind sie ausgekühlt, werden vier Eßlöffel passierte Kastanien, 80 g Zucker, der Schnee von zwei Eiklar und zwei Eßlöffel Rum verrührt und auf die eine Platte gegeben. Gut verteilen! Die zweite Platte kommt darauf, und diese nunmehr gefüllte Torte wird auf ein Blech gelegt.

Jetzt wird aus vier Eiklar sehr steifer Schnee geschlagen, 160 g Staubzucker untergezogen und je 20 g Pistazien und

Pignolien daruntergerührt. Diese Masse wird gleichmäßig über die Torte verteilt, mit Staubzucker bestreut und mit den restlichen geteilten Pignolien und Pistazien besteckt. Dann wird die Torte im offenen Backrohr etwa 15 Minuten übertrocknet. Danach kommt die Torte auf einen schönen Aufsatz und wird ringsum von der Seite mit Hohlhippen besteckt, die Kanonen vorstellen sollen.

SACHERTORTE

Die Schokolade wird in einem Töpfchen im Rohr erweicht. Unterdessen wird die Butter gut abgetrieben, dann die weiche Schokolade hineingegeben und gerührt, bis alles kalt ist. Jetzt werden Zucker, das Mehl und die Eigelb nach und nach dazugemischt, danach der Schnee untergezogen. Eine mit Butter befettete Tortenform wird mit dem Teig gefüllt und etwa eine Stunde im Rohr gebacken. Nach dieser Zeit wird der Tortenreif entfernt, die Torte kühlt aus. Erst nun wird sie ganz dünn mit heißer Marillenmarmelade bestrichen. Nachdem auch diese kalt geworden ist, wird die Torte mit einer Schokoladeglasur überzogen.

Für die Glasur 120 g Kochschokolade im Wasserbad erwärmen, mit 80 g Butter glatt verrühren und mit einem feuchten Messer rasch auf der Torte verstreichen.

Man nehme:
160 g Schokolade
160 g Butter
160 g Staubzucker
160 g Mehl
6 Eier

Sachermasse 1
300 g Zucker
200 g Butter
200 g Mehl
200 g Schokolade
10 Eiweiß
10 Dotter
Vanille

Sachermasse 2
140 g Butter
160 g Zucker
180 g Schokolade
8 Dotter
8 Eiweiß
120 g Mehl
Vanille

Sachermasse 3
800 g Butter
420 g Kakao
850 g Zucker
450 g Mehl
36 Dotter
36 Eiweiß
Vanille

SPANISCHE WINDTORTE

Man nehme:

5 Eier
170 g Staubzucker
10 g Stärkemehl

Fünf Eiklar werden mit dem Zucker und dem Stärkemehl über Dampf so lange gerührt, bis die Masse sehr fest und beinahe schnittfähig ist. Vom Dampf genommen, schlägt man weiter, bis die Windmasse ausgekühlt ist. Auf das Tortenblech legt man weißes Schreibpapier, auf das man mit Hilfe des Tortenreifens drei Kreise gezeichnet hat. Mit dem Spritzsack trägt man jetzt von innen nach außen in einer Spirale ohne Zwischenräume die Windmasse auf, bis der ganze Kreis gefüllt ist. Man hebt etwas Masse auf, mit der man nach Belieben mit der passenden Tülle Blumen, Rosetten oder Arabesken auf das Papier spritzt, um später die Torte damit zu dekorieren.

Im kühlen, offenen Rohr wird jetzt der Spanische Wind getrocknet. Er soll ganz weiß bleiben. Wenn alle drei Blätter und die Verzierungen trocken sind, werden sie vom Papier genommen. Dies ist sehr einfach, wenn man die Tortenblätter mit dem anhaftenden Papier behutsam wendet und dieses mit einem feuchten Schwamm mit ganz wenig kaltem Wasser benetzt und es dann leicht abzieht. Die Blätter werden mit Kaffeecreme (siehe Kaffeecremetorte) gefüllt und aufeinandergelegt. Obenauf werden jeweils mit einem Tupfer Windmasse die vorbereiteten Verzierungen angebracht.

Aus dieser Spanischen Windmasse lassen sich auch Ringe für den Weihnachtsbaum spritzen, die man vor dem Trocknen mit buntem Streusel bestreut.

DOBOSTORTE

Man nehme:

110 g Staubzucker
10 Eier
80 g Butter
60 g Mehl
50 g Weizendunst

Für die Fülle:
200 g Butter
300 g Schokolade
Zimt
80 g Zucker

In einem Schneekessel verrührt man 110 g Staubzucker, sechs ganze Eier und vier Dotter mit der Schneerute über Dunst (dabei wird der Schneekessel auf eine passende Kasserolle aufgesetzt, in der sich kochendes Wasser befindet). Man schlägt, bis die Mischung dick geworden ist. Dann wird der Kessel vom Dunst genommen, und man fügt 80 g zerlassene, aber nicht heiße Butter, 60 g Mehl und 50 g Weizendunst bei. Alles wird gut abgerührt. Dieser Teig wird messerrückendick auf zwei bis drei gefettete und gestaubte Backbleche gestrichen. Die Masse bei mittlerer Hitze langsam backen, mit einem Tortenreifen fünf Platten stechen, mit Schokoladecreme füllen.

Für die Creme wird die Schokolade auf einem Teller im Rohr erweicht und mit 200 g Butter und einer Prise Zimt flaumig abgetrieben.

Die einzelnen bestrichenen Platten werden aufeinandergesetzt, und auch die oberste Platte wird dünn mit Creme bestrichen. Dann die Torte mit gebranntem Zucker übergießen. (Man gibt 80 g Zucker in eine Kasserolle und läßt ihn auf dem Feuer, bis er flüssig und lichtbraun ist.) Das Übergießen muß sehr flink vor sich gehen!

Wenn die Glasur erstarrt ist, teilt man sie mit einem heißen Messer in gleichmäßige Stücke, um das spätere Aufschneiden zu erleichtern.

GISELATORTE

Man nehme:

250 g Butter
250 g Staubzucker
250 g Mandeln
120 g Mehl
8 Eier
½ Zitrone
Vanille

Die Butter wird flaumig abgetrieben, dazu kommen der Zucker, vier Dotter, die feingestifteten Mandeln und die feingehackte Schale einer halben Zitrone. Das Ganze wird zehn Minuten lang abgerührt. Dann werden der Schnee von acht Eiklar und das Mehl leicht daruntergerührt.

Von diesem Teig bäckt man vier Tortenblätter, die später mit heißer Marmelade bestrichen und aufeinandergelegt werden. Das oberste Blatt kann mit einer beliebigen Glasur überzogen werden.

KRONPRINZENTORTE

Man nehme:

180 g Butter
140 g Staubzucker
9 Eier
180 g Mandeln

Für die Fülle:
5 Eier
120 g Vanillezucker
180 g Butter
160 g Schokolade
Reismehl

Butter, Zucker und neun Eidotter werden sehr flaumig abgetrieben. Dann werden die geschälten, geriebenen Mandeln und der Schnee von neun Eiklar untergemischt. Aus dieser Masse bäckt man vier Tortenblätter.

Diese werden nach dem Auskühlen mit folgender Creme gefüllt: Man schlägt fünf ganze Eiklar mit 120 g Vanillezukker und einem Eßlöffel Reismehl im Schneekessel über dem Feuer oder im heißen Wasserbad, bis die Masse dick ist. Nach dem Auskühlen wird sie mit dem Abtrieb von 180 g Butter und 160 g Schokolade vermischt.

Die gefüllte Torte wird mit Schokoladeeis überzogen.

KAISERGUGELHUPF

Man nehme:

280 g Butter
280 g Mehl
50 g Zucker
14 Eier
⅛ l Obers
20 g Germ
10 Mandeln, gestiftelt
Salz
Vanillezucker

Die Butter muß sehr flaumig gerührt werden. 14 Dotter, drei Löffel Vanillezucker, vier Löffel lauwarmes Obers und die Germ werden mit einer Prise Salz ebenfalls abgerührt und dann gut mit der flaumigen Butter vermischt. Wenn man aus sieben Eiklar einen festen Schnee geschlagen hat, wird er zugleich mit dem Mehl unter die Masse gezogen.

Eine große Gugelhupfform wird mit der Butter befettet und den stiftelig geschnittenen Mandeln ausgelegt. Dann wird die Form bis zur Hälfte mit Teig gefüllt, den man aufgehen läßt und dann langsam bäckt. Nach dem Stürzen gleich mit Vanillezucker bestreuen.

FEINER GUGELHUPF

Die Butter wird flaumig abgetrieben, nach und nach kommen die Eidotter dazu, danach 40 g Staubzucker und ½ Teelöffel Salz. In ¼ l Milch löst man 20 g Germ auf und stellt das Dampfl an einen warmen Ort. Nach zehn Minuten werden alle Zutaten mit 560 g Mehl so lange geschlagen, bis sich der Teig vom Löffel löst. Zuletzt werden noch der Schnee von zwei Eiklar und die Rosinen daruntergezogen. Dann wird eine gut gefettete, mit Mehl gestaubte Gugelhupfform bis zur Hälfte gefüllt; man deckt mit einem Hangerl zu und wartet, bis der Teig noch einmal so hoch geworden ist. Nun kommt der Gugelhupf bei mittlerer Hitze in das Rohr, wo er eine Stunde lang gebacken wird. Wenn er fertig ist, wird er gestürzt und, ausgekühlt, mit Staubzucker bestreut.

Man nehme:

280 g Butter
10 Eier
¼ l Milch
20 g Germ
560 g Mehl
140 g Rosinen
Salz
Zucker

BISKUITGUGELHUPF

Man rührt das Erdäpfelmehl mit den Dottern, dem Zucker und etwas Vanillezucker eine gute halbe Stunde. Dann kommt der Saft einer halben Zitrone dazu und zugleich der Schnee von vier Eiklar. Diese Masse wird in die gefettete und gefehte Gugelhupfform gegeben und im Rohr gebakken. Beim Anrichten wird der Gugelhupf reichlich mit Staubzucker bestreut.

Man nehme:

210 g Staubzucker
50 g Erdäpfelmehl
6 Eier
1 Zitrone
Vanillezucker

INDIANERKRAPFEN

Der Zucker wird mit den Dottern flaumig gerührt, dann werden der Schnee von fünf Eiklar und das Stärkemehl untergezogen. In einer Indianerform oder Spiegeleierform, die gebuttert und gefeht wurde, wird genügend Teig (der soll nicht übergehen) eingefüllt. Die Indianer werden im Rohr langsam gebacken. Erkaltet, werden sie an der Außenseite mit Schokoladeglasur überzogen und jeweils zwei, in der Mitte mit reichlich Schlagobers gefüllt, serviert.

Man nehme:

150 g Staubzucker
8 Eier
140 g Stärkemehl
Schlagobers
Schokoladeglasur

Man nehme:

200 g Butter
240 g Mehl
6 Eier
40 g Zitronat
40 g Pistazien
40 g Haselnüsse
40 g Rosinen
40 g Mandeln
40 g Schokolade

BISCHOFSBROT

Die Butter wird mit den Dottern flaumig abgetrieben. Die übrigen Zutaten werden kleingeschnitten, die Mandeln gestiftelt und die Schokolade gewürfelt. Das Ganze wird mit dem Abtrieb, dem Mehl und dem Eischnee vermischt. In ein Wandel gefüllt, wird das Bischofsbrot im Rohr gebakken. Dann herausstürzen, ordentlich zuckern, in fingerdikke Stücke schneiden und anrichten.

Man nehme:

180 g Butter
180 g Staubzucker
180 g Mehl
10 Eier
100 g Mandeln
100 g Rosinen

ROSINENKUCHEN

Die Butter wird fein abgetrieben, später rührt man den Zukker, das Mehl und vier Dotter unter. Zum Schluß wird der Schnee von vier Eiklar untergezogen. Auf dem befetteten, gefehten Blech wird der Teig verteilt und gebacken.

Inzwischen schlägt man sechs Eiklar zu einem festen Schnee und zuckert ihn nach Gusto mit Staubzucker. Ist der Kuchen halb fertig, streicht man den Eischnee darüber und streut die Rosinen und die gestiftelten Mandeln darauf, schiebt den Kuchen wieder ins Rohr und bäckt ihn fertig. Dann wird er in beliebige Schnitten geteilt.

Man nehme:

160 g Staubzucker
10 Eier
80 g Mehl
80 g Weizendunst
120 g Butter

SANDKUCHEN FEINER ART

Über Dunst werden im Schneekessel der Zucker, sechs ganze Eier und vier Dotter so lange geschlagen, bis die Masse dick ist (sie darf aber nie zum Kochen kommen!). Vom Dunst genommen, wird sie bis zum Erkalten weitergeschlagen, dann rührt man das Mehl und die zerlassene, aber nicht heiße Butter unter.

Die Masse wird in eine gebutterte, gefehte Form gefüllt und langsam gebacken. Nach dem Auskühlen wird sie fest überzuckert oder nach Belieben glasiert.

REHRÜCKEN

Die Dotter werden mit dem Zucker flaumig abgetrieben. Dann zieht man den geschlagenen Schnee unter und mischt die Semmelbrösel, die geriebene Schokolade und die mit der Schale geriebenen Mandeln dazu. Jetzt würzt man mit der geriebenen Schale einer halben Zitrone und einem Kaffeelöffel Rum. Alle Zutaten werden leicht verrührt und dann in die befettete und gefehte Rehrückenform gefüllt. Nach dem Backen wird der Rehrücken mit Schokoladeglasur überzogen und zierlich mit Pignolien geschmückt. Rehrücken wird auch gerne mit geschlagenem Obers angeboten.

Man nehme:
8 Eier
140 g Staubzucker
140 g Mandeln
100 g Schokolade
40 g Semmelbrösel
Zitrone
Rum
Pignolien

PRAGER KIRSCHENKUCHEN

In einer Schüssel wird das Fett mit dem Zucker gut abgetrieben. Dann gibt man nach und nach die Dotter, ein wenig Obers und ganz langsam das Mehl unter die Masse. Zuletzt wird der sehr fest geschlagene Schnee untergezogen. Ein mit einem Rand versehenes Blech wird gut befettet und mit Semmelbröseln gefeht. Man gießt den Teig darauf und verteilt ihn gleichmäßig mit der Teigkarte. Er wird dicht mit Kirschen belegt und im gut heißen Rohr gebacken. Vor dem Servieren wird der Kirschenkuchen noch reichlich mit Staubzucker bestreut.

Man nehme:
270 g glattes Mehl
3 dl Obers
6 Eier
70 g Fett
70 g Staubzucker
Kirschen
Semmelbrösel

NIKOLSBURGER TOPFENKUCHEN

Der Topfen wird fein passiert, mit einem Eidotter, einigen Löffeln Staubzucker und sechs bis acht geriebenen bitteren Mandeln abgerührt. Auf dem Nudelbrett bereitet man den Teig aus Mehl und Butter, wozu noch ein halber Becher laues Wasser kommt, in dem man ein Ei gut verquirlt hat. Der glatte Teig wird in zwei Hälften geteilt. Die erste Hälfte wird zu einem runden, dünnen Fladen gewalkt, den man auf weißes, gebuttertes Papier legt und auf das Backblech gibt. Darauf verteilt man, einen ganz schmalen Rand freilassend, die Topfenfülle. Nun wird die zweite Teighälfte ausgewalkt, obenauf gelegt und der Topfenkuchen in das heiße Backrohr geschoben. Wenn er gebacken ist, bestreut man ihn noch warm mit Vanillezucker.

Man nehme:
140 g Topfen
140 g glattes Mehl
140 g Butter
2 Eier
Staubzucker
Vanillezucker
bittere Mandeln

TOPFENKUCHEN

Man nehme:

140 g Butter
140 g Mehl
2 Eier
Milch
Essig
Salz

Butter und Mehl werden zuerst gut abgebröselt, dann mit einem ganzen Ei, einem Löffel Milch, einer Prise Salz und einem kleinen Löffel Essig zu einem geschmeidigen Teig abgearbeitet. Nach einer halben Stunde Rasten wird die Hälfte des Teiges ausgewalkt und auf das befettete Blech gebreitet. Darüber kommt reichlich Topfenfülle (siehe diese) und darauf die zweite ausgewalkte Teighälfte. Man bestreicht diese mit Ei und bestreut mit Staubzucker. Nachdem man den Teig an mehreren Stellen mit einer Gabel eingestochen hat, wird der Kuchen ins Rohr geschoben, gebacken und in gefällige Stücke geschnitten.

FEINE TOPFENFÜLLE

Man nehme:

280 g Topfen
2 Eier
80 g Staubzucker
50 g Mandeln
3-4 bittere Mandeln
70 g Sultaninen

Der feinpassierte Topfen wird mit allen Zutaten und den geriebenen Mandeln gut abgetrieben.

MÄHRISCHER WEICHSELKUCHEN

Man nehme:

200 g Butter
200 g Staubzucker
200 g Mehl
4 Eier
1 Zitrone
Salz
Weichseln

Die Butter wird schaumig gerührt, dann mit den Dottern, dem Mehl, dem Staubzucker sowie der abgeriebenen Schale einer halben Zitrone abgemischt. Wenn der Teig gut glatt ist, gibt man noch eine Prise Salz dazu und zieht den Schnee unter. Aus einem halben Bogen mit Butter bestrichenem Pergamentpapier macht man sich eine Backform, indem man rundherum je zwei Finger breit nach oben faltet und an die vier Ecken Stecknadeln steckt, um alles zusammenzuhalten. Diese Papierform wird auf das Backblech gelegt und der Teig darin gleichmäßig mit dem Messer verstrichen. Dann belegt man den Kuchen dicht mit Weichseln (oder Kirschen) und läßt ihn im Backrohr schön goldgelb backen. Ist er fertig, wird er mit Zucker reichlich bestreut, in Stücke zerteilt, vom Papier genommen und angerichtet.

ZWETSCHKENKUCHEN

Das Fett und die Dotter werden eine halbe Stunde lang abgetrieben, dann rührt man das Mehl ein und zieht den steifen Schnee unter. Ein Backblech mit Rand wird gebuttert und mit Semmelbröseln gefeht. Darauf gießt man den Teig, verteilt ihn gleichmäßig und belegt ihn mit entkernten, in Achtel geschnittenen Zwetschken, die Schale nach unten. Zum Backen braucht er bei mittlerer Hitze etwa eine Dreiviertelstunde. Am Blech noch warm geteilt, nimmt man die Stücke nach dem Erkalten mit der Tortenschaufel auf, richtet sie auf einem Teller an und bestreut sie reichlich mit Zucker.

Man nehme:

100 g Fett
100 g Staubzucker
100 g Mehl
6 Eier
Zwetschken
Semmelbrösel

ZWETSCHKENKNÖDEL

Auf einem Brett wird das Mehl mit 20 g Butter abgebröselt, dann mit den übrigen Zutaten abgearbeitet. Dazu kommen eine Prise Salz und so viel Milch wie notwendig, um den Teig geschmeidig zu machen. Den Teig eine halbe Stunde zugedeckt rasten lassen! Dann wird er auf bemehltem Brett dünn ausgewalkt und in gleichmäßige Vierecke geschnitten, die der Größe der Zwetschken entsprechen müssen.

Die Zwetschken werden gut gewaschen, mit einem Tuch abgewischt, auf den Teig gelegt, der um die Früchte herumgeschlagen wird. Mit den Händen Knödel formen und auf ein mit Mehl gestaubtes Brett legen. Eine Viertelstunde vor dem Servieren werden die Knödel in wallendes Salzwasser eingelegt und zehn Minuten zugedeckt gekocht.

Währenddessen hat man 80 g Semmelbrösel in 160 g Butter gut geröstet. Die abgeseihten Zwetschkenknödel werden darin gut herumgerollt und in einer Schüssel, mit Zucker und Zimt bestreut, serviert.

Man nehme:

300 g Mehl
180 g Butter
250 g Topfen
2 Eier
⅛ l Milch
Zwetschken
80 g Semmelbrösel
Salz

Man nehme:

Blätterteig
24 Maschansker-
äpfel
Marillenmarmelade
Zucker
Zimt
1 Ei

APFELCHARLOTTE

Die Äpfel werden geschält, die Kerngehäuse ausgeschnitten und die Äpfel in Spalten geteilt. Sie kommen in eine Kasserolle, werden etwas gezuckert und dann, ohne Zugabe von Wasser, so lange gedünstet, bis ihre Flüssigkeit verdunstet ist. Dann gibt man einige Eßlöffel Marillenmarmelade dazu, rührt alles gut durch und kocht Äpfel und Marmelade kurz auf. Wenn diese Apfelmarmelade ausgekühlt ist und der vorher zubereitete Blätterteig eine Stunde lang gerastet hat, wird dieser auf einem mit Mehl bestaubten Brett messerdick ausgewalkt, in zwei gleich große Rechtecke geschnitten, von denen man das eine vorsichtig auf den Nudelwalker aufrollt und dann auf dem mit Wasser benetzten Backblech wieder ausrollt. Darauf wird die Apfelfülle so verteilt, daß ein daumenbreiter Rand bleibt. Nun wird das zweite Teigblatt ebenfalls mit Hilfe des Nudelwalkers über der Fülle so abgerollt, daß die Ränder der beiden Teigblätter sich decken. Dabei soll aber die Seite, die auf dem Brett gelegen ist, nach oben kommen. Die Ränder werden jetzt zart aneinandergerückt, das obere Teigblatt mehrfach mit dem Messer eingestochen und mit versprudeltem Ei bestrichen, wobei die Ränder daumenbreit trocken bleiben müssen.

Die Charlotte wird jetzt im heißen Rohr eine gute halbe Stunde lang gebacken. Wenn der Teig halb fertig ist, wird die Charlotte mit feingestoßenem Zucker bestreut und dann erst fertig gebacken. Sieht der Zucker glasartig aus und hat die Charlotte eine appetitliche braune Farbe, wird sie aus dem Rohr genommen, mit einem dünnen Messer vom Blech gelöst und gleich in beliebige Stücke geschnitten. Diese werden auf einer Schüssel angerichtet.

HASELNUSSROULADE

Der Zucker wird mit sieben Dottern und einem ganzen Ei abgetrieben. 250 g geriebene Haselnüsse werden mit den Semmelbröseln sowie mit dem Schnee von sieben Eiklar vermischt und die Masse auf einem Backblech mit Rand auf ein Backpapier, das gebuttert und gefeht wurde, gleichmäßig aufgetragen. Im Rohr gebacken, wird der Teig noch warm mit der Fülle bestrichen und durch vorsichtiges Aufheben des Papiers zur Roulade eingedreht. Diese wird auf einen passenden Porzellanteller gelegt, überzuckert und in gefällige Stücke geteilt.

Für die Fülle wird das Obers sehr fest geschlagen, der Vanillezucker und die restlichen geriebenen Haselnüsse werden untergezogen. Man kann von dieser Fülle auch etwas aufbewahren, die Roulade außen dünn damit überziehen und danach mit geriebenen Haselnüssen bestreuen.

Man nehme:
150 g Staubzucker
8 Eier
350 g Haselnüsse
140 g Semmelbrösel
¼ l Obers
50 g Vanillezucker

KRONPRINZ-RUDOLF-SCHNITTEN

Staubzucker und Eidotter werden eine Stunde lang gerührt. Dann kommen die feingeriebenen Mandeln und zwei Eiklar dazu. Wenn alles gut vermengt ist, wird der Schnee von acht Eiklar und das Mehl zu gleicher Zeit untergezogen. Dieser Teig wird auf dem gebutterten Blech drei Messerrücken dick aufgestrichen und lichtgelb gebacken. Nun wird er in der Hälfte geteilt, die eine Hälfte mit beliebiger Marmelade bestrichen und die andere daraufgelegt. Zart andrücken und mit einer Glasur überziehen, für die man den Saft einer halben Orange mit 80 g Staubzucker gut verrührt hat.

Die Schnitten werden zu hübschen Rhomben geschnitten und mit halben Weichseln, Angelikastücken und gespaltenen Mandeln phantasievoll verziert.

Man nehme:
320 g Staubzucker
16 Eier
320 g Mandeln
120 g Mehl
Marmelade

Für die Glasur:
1 Orange
80g Staubzucker

Zum Verzieren:
kandierte Weichseln
Angelika
grüne Mandeln

MAULTASCHEN

Man nehme:

280 g Mehl
220 g Butter
6 Eier
⅛ l Rahm
150 g Mandeln
140 g Staubzucker

Man bereite den Teig auf dem Nudelbrett, indem man das Mehl, 140 g Butter, zwei Dotter und nach Bedarf etwas Rahm ordentlich abarbeitet. Dann walkt man ihn aus und streicht die restlichen 80 g Butter darüber, legt den Teig mehrfach zusammen und läßt ihn rasten. Inzwischen bereitet man die Fülle aus grobgeriebenen Mandeln, die mit dem Zucker und drei Dottern ordentlich abgerührt wurden. Dann wird der Teig dünn ausgewalkt und mit der Fülle bestrichen. Jetzt schneidet man den Teig in gleich große Quadrate, legt jeweils zwei, Fülle auf Fülle, aufeinander, bestreicht die Maultaschen mit versprudeltem Ei und bäckt sie auf dem gefetteten Backblech goldgelb.

WIENER TASCHERLN

Man nehme:

560 g Mehl
560 g Stabzucker
370g Butter
Semmelbrösel
Mandeln
4 Eier
Ribiselkonfitüre
Hagelzucker

Butter, Mehl und Zucker werden mit einer Handvoll Semmelbrösel und geriebenen Mandeln unter Beimischung der Dotter auf dem Brett gut abgearbeitet. Dieser Teig soll eine halbe Stunde kalt rasten, dann wird er zwei Messerrücken dick ausgewalkt. Man sticht runde Tascherln aus, füllt sie mit einem Löffel Ribiselkonfitüre und legt sie zusammen. Die Ränder, die man mit Eiklar bestrichen hat, werden gut verschlossen. Auf dem befetteten und gefehten Backblech werden die Tascherln ausgelegt, mit Eiklar bestrichen und mit Hagelzucker bestreut. Bei mittlerer Hitze im Rohr bakken.

STEFANIEKRAPFERLN

Man nehme:

140 g Mandeln
280 g Staubzucker
8 Eier
Schlagobers

Die feinstgeriebenen, passierten Mandeln werden mit 140 g Staubzucker und vier Dottern gut verrührt. Von acht Eiklar wird ein steifer Schnee geschlagen, dem man zuletzt 140 g Staubzucker zugibt und gut verschlägt. Zuckerschnee und Mandelmasse werden vermischt und in den Dressiersack mit großer Sterntülle gefüllt. Auf das Backblech breitet man weißes Papier und dressiert darauf kleine, gleichmäßige Krapferln, die man überzuckert und im heißen Rohr etwa 15 Minuten trocknet. Noch warm, löst man sie vom Papier und drückt mit einem kleinen Löffel eine Vertiefung in die Seite, die auf dem Papier war.

Nach dem gänzlichen Erkalten füllt man je zwei Krapferln mit steifgeschlagenem Schlagobers. Sie lassen sich auch mit verschiedenen Cremes gut füllen.

BRANDTEIGKRAPFERLN

Man nehme:

70 g Butter
70 g Staubzucker
280 g Mehl
7 Eier
⅟₁₀ l Milch
Salz

Man lasse in einer Kasserolle die Milch mit der Butter und dem Zucker sowie eine Prise Salz aufkochen, gebe nach und nach das Mehl dazu und rühre so lange, bis sich ein fester Teig bildet, der sich von der Kasserolle und dem Löffel löst. Den Teig in einer Schüssel auskühlen lassen. Erst dann rührt man nach und nach vier Dotter und zwei ganze Eier in die Masse. Auf dem bemehlten Nudelbrett formt man kleine runde Krapfen und setzt diese auf ein mit Butter befettetes Blech, bestreicht sie mit verschlagenem Ei und läßt sie im Rohr bei mittlerer Hitze backen. Wenn sie ordentlich aufgegangen sind, zieht man das Blech heraus, bestreut die Krapfen mit Staubzucker, schiebt sie wieder ins Rohr und bäckt sie gar.

Herausgetan, läßt man die Krapfen ganz auskühlen, schneidet sie in der Mitte durch und füllt die Hälften beliebig mit Marmelade, Creme oder Schlagobers.

LINZER KOLATSCHEN

Man nehme:

280 g Butter
5 Eier
140 g Staubzucker
280 g Mandeln
280 g Mehl
Marmelade

Nachdem man die Butter flaumig gerührt hat, werden der Staubzucker, ein ganzes Ei und vier Dotter untergemischt. Dann nach und nach die geriebenen Mandeln sowie das Mehl dazurühren und die Masse gut abarbeiten. Der Teig wird ausgewalkt, in Quadrate geschnitten, zu Kolatschen gelegt, auf das gefettete Blech gegeben und mit Eiweiß bestrichen. Mit dem Finger drückt man in jede Kolatsche in der Mitte eine kleine Vertiefung, die nach dem Backen mit einem Löfferl beliebiger Marmelade gefüllt wird.

GERMKNÖDEL

Man nehme:

½ kg Mehl
20 g Germ
1 Ei
10 g Butter
½ l Milch
Salz
Zucker
¼ kg Powidl

Zum Servieren: geriebenen Mohn, geriebenen Lebkuchen oder Semmelbrösel sowie heiße Butter

Das Mehl kommt in einen Weitling, in der Mitte wird eine Vertiefung gemacht, in die man ⅛ l laue Milch (in der man mit etwas Zucker die Germ aufgelöst hat) schüttet. Dieses Dampfl muß ordentlich gehen, bevor die übrige Milch, das Ei, die Butter und eine Prise Salz hineingetan und zu einem festen Teig abgeschlagen werden. Den fertigen Teig läßt man, wenn er sich vom Kochlöffel löst, an einem warmen Ort gehen. Ist er drei bis vier Finger hoch gestiegen, wird er in gleichmäßigen Stücken auf ein bemehltes Nudelbrett gebracht und mit den Fingern auseinandergezogen. In die Mitte kommt ein Eßlöffel Powidl. Nun wird der Teig fest darüber verschlossen. Man formt schöne Knödel und legt sie auf dem bemehlten Brett zum Gehen auf. Zehn Minuten vor dem Anrichten kommen sie in siedendes Salzwasser. Während des Kochens wendet man die Knödel mehrmals, damit sie auf beiden Seiten gleichmäßig garen. Die fertigen Germknödel werden mit einem Schaumlöffel auf eine gewärmte flache Schüssel gehoben und nach Gusto mit Mohn, gerösteten Semmelbröseln oder geriebenem Lebkuchen bestreut, gezuckert und mit reichlich heißer Butter übergossen. Sie sollen gleich zu Tisch gebracht werden.

Als Hauptspeise rechnet man zwei, als Nachspeise je einen Knödel pro Person.

WEINTEIG

Nach und nach wird das Mehl mit dem Wein zu einem glatten Teig verrührt. Später gibt man noch eine Prise Salz und einen Eßlöffel Öl dazu, rührt den Teig wiederum glatt und zieht dann den Schnee von vier Eiklar unter.

Man nehme:

½ l Mehl
½ l Weißwein
4 Eier
Öl
Salz

GEBACKENE MÄUSE

Wenn der bereitete Teig um ein Drittel aufgegangen ist, werden die sauberen Rosinen untergemischt. Dann wird immer wieder ein Eßlöffel voll Teig so herausgenommen, daß er auf einer Seite schön rund, auf der anderen aber langgezogen ist (das Mäuseschweiferl!). Auf diese Weise wird der Teig Löffel für Löffel in heißes Fett eingelegt. Die Mäuse werden bei öfterem Rütteln goldgelb gebacken.

Herausgehoben, einen Augenblick lang auf Löschpapier gelegt, werden sie auf einer Schüssel angerichtet und mit Zucker bestreut.

Man nehme:

Germteig
160 g Rosinen

SÜSSE POFESEN

Man entrindet die Semmeln sorgsam, halbiert sie und schneidet die Hälften so tief mit dem Messer ein, daß man ein oder auch zwei Teelöffel Powidl hineinfüllen kann. Danach werden die Pofesen in kalte Milch getaucht, in die versprudelten Eier getunkt und in den Semmelbröseln gut paniert. Sie werden dann, in heißem Fett schwimmend, herausgebacken.

Vor dem Anrichten wird Vanillezucker oder eine Zimt-Zukker-Mischung darübergestreut.

Man nehme:

4 Semmeln
½ l Milch
¼ kg Powidl
2 Eier
Semmelbrösel
Fett
Vanillezucker
Zimt

KUGL AUS NUDELN

Man nehme:

600 g Bandnudeln
4 Eier
100 g Zucker
50 g Zimt
150 g Rosinen
100 g Walnüsse
100 g Margarine
50 g Honig
Salz

Die Nudeln in Salzwasser weich kochen, abseihen, im Sieb abschrecken und abtropfen lassen.

Die Eier mit dem Zucker schaumig schlagen, den Zimt, eine Prise Salz und die zerlassene Margarine einrühren und alles mit den Nudeln vermischen. Die Hälfte dieser Masse wird in eine gefettete Auflaufform gefüllt. Mit den gewaschenen Rosinen und den gehackten Nüssen bestreuen und mit dem erwärmten Honig übergießen. Die restliche Nudelmasse kommt darüber, und der Kugl wird im Rohr bei 170 Grad etwa 40 Minuten gebacken.

Mit Staubzucker bestreuen, portionsweise aus der Pfanne stechen und nach Belieben warm oder kalt servieren.

SCHOKOLADEBROT

Man nehme:

140 g Butter
140 g Staubzucker
140 g Schokolade
110 g Mehl
6 Eier

Die Butter wird mit dem Zucker flaumig abgetrieben. Nach und nach werden die Dotter, die feingeriebene Schokolade und zuletzt das Mehl untergerührt. Zuletzt kommt noch der Schnee von vier Eiklar dazu, und die gut verrührte Masse wird in einer reichlich befetteten Wandelform sehr langsam gebacken. Mit Staubzucker bestreut, in fingerdicke Schnitten geteilt, richtet man das Schokoladebrot an.

DAMPFNUDELN MIT EIERCREME

Man nehme:

100 g Butter
5 Eier
560 g Mehl
30 g Germ
Milch
⅛ kg Butter
Salz

Für die Eiercreme:
¼ l Obers
3 Eier
30 g Vanillezucker

Die Butter wird in einer Schüssel flaumig abgetrieben, nach und nach rührt man zwei ganze Eier sowie drei Dotter ein. Dann gibt man die aufgelöste Germ, das Mehl und so viel Milch dazu, wie der Teig braucht, um sich gut abschlagen zu lassen. Obenauf mit etwas Mehl bestreut und mit einer Serviette bedeckt, läßt man ihn jetzt an einem warmen Ort rasten. Auf dem bemehlten Brett teilt man dann den Teig in mehrere Stücke, rollt jedes davon zu einer daumendicken Rolle, von der man mit dem Messer die 3-4 cm langen Nudeln schneidet. In die Kasserolle, in die man fingerhoch Milch gegossen hat, werden jetzt Stück für Stück die Nudeln, die man vorher in zerlassener Butter gewendet hat, sehr eng aneinandergesetzt. So läßt man sie noch einmal ordentlich aufgehen. Dann erst bäckt man die Nudeln im heißen Rohr zu schöner Farbe, während man auf dem Herd die Eiercreme als Überguß bereitet.

Dafür wird das Obers im Schneekessel über Dampf mit drei Dottern und dem Vanillezucker so lange geschlagen, bis die Masse schön cremig ist. Nach dem Backen stürzt man die Dampfnudeln aus der Form, teilt sie auseinander, richtet sie, mit Staubzucker bestreut, auf gewärmter Platte an und serviert dazu die heiße Eiercreme.

DUKATENBUCHTELN MIT CHAUDEAU

Man nehme:

320 g Butter
140 g Fett
20 Eier
7/10 l Obers
30 g Germ
400 g Mehl
70 g Staubzucker
Vanillezucker
Salz

Für das Chaudeau:
240 g Vanillezucker
12 Eier
½ l Milch

Fett und 250 g Butter werden miteinander abgetrieben. Die Dotter, 2/10 l Obers und die Germ verrührt man gut, gibt eine Messerspitze Salz und einen Kaffeelöffel Vanillezucker dazu. Dann mischt man den Abtrieb und das Gerührte sowie das Mehl gut und schlägt den Teig, bis er sich vom Kochlöffel löst. Man läßt ihn im Weitling aufgehen und bringt ihn dann auf das bemehlte Brett, wo er daumendick ausgewalkt wird. Man sticht aus dem Teig mit einem etwa 2 cm großen Ausstecher die Buchteln und legt diese dicht in eine Kasserolle ein, in der man ½ l Obers, 70 g Butter und 70 g Staubzucker erwärmt hat. Nachdem die Buchteln nochmals aufgegangen sind, werden sie mit zerlassener Butter bestrichen und im Rohr gebacken.

Heiß angerichtet, serviert man sie mit Vanillechaudeau, das man aus zwölf Dottern, 240 g Vanillezucker und ½ l Milch in einem Schneekessel über Dampf so lange geschlagen hat, bis es dick geworden ist. Die Masse darf nie zum Kochen kommen, da sonst die Dotter gerinnen.

BÖHMISCHE DALKEN

Man nehme:

70 g Butter
4 Eier
1 Seidel Obers
20 g Germ
30 g Zucker
Salz
Mehl
Marmelade

Die Butter wird zuerst flaumig abgetrieben, dann kommen vier Dotter, das Obers, der Zucker, die Germ und eine Prise Salz dazu, alles wird gut verrührt und zuletzt mit so viel feinem Mehl vermischt, daß ein leichter Teig entsteht. Zu diesem kommt zuletzt noch der feste Schnee. (Der Teig soll doppelt so dick wie ein Schmarrenteig sein!) An einem warmen Ort so lange gehen lassen, bis er auf das Doppelte gestiegen ist. Hat man kein eigenes Dalkenblech, werden auf einem gefetteten Blech mit einem Suppenlöffel geformte Teigdalken gebacken. Zuletzt gibt man Marmelade darauf, bestreut die Dalken mit Staubzucker und bringt sie warm zu Tisch.

BUCHTELN

Man nehme:

½ kg Mehl
⅜ l Milch
40 g Germ
4 Eier
Zucker
Salz
100 g Butter
beliebige Fülle

Das Mehl kommt in eine tiefe Schüssel, und man macht in der Mitte eine Grube. Aus 40 g Germ, ¼ l Milch und einem Kaffeelöffel Mehl rührt man ein Dampfl, das zugedeckt an einem warmen Ort gehen soll. Wenn es steigt, gibt man es in die Grube zum Mehl. Inzwischen hat man ⅛ l Milch, drei Dotter, ein ganzes Ei, einen gehäuften Eßlöffel Zucker, einen halben Kaffeelöffel Salz und 100 g zerlassene Butter verquirlt. Diese Mischung kommt nun zum Teig, der damit gut verrührt und dann mit dem Kochlöffel so lange geschlagen wird, bis er sich vom Löffel löst. Den Teig zugedeckt gehen lassen. Wenn er zu doppelter Höhe gestiegen ist, nimmt man mit einem Eßlöffel beliebig große Stücke und legt sie auf ein mit Mehl bestaubtes Brett. Der Teig wird mit bemehlten Fingern auseinandergezogen. In die Mitte kommt ein Kaffeelöffel Fülle. Man schließt den Teig über der Fülle und hebt die Buchteln, nachdem man sie in zerlassene Butter getaucht hat, in die Backform. Wenn diese gefüllt ist, breitet man ein Hangerl darüber und läßt den Teig noch etwas höher steigen. Bevor die Buchteln ins Rohr kommen, werden sie nochmals mit zerlassener Butter bestrichen.

Nach einer Dreiviertelstunde oder etwas mehr sind sie fertig. Sie werden überzuckert, geteilt und serviert.

CREMESCHNITTEN

Man nehme:
Blätterteig
160 g Vanillezucker
Mehl
6 Eier
¼ l Obers
1 Zitrone
Staubzucker

Man bereitet eine Creme, indem man im Schneebecken zwei Eßlöffel Mehl, 160 g Vanillezucker, sechs Eidotter und ¼ l Obers mit der Schneerute im heißen Wasserbad verrührt, bis daraus eine dicke Masse geworden ist. Nach dem Erkalten wird der Schnee von sechs Eiklar leicht untergemischt. Damit wird nun das erste Teigblatt, das an mehreren Stellen mit der Gabel eingestochen wurde, bestrichen. Ist die Creme gleichmäßig verteilt, wird das zweite Teigblatt darübergelegt. Dieses muß bereits, während es auf den Nudelwalker gerollt wurde, mehrmals eingestochen worden sein.

Im Rohr eine gute halbe Stunde lang bei starker Hitze backen. Nach dem Erkalten kann die Mehlspeise mit Glasur überzogen werden. Erst wenn diese trocken ist, werden die Cremeschnitten in beliebig große Stücke geschnitten.

Für die Glasur wird der Saft einer Zitrone mit so viel Staubzucker verrührt, wie er aufnehmen kann, um noch gut streichfähig zu sein.

GEBACKENE TOPFENNUDELN

Man nehme:
60 g Butter
4 Eier
80 g Staubzucker
30 g Germ
1/16 l Obers
320 g Mehl
160 g Topfen

Die Butter wird flaumig abgetrieben und mit drei Eidottern und einem ganzen Ei verrührt. Dann kommen der Zucker und der feinpassierte Topfen sowie eine Prise Salz dazu.

Inzwischen wurden 30 g Germ in 1/16 l kaltem Obers aufgelöst. Zusammen mit dem Mehl wird jetzt alles gut vermischt. Der Teig wird so lange abgeschlagen, bis er seidig ist und sich vom Löffel löst. Nun läßt man ihn zugedeckt an einem warmen Platz stehen.

Wenn er um ein Drittel höher gestiegen ist, wird er auf einem bemehlten Brett in fingerlange und fingerdicke Würstchen geformt. Diese werden nicht zu eng nebeneinander auf ein bemehltes Blech gelegt. Zugedeckt läßt man sie noch eine Zeitlang gehen. Sie werden dann in sehr heißem Fett goldgelb herausgebacken und mit Zucker bestreut serviert.

FEINER GERMTEIG

Man nehme:

160 g Butter
4 Eier
40 g Germ
¼ l Milch
600 g Mehl
Zucker

Die Butter wird flaumig abgetrieben, nach und nach kommen zwei Eßlöffel Staubzucker, ½ Kaffeelöffel Salz, zwei Eidotter und zwei ganze Eier dazu. Alles gut verrühren.

Vorher hat man aus ¼ l Milch, einem Löffel Zucker, einem Eßlöffel Mehl und 40 g Germ ein Dampfl gemacht, das an einem warmen Platz aufgehen muß. Wenn es gestiegen ist, wird es mit dem Mehl und den übrigen Zutaten gut abgearbeitet, bis sich der Teig vom Kochlöffel löst. Zugedeckt aufgehen lassen, dann erst verwenden.

NUSS-STRUDEL

Man nehme:

Germteig
80 g Nüsse
80 g Haselnüsse
160 g Staubzucker
¼ l Milch
1 Prise gemahlenen Kaffee

Die feingeriebenen Nüsse werden mit dem Zucker vermengt, mit heißer Milch übergossen, mit der Prise Kaffee versehen und gut verrührt. Mit dieser Fülle wird der ausgewalkte Germteig bestrichen und zusammengerollt. Auf ein gefettetes Blech heben und eine halbe Stunde gehen lassen.

Nach dieser Zeit bestreicht man den Strudel mit versprudeltem Ei und bäckt ihn bei mittlerer Hitze eine Dreiviertelstunde lang.

APFELSTRUDEL

Man nehme:

½ l Mehl
200 g Butter
1 Ei
¼ l lauwarmes Wasser
Salz
100 g Semmelbrösel
1 kg Äpfel
200 g Rosinen
Zimt
Zucker
100 g ausgelöste Nüsse

Auf einem bemehlten Brett wird das Mehl mit der Butter und einem halben Kaffeelöffel Salz abgebröselt. Der Teig wird zu einem Kegel geformt, mit einer Grube in der Mitte. Da hinein kommt das ganze Ei, und unter Zugabe von lauwarmem Wasser wird alles gut vermischt. Der Teig wird dann mit beiden Händen so lange geknetet, bis er »seufzt«.

Er wird nun zu einem Gupf geformt und auf dem bemehlten Brett unter einer tiefen warmen Schüssel eine halbe Stunde stehengelassen. Inzwischen wird auf dem Küchentisch ein weißes Tischtuch ausgebreitet, gut bemehlt und darauf der Teig mit dem Nudelwalker so dünn wie möglich ausgewalkt. Dann faßt man mit beiden Händen, den Handrücken nach oben, unter den Teig und zieht diesen durch sanftes Heben und Nach-außen-Streichen immer dünner aus.

Die Ränder, die nie ganz dünn werden, schneidet man weg. Danach wird der Teig mit etwas zerlassener Butter bestrichen, mit den in Butter gerösteten Semmelbröseln bestreut und mit den geschälten, blättrig geschnittenen Äpfeln, Zukker, Rosinen und Zimt bedeckt. Darüber streut man die grobgeschnittenen Nüsse und rollt jetzt durch Anheben des Tischtuches den Strudel zusammen. Die Enden werden gut zusammengedrückt und der Strudel so auf ein gefettetes Backblech gerollt, daß die glatte Seite nach oben kommt. Noch einmal mit Butter bestreichen und ins heiße Rohr schieben, wo er 30 bis 40 Minuten gebacken wird.

Diesen gezogenen Strudelteig kann man auch mit verschiedenen Früchten füllen, beispielsweise mit vom Stengel befreiten Kirschen oder mit blättrig geschnittenen Birnen. Auch vom Kern gelöste Zwetschken geben eine gute Fülle ab.

TOPFENSTRUDEL

Man nehme:

Strudelteig
120 g Butter
160 g Zucker
Vanille
6 Eier
480 g Topfen
¼ l Obers
150 g Rosinen

Die Butter wird abgetrieben und mit dem Vanillezucker verrührt. Nach und nach werden die Eidotter dazugerührt. Außerdem mengt man den passierten Topfen, einen halben Kaffeelöffel Salz und das Obers dazu. Wenn alles gut abgemischt ist, wird der Eischnee untergezogen.

Der Strudelteig wird mit dieser Fülle bestrichen, mit den Rosinen bestreut, zusammengerollt und wie der Apfelstrudel auf dem Blech im heißen Rohr gebacken.

KAISERSCHMARREN

Man nehme:

200 g Butter
120 g Zucker
Vanille
6 Eier
160 g Mehl
¼ l Milch
60 g Rosinen
60 g Korinthen
Salz

140 g Butter werden flaumig abgetrieben, der Zucker, nach und nach ein halber Kaffeelöffel Salz und sechs Eidotter daruntergerührt. Dann wird, immer eines nach dem anderen, etwas Mehl und Milch dazugegeben. Wenn der Teig gut verrührt ist, kommen der Schnee sowie die Rosinen und Korinthen dazu. Alles gut vermischen.

In einer Kasserolle hat man 60 g Butter heiß werden lassen. Der Teig wird hineingegossen und die Kasserolle in das heiße Backrohr gestellt. Bis zum Gelbwerden backen lassen.

Hierauf wird der Teig mit zwei Gabeln in kleine Stücke zerpflückt, in einer Schüssel angerichtet und mit Staubzucker bestreut zu Tisch gebracht.

BLÄTTERTEIG

Man nehme:

280 g Butter
280 g Mehl
2 Eier
¹⁄₁₆ l Obers
3 Eßlöffel Rum
Salz

280 g sehr kalte, feste Butter und 120 g Mehl werden auf einem bemehlten Brett, nachdem die Butter mit dem Messer in kleine Stücke geschnitten wurde, durch leichtes Schlagen mit dem Nudelwalker so lange bearbeitet, bis das Mehl die Butter ziemlich aufgenommen hat und blättrig aussieht. Nun bringt man diesen Butterteig in eine längliche Form und stellt ihn zugedeckt in den Kühlschrank.

Im restlichen Mehl macht man in der Mitte eine Grube, gibt etwas Salz, zwei Dotter, Obers und den Rum dazu und rührt, während man nach und nach ⅛ l Wasser nachgießt, einen zweiten Teig, der dann mit den Händen so lange abgearbeitet wird, bis er Blasen zeigt. Dann wird er auf dem bestaubten Brett mit dem Nudelwalker in der Größe des mittlerweile gekühlten Butterteiges ausgewalkt, den man darauflegt. Der ausgewalkte Teig wird nun dreiteilig über diesem zusammengeschlagen. Man legt ihn so, daß die offenen Seiten links und rechts sind.

Jetzt wird mit dem Nudelwalker gefühlvoll der Teig der Länge nach in einem Streifen ausgewalkt, dieser wird dann wieder von rechts und links so zusammengelegt, daß er abermals in drei gleich langen Teilen übereinanderliegt.

Jetzt läßt man ihn kühl und zugedeckt eine Viertelstunde lang rasten.

So wird dreimal verfahren. Erst dann ist der Teig fertig zum Gebrauch.

HELFERSDORFER MANDELSTRUDEL

Man nehme:

Blätterteig
160 g Vanillezucker
8 Eier
160 g gestoßene Mandeln

Der Zucker wird in einer tiefen Schüssel nach und nach mit den Eidottern verrührt. Dazu kommen die feingestoßenen Mandeln und drei Eiklar. Diese Mischung wird eine halbe Stunde lang gerührt. Dann zieht man den Schnee von fünf Eiklar leicht darunter.

Der Blätterteig wird auf einem mit Mehl bestaubten Brett messerrückendick ausgewalkt, in zwei gleiche Teile geschnitten, die Mandelfülle der Länge nach in der Mitte gleichmäßig verteilt. Der Rand der Teigstücke wird so eingeschlagen, daß er in der Mitte fingerbreit voneinander entfernt liegt. Man hebt nun die beiden Strudel möglichst schnell und vorsichtig auf ein mit Wasser befeuchtetes Backblech, sticht den Teig mehrfach ein, bestreicht ihn mit versprudeltem Ei, legt einen befeuchteten hölzernen Kochlöffel zwischen die Strudel, damit sie nicht aneinanderkleben, und bäckt sie bei starker Hitze ungefähr eine Stunde lang.

Noch auf dem Blech wird der Strudel in beliebige Stücke geschnitten.

STANITZEL

Man nehme:

140 g Staubzucker
3 Eier
100 g Mehl

Für die Fülle:
¼ l Obers
160 g Staubzucker
frische Walderdbeeren oder geriebene Schokolade

Der Zucker wird mit den Eiern eine halbe Stunde lang gerührt, dann gut mit dem Mehl vermengt.

Auf ein mit Bienenwachs bestrichenes, gänzlich erkaltetes Backblech gibt man jeweils einen halben Eßlöffel Teig und streicht diesen mit dem Löffel messerrückendick in die Länge. Wenn das Blech voll ist, wird es in das Backrohr geschoben. Bei mittlerer Hitze bleiben die Teigstreifen so lange drinnen, bis sie sich vom Blech lösen lassen. Nun wird das Blech aus dem Rohr genommen und auf den warmen Herd gestellt. Aus den Teigstreifen formt man flink Stanitzel und legt diese nach dem Erkalten auf einen Teller.

Für die Fülle wird ¼ l Obers fest geschlagen und mit 160 g Staubzucker vermischt. Man kann zur Verbesserung noch frische Walderdbeeren oder auch geriebene Schokolade untermischen.

Nachdem die Stanitzel mit dem Obers gefüllt sind, müssen sie sofort serviert werden, da der Teig bereits nach zehn Minuten weich wird.

PRESSBURGER BEUGEL

Man nehme:

180 g Butter
300 g Mehl
4 Eier
30 g Germ
Zucker
Obers
Salz
Mohn- oder Nußfülle

Man bröselt die Butter mit dem Mehl und einer Prise Salz gut ab, gibt drei Eidotter und das gut aufgegangene Dampfl von 30 g Germ, zwei Eßlöffeln Zucker sowie zwei bis drei Eßlöffeln Obers dazu. Der Teig wird mit dem Nudelwalker abgearbeitet und einige Male zusammengeschlagen, um wieder ausgewalkt zu werden. Zuletzt läßt man ihn, mit einer angewärmten Schüssel bedeckt, rasten.

Später schneidet man ihn in gleichmäßige Stücke, die auf ein mit Mehl gestaubtes Tuch gelegt werden, wo man den Teig aufgehen läßt. Darauf walkt man ein Stück nach dem anderen dünn aus und schneidet daraus längliche Vierecke, die, mit der gewünschten Fülle versehen, zu Kipferln gerollt werden. Man biegt die Enden eingedreht herab und legt die Beugel auf ein gebuttertes Backblech, bestreicht sie mit versprudeltem Ei und läßt sie schön braun backen.

MOHNFÜLLE

120 g Zucker und 150 g geriebener Mohn werden mit lauwarmer Butter, zwei Dottern, zwei Eßlöffeln Obers, einer Handvoll feingeschnittener Rosinen, etwas Zimt und Vanille gut abgerührt und ziemlich dick auf den Teig aufgestrichen.

NUSSFÜLLE

150 g Zucker mit 2 dl Milch dicklich kochen. Dann gibt man 300 g geriebene Nüsse, etwas Vanille, Zitronenschale, Neugewürz und einige feingeschnittene Rosinen hinein, rührt die Masse gut durch und verwendet die Fülle noch lauwarm.

WEIHNACHTSSTRIEZEL

Man nehme:

500 g Mehl
90 g Butter
100 g Staubzucker
50 g Hagelzucker
25 g Germ
¼ l Obers
1 Zitrone
70 g Sultaninen
70 g Mandeln
1 Ei

Auf dem Nudelbrett wird die Butter mit dem Mehl verwalkt, der Zucker dazugegeben, die abgeriebene Schale einer halben Zitrone, die aufgelöste Germ und nach und nach das Obers untergearbeitet, bis ein fester Teig entstanden ist. Er soll unter den Händen seufzen. Dann läßt man den Teig aufgehen und knetet die gewaschenen Sultaninen und die grobgehackten Mandeln in die Masse.

Jetzt teilt man den Teig in zwei Hälften; aus der einen macht man vier Teile, aus der zweiten fünf. Aus den vier größeren Stücken, die mit der Hand in längliche Streifen gerollt wurden, flicht man wie einen Zopf den untersten Teil. Aus drei Teilen der zweiten Hälfte macht man den nächsten Zopf, legt ihn auf den ersten, und darüber kommen die zwei restlichen Teile, die schön verschlungen wurden. Man drückt die Enden der Zöpfe gut zusammen, bestreicht den Striezel mit verschlagenem Ei, bestreut ihn mit Hagelzucker und läßt ihn eineinhalb Stunden an einem wohltemperierten Ort aufgehen. Dann wird er im Rohr etwa eine Stunde langsam gebacken.

COGNACRINGERLN
»ANNIES LIEBLINGE«

Man nehme:

140 g Mehl
140 g Butter
140 g Mandeln
70 g Staubzucker
1 Ei
⅛ l Cognac
Zimt
1 Zitrone

Man bröselt das Mehl mit der Butter ab, gibt den Zucker, die mit der Schale geriebenen Mandeln und ein Eidotter dazu, reibt die halbe Schale einer Zitrone ab und würzt mit einem Teelöffel Zimt. Zuletzt kommen noch zwei Löffel Cognac dazu. Man arbeitet den Teig rasch ab, walkt ihn einen halben Zentimeter dick aus und sticht daraus Ringerln, die, auf dem Blech ausgelegt, mit Cognac bestrichen und dick mit Staubzucker bestreut, im Rohr langsam gebacken werden.

ROTHSCHILDBISKOTTEN

Man nehme:

5 Eier
120 g Staubzucker
120 g Mehl
100 g Pistazien
200 g Schokolade
70 g Butter

Vier Dotter werden mit Zucker dickschaumig gerührt und mit dem Schnee von fünf Eiklar, der mit dem restlichen Staubzucker steif geschlagen wurde, vermischt. Dann zieht man das Mehl unter.

Auf das Backblech legt man 8 cm breite Papierstreifen, auf die man mit dem Spritzsack und einer glatten Tülle kleine, regelmäßige Biskotten dressiert. Diese werden mit geschälten, geriebenen Mandeln bestreut und hellgelb gebacken.

Die Biskotten werden mit einem Messer vom Papier gelöst und mit der glatten Seite in Schokolade getaucht, die in einer Kasserolle mit Butter zerlassen und gut verrührt wurde. Mit der Schokoladenseite nach oben auf Papier zum Trocknen ausgelegt, werden sie noch rasch jeweils in der Mitte mit geschälten, gehackten Pistazien bestreut.

ENNSSCHIFFERLN

Man nehme:

Die Mandeln mit der Schale reiben. Aus Butter, Zucker, Mehl, einer guten Messerspitze Zimt und einer Prise geriebener Muskatnuß wird mit einem ganzen, hineingeschlagenen Ei ein Teig abgearbeitet. Diesen schneidet man dreimal kreuz und quer mit dem Messer durch und arbeitet ihn dann noch einmal gut zusammen. Dann läßt man ihn in einer Schüssel eine halbe Stunde lang kühl rasten. Nachdem man die Schifferlformen befettet und gefeht hat, walkt man den Teig messerrückendick aus und schneidet passende Stückchen, die man in die Formen drückt. Den überstehenden Teig entfernt man mit einem scharfen Messer und füllt die Schifferln mit Ribiselkonfitüre.

140 g Mandeln
140 g Butter
140 g Staubzucker
140 g Roggenmehl
2 Eier
Zimt
Nelken
Muskatnuß
Ribiselkonfitüre

Aus dem restlichen ausgewalkten Teig schneidet man ½ cm breite Streifen, die man als Gitter über die Schiffchen legt, nachdem man vorher den Teig mit versprudeltem Ei befeuchtet hat. Ist auch das Gitter bestrichen, kommen die Schifferln auf dem Blech ins heiße Rohr, werden dort schnell gebacken und vor dem Servieren noch überzuckert.

MÜRBE KEKSE

Man nehme:

Mehl, Butter und Zucker werden mit zwei Dottern, einer Prise Zimt und der abgeriebenen Schale einer halben Zitrone flink zu einem Teig abgearbeitet, der, wenn er fertig ist, im Eisschrank zwei Stunden rasten muß. Dann wird der Teig portionsweise zwei Messerrücken dick auf dem bemehlten Brett ausgewalkt und mit beliebigen Formen ausgestochen. Auf dem gefetteten Blech ausgelegt, werden die Kekse mit Eiklar bestrichen, mit grobgehackten Mandeln und mit Hagelzucker bestreut und im Rohr goldgelb gebakken.

350 g Mehl
300 g Butter
100 g Staubzucker
2 Eier
1 Zitrone
Zimt
100 g Mandeln
100 g Hagelzucker

TRIENTER TORTELETTEN

Man nehme:

180 g Butter
200 g Vanillezucker
8 Eier
Mehl

Für den Belag:
140 g Zucker
70 g Mandeln
70 g Pistazien
70 g Zitronat
70 g Aranzini
Maraschino

Die Butter wird flaumig abgetrieben, der Vanillezucker untergerührt und dann der Eischnee mit so viel Mehl beigegeben, daß ein fester Teig entsteht. Dieser wird auf dem bemehlten Brett kleinfingerdick ausgewalkt, mit einem Krapfenstecher ausgestochen, auf das vorbereitete Blech gesetzt und, mit versprudeltem Dotter bestrichen, im Rohr blaßgelb gebacken.

In einer Kasserolle läßt man den Zucker zum Faden sieden, mischt rasch die feingestiftelten Mandeln und Pistazien sowie die nudelig geschnittenen, kandierten Früchte dazu, gießt noch einige Tropfen Maraschino in das Gemisch und setzt auf jedes Tortelett einen Kaffeelöffel voll. Dann läßt man die Torteletten trocknen.

CHAMOISSTANGERLN

Man nehme:

210 g Staubzucker
6 Eier
210 g Mehl
210 g Butter
Marmelade

Staubzucker und Dotter werden flaumig abgetrieben, dann mit dem Schnee und dem Mehl sowie der zerlassenen, ausgekühlten Butter gut vermischt. Diese Masse wird auf einem gefetteten Blech gleichmäßig verstrichen und im Rohr goldgelb gebacken. Nach dem Auskühlen teilt man den Teig in zwei gleiche Teile, die, mit Marmelade gefüllt, aufeinandergelegt werden. Diesen Streifen zerschneidet man in fingerbreite Stangerln, die gut gezuckert werden.

PRAGER STANGERLN

Man nehme:

210 g Mandeln
90 g Staubzucker
5 Eier
Vanillezucker
Oblaten

Die geriebenen Mandeln werden im Mörser mit dem Staubzucker und drei Eiklar fein gestoßen. Diese Masse wird auf dem gestaubten Brett messerrückendick ausgewalkt. Darüber streicht man zwei Eiklar, die mit fünf Eßlöffeln Vanillezucker flaumig gerührt wurden. Jetzt läßt man die Masse eine Stunde lang auf dem Brett trocknen, schneidet sie dann in fingerlange Streifen, die auf Oblaten im Rohr kühl überbacken werden.

ISCHLER TORTELETTS

Man nehme:

100 g Staubzucker
100 g Butter
100 g Schokolade
100 g Mandeln
30 g Mehl
5 Eier
Marillenmarmelade

Die Butter wird flaumig abgetrieben, dann der Zucker beigegeben. Man fügt die weiche Schokolade und fünf Dotter hinzu und rührt noch zehn Minuten weiter. Der Schnee von fünf Eiklar mit den mit der Schale geriebenen Mandeln und dem Mehl werden leicht untergemischt. Diese Masse wird auf dem befetteten Blech fingerdick aufgestrichen und bei mittlerer Hitze gebacken. Aus der Kuchenplatte sticht man sparsam runde Formen, von denen man immer zwei, mit Marillenmarmelade gefüllt, aufeinanderlegt und mit Schokoladeglasur überzieht.

REICHENAUER ZWIEBACK

Man nehme:

280 g Staubzucker
280 g Mehl
6 Eier
Anis

Der Staubzucker wird mit sechs ganzen Eiern eine halbe Stunde lang gerührt, dann kommen das Mehl und ein Kaffeelöffel Anis dazu. Gut gemischt, füllt man die Masse in die befettete, gefehte Form zum Backen. Nach dem Auskühlen aus dem Wandel genommen, wird der Zwieback in kleinfingerstarke Schnitten geteilt, die im Rohr übertrocknet werden. Mit Staubzucker bestreut, bewahrt man den Reichenauer Zwieback in der Dose trocken auf.

BOZNER HERZERLN

Man nehme:

140 g Butter
140 g Mehl
70 g Staubzucker
3 Eier
Zitrone

Butter, Mehl, Zucker und zwei Dotter werden rasch auf dem Brett, nachdem man noch etwas geriebene Zitronenschale dazugegeben hat, zu einem gut mürben Teig abgearbeitet. Der Teig wird dann auf dem bemehlten Brett ¼ cm dick ausgewalkt und mit dem Herzerlstecher ausgestochen. Mit einem versprudelten Ei bestrichen, auf das befettete Blech gebracht, bäckt man die Herzerln schön gelb. Man überzieht sie nach dem Auskühlen mit rotem Eis.

ZIGARREN

Man nehme:

*140 g Staubzucker
140 g Biskotten-
brösel
140 g Mehl
3 Eier
Zimt*

Man verschlägt drei Eier, gibt eine Mokkatasse voll davon auf die Seite und mischt dann den Rest mit Mehl, Zucker und Biskottenbröseln zu einem mittelfesten Teig. Wenn er gut abgearbeitet ist, wird er zu mohnnudelgroßen »Zigarren« geformt.

Auf dem gefetteten, bemehlten Blech ausgelegt, werden diese mit dem aufbewahrten Ei bestrichen, mit Zucker und Zimt bestreut und bei mittlerer Hitze im Rohr gebacken.

MERANER SCHNITTEN

Man nehme:

*140 g Vanillezucker
12 Eier
140 g Nüsse
70 g Semmelbrösel*

*Für die Creme:
2 dl Obers
4 Eier
Vanillezucker
70 g Maroni (ohne
Schale gewogen)
glattes Mehl*

Der Zucker wird mit den Dottern schaumig gerührt, die feingeriebenen Nüsse und die Semmelbrösel beigegeben und der Schnee von sechs Eiklar leicht untergezogen. Diese Masse wird auf einem Backblech gleichmäßig verteilt, im Rohr schön hellgelb gebacken, in vier gleich große Teile geschnitten und dreimal gefüllt.

Für die Fülle rührt man das Obers mit drei Löffeln Vanillezucker, vier Dottern und einem Kaffeelöffel Mehl über Dunst, bis die Creme dick ist. Ausgekühlt, gibt man die gebratenen oder gekochten, passierten Maroni dazu. Die fertigen Schnitten werden mit Staubzucker bestreut angerichtet.

ANISWÜRSTCHEN

Man nehme:

*140 g Staubzucker
140 g Mandeln
140 g Mehl
3 Eier
Anislikör
Anis*

Aus den geriebenen Mandeln, dem Zucker, dem Mehl und drei Dottern sowie einem Stamperl Anislikör arbeitet man auf dem Brett einen schönen Teig ab. Man teilt ihn in gleiche Teile und formt kleinfingergroße Würstchen, die man auf das gewachste Backblech verteilt, mit Eiklar bestreicht und mit Anis bestreut.

Die Würstchen werden langsam im Rohr gebacken und sollen, in eine Dose gefüllt, vor dem Verzehr ein bis zwei Tage rasten.

EINFACHE LEBZELTEN

Man nehme:

300 g Mehl
150 g Staubzucker
250 g Honig
1 Zitrone
2-3 gestoßene Nelken
Zimt
Hagelzucker
Milch

Mehl, Zucker, Honig, die Nelken, zwei Messerspitzen Zimt und die abgeriebene Schale einer Zitrone werden auf dem Brett zu einem geschmeidigen Teig verarbeitet. Diesen dann an einem warmen Platz eine Dreiviertelstunde rasten lassen, dünn auswalken und zu Herzen, Sternen oder anderen Formen ausstechen. Die Lebzelten werden mit Milch bestrichen und mit Hagelzucker bestreut. Auf dem Backblech, das mit Backwachs gefettet und mit Mehl gestaubt wurde, legt man die Lebzelten aus und bäckt sie sehr langsam.

GEWÜRZZELTEN

Man nehme:

250 g Mehl
400 g Staubzucker
10 g Zimtpulver
3 Eier
Nelken
1 Zitrone

Auf das Nudelbrett gibt man das Mehl, den Zucker, fügt das Zimtpulver und drei bis vier gestoßene Nelken sowie die geriebene Schale einer halben Zitrone dazu und mischt das Ganze unter Zugabe von drei Dottern und dem steifgeschlagenen Schnee von drei Eiklar zu einem geschmeidigen Teig ab, den man über Nacht an einem kühlen Ort rasten läßt. Am nächsten Tag walkt man den Teig zwei Messerrücken dick aus und schneidet ihn in daumenbreite, fingerlange Stücke, die auf einem gewachsten Backblech ausgelegt und im Rohr gebacken werden.

Noch warm überzieht man die Zelten mit Zimteis. Dazu rührt man das vom Vortag aufgehobene Eiklar mit so viel Staubzucker ab, wie es aufnimmt. Sollte die Masse zu dick geraten, gibt man tropfenweise Wasser dazu, zuletzt würzt man mit einer Prise Zimt.

Die bestrichenen Zelten sollten gut abtrocknen und können dann in passenden Dosen auch länger aufbewahrt werden.

ONKEL-PISTÁ-BUSSERLN

Man nehme:

280 g Staubzucker
4 Eier
140 g Mandeln
70 g Mehl
70 g Kartoffelmehl
1 Zitrone
60 g Zitronat
20 g Aranzini
Nelken
Kardamom
Muskatblüte
Zimt
Oblaten

Der Zucker wird mit vier Dottern eine halbe Stunde gerührt. Dann würzt man mit je einer Messerspitze der pulverisierten Gewürze. Die feingehackten Aranzini und das feingehackte Zitronat sowie die geriebenen Mandeln werden mit der abgeriebenen Schale und dem Saft einer halben Zitrone dazugegeben. Dann zieht man den steifen Schnee von vier Eiklar unter und rührt erst zum Schluß das Mehl in die Masse.

Auf dem Backblech legt man runde talergroße Oblaten aus, setzt auf jede einen Kaffeelöffel des Busserlteiges und bäckt diesen bei mitterer Hitze. Nach Belieben kann man auf die fertigen Busserln noch je einen Klecks Zuckereis setzen.

PETERZELTELN

Man nehme:

500 g Honig
250 g Zucker
500 g Mandeln
125 g Zitronat
125 g Aranzini
600 g Mehl
10 g Hirschhornsalz
Nelken
Salz

Honig und Zucker werden aufgekocht. In die Flüssigkeit kommen die gestoßenen Mandeln, die kleingeschnittenen Aranzini und das kleingeschnittene Zitronat, Zimt, ein wenig zerstoßene Nelken, eine Prise Salz und das Mehl sowie das Hirschhornsalz, das in wenig Wasser aufgelöst wurde. Der lauwarme Teig wird lange und gut durchgeknetet. Nachdem er 24 Stunden gerastet hat, walkt man ihn ½ cm dick aus und schneidet ihn zu gleichmäßigen Rhomben. Auf einem gefetteten, bemehlten Blech ausgelegt, werden die Lebkuchen im sehr heißen Rohr braun gebacken. Vom Blech genommen, werden sie noch warm mit Zitroneneis überzogen.

FAMILIENBUSSERLN

Man nehme:

250 g Butter
12 Eier
250 g Staubzucker
200 g geriebenes Schwarzbrot
Zimt
100 g Mandeln

Die Butter wird mit vier ganzen Eiern und acht Dottern flaumig abgetrieben. Dann den Staubzucker, eine Messerspitze Zimt und das feingeriebene Schwarzbrot dazugeben, gut verrühren. Auf ein mit Bienenwachs bestrichenes Backblech aus dem Teig Busserln dressieren. Diese werden mit den feingehackten Mandeln und Staubzucker bestreut und langsam im Rohr gebacken.

WITWENKÜSSE

Über Dunst schlägt man drei Eiklar mit dem Zucker sehr dickschaumig. Dann kommen die grobgehackten Walnußkerne und das feingewiegte Zitronat dazu. Alles wird gut vermengt. Mit einem Kaffeelöffel setzt man kleine Häufchen auf die Oblaten. Die Witwenküsse werden im nicht zu heißen Backrohr goldgelb gebacken.

Man nehme:

3 Eier
100 g Staubzucker
100 g Walnußkerne
50 g Zitronat
Oblaten

VALERIEBÄCKEREI

In einer tiefen Schüssel wird die Butter flaumig gerührt, mit acht hartgekochten, passierten Dottern, dem Saft einer Zitrone, etwas feinstgehackter Zitronenschale, einer Prise Salz und geriebener Muskatnuß sowie dem Mehl gut durchgearbeitet. Der glatte Teig wird auf dem bestaubten Nudelbrett messerrückendick ausgewalkt, dann sticht man mit einem mittleren Rundstecher Platten aus. Die Hälfte der runden Teigstücke legt man in fingerbreiten Abständen auf das gebutterte Backblech. Die andere Hälfte wird auch noch in der Mitte mit einem kleinen Stamperl ausgestochen. Die so erhaltenen Teigringe werden, nachdem man die Böden mit versprudeltem Ei bestrichen hat, auf diese passend aufgesetzt. Auch die Reifen werden mit Ei bestrichen. Obenauf legt man aus dem restlichen Teig ausgestochene Verzierungen, bestreicht nochmals mit Ei, bestreut die Bäckerei mit Hagelzucker und bäckt sie im Rohr bei milder Hitze.

Man nehme:

280 g Butter
280 g Mehl
9 Eier
1 Zitrone
Muskatnuß
Salz
Hagelzucker

SCHOKOLADEBUSSERLN

Zwei Eiklar werden zu einem festen Schnee geschlagen. Unter diesen rührt man rasch den Zucker, einen Eßlöffel Stärkemehl und die geriebene Schokolade. Auf das mit Backwachs bestrichene Blech werden kleine runde Oblaten gelegt und auf jede von ihnen ein Löfferl der Busserlmasse gegeben. Bei geringer Hitze langsam im Rohr backen und noch warm vom Blech nehmen.

Man nehme:

2 Eier
100 g Staubzucker
100 g Schokolade
Stärkemehl
Oblaten

BAUERNBUSSERLN

Man nehme:

70 g Staubzucker
1 Ei
500 g Mandeln
70 g Mehl
Aranzini

Der Zucker wird mit dem ganzen Ei eine halbe Stunde lang gerührt. Dann gibt man nach und nach die geriebenen Mandeln und löffelweise das Mehl dazu. Mit dem Kaffeelöffel setzt man von der Masse kleine Häufchen auf das gut gewachste Backblech, legt in die Mitte eines jeden Busserls noch ein kleines, viereckig geschnittenes Stückchen Aranzini und bäckt die Busserln im Rohr schön goldgelb.

MANDELBUSSERLN

Man nehme:

130 g Staubzucker
130 g Mandeln
1 Ei
Vanillezucker
Oblaten

Im Schneekessel schlägt man das Klar von einem Ei sehr fest, stellt dann den Kessel auf eine passende Kasserolle mit kochendem Wasser, gibt die feingeriebenen Mandeln, den Staub- und etwas Vanillezucker dazu und rührt eifrig, bis sich die Masse vom Schneekessel löst. Dann verteilt man teelöffelweise die Masse auf Oblaten, gibt diese auf das Backblech und läßt sie im Rohr kühl überbacken. Die Busserln sollen oben rissig, innen aber weich sein.

VANILLEBUSSERLN

Man nehme:

250 g Butter
12 Eier
250 g Staubzucker
200 g Schwarzbrot
Zimt
100 g Mandeln

Die Butter wird mit vier ganzen Eiern und acht Dottern flaumig abgetrieben, dann werden der Staubzucker und das im Rohr übertrocknete, gemahlene Schwarzbrot sowie eine Prise Zimt untergerührt. Auf ein gewachstes Blech setzt man nun mit dem Kaffeelöffel kleine Häufchen Teig, bestreut sie mit feingehackten Mandeln und Staubzucker und bäckt die Busserln langsam im Rohr.

OFFIZIERSKRAPFERLN

Man nehme:

280 g Butter
80 g Staubzucker
350 g Mehl
1 Zitrone

Die Butter wird flaumig abgetrieben, dann der Zucker glatt untergerührt. Die geriebene Schale einer halben Zitrone und das Mehl werden dazugegeben und alles gut abgearbeitet. Der fertige Teig soll eine Viertelstunde rasten, dann wird er auf dem bemehlten Brett fingerdick ausgewalkt und mit einer runden Form ausgestochen. Auf dem gefetteten und gestaubten Blech ausgelegt, bäckt man die Krapferln goldgelb und beeist sie nach Belieben.

DOTTERKRAPFERLN

Man nehme:

Man rührt die Butter weich, passiert sechs hartgekochte Dotter dazu, mischt das Mehl und den Zucker darunter und reibt noch die Schale einer Zitrone zu der Masse, die auf dem bemehlten Brett fingerdick ausgewalkt wird. Dann sticht man daraus Krapferln, die auf das gefettete Blech gesetzt und im Rohr gebacken werden. Noch heiß bestreicht man sie mit weißem Zuckereis.

200 g Mehl
6 Eier
100 g Staubzucker
100 g Butter
1 Zitrone

HAUSFREUNDE

Man nehme:

Der Zucker wird mit zwei Dottern und dem Schnee aus einem Eiklar verrührt. Dann mengt man die Mandeln, eine Hälfte fein gerieben, die andere gestiftelt, darunter und arbeitet die Mischung auf dem Brett mit dem Mehl ordentlich ab. Aus diesem Teig formt man zwei bis drei Stangen von ungefähr 2 cm Durchmesser, legt sie auf ein gewachstes Backblech und läßt sie bei mittlerer Hitze eine gute halbe Stunde backen. Das Gebackene bleibt über Nacht auf dem Blech und wird erst am nächsten Tag, nachdem man es im Rohr wieder ein wenig gewärmt hat, in gefällige Scheiben geschnitten und mit Staubzucker bestreut. Die Hausfreunde lassen sich in einer Dose auch lange Zeit als Vorrat gut aufheben.

100 g Staubzucker
10 g Vanillezucker
2 Eier
140 g Mandeln
140 g Mehl

BUDAPESTER BÄCKEREI

Man nehme:

Butter, Zucker, zwei Eidotter und ein ganzes Ei werden nach und nach verrührt, das Mehl und je eine Messerspitze Zimt, geriebene Muskatnuß und eine gestoßene Nelke dazugegeben und gut vermengt. Zugedeckt wird der Teig an einen sehr kühlen Ort gestellt. Ist er steif geworden, walkt man ihn auf einem mit Mehl bestaubten Brett zwei Messerrücken dick aus und sticht beliebige Formen aus, die auf ein mit Butter bestrichenes Backblech gelegt und mit versprudeltem Ei bestrichen werden. Bei mittlerer Hitze backen.

80 g Butter
80 g Staubzucker
4 Eier
120 g Mehl
Zimt
Muskatnuß
Nelke

Die Bäckereien werden noch heiß vom Backblech genommen und zum Auskühlen auf ein Brett gelegt. Man kann die einzelnen Kekse auch vor dem Backen mit halben Mandeln belegen.

VANILLESTANGERLN

Man nehme:

Vanillezucker
4 Eier
weißes Backpapier

Sechs Eßlöffel Vanillezucker werden mit vier Dottern eine halbe Stunde lang gerührt, dann faltet man je einen halben Bogen Papier immer einen Zentimeter breit zu einer Ziehharmonika. Diese zieht man auf dem Backblech auseinander, und in die Falten des Papiers läßt man je einen Kaffeelöffel der Masse einlaufen. Im Rohr werden die Stangerln mehr getrocknet als gebacken. Sind sie fest genug, wird ganz einfach das Papier auseinandergezogen, die Stangerln lassen sich dann leicht abnehmen. Sie müssen bis zum Verbrauch in einer gutschließenden Dose trocken verwahrt werden.

SPITZBUBEN

Man nehme:

240 g Mehl
210 g Butter
110 g Staubzucker
2 Eier
Marmelade

Mehl, Butter, Zucker und zwei Dotter werden zu einem Mürbteig abgearbeitet und dieser nach kurzem Rasten auf dem bemehlten Nudelbrett messerrückendick ausgewalkt. Mit einem Krapfenstecher werden runde Teigstücke aus der Masse gestochen. In die Hälfte macht man mit einem Stamperl oder Fingerhut noch ein Loch. Auf dem gefetteten und gefehten Backblech werden die Spitzbuben ins Rohr geschoben und goldgelb gebacken. Noch heiß wird jeweils ein ganzer Teil mit der aufgekochten Marmelade bestrichen und mit dem gelochten Teil belegt. Die Spitzbuben werden reichlich mit Staubzucker bestreut angerichtet.

PISTAZIENBÄCKEREI

Man nehme:

120 g Pistazien
100 g Staubzucker
50 g Mehl
50 g Butter
5 Eier

Die geschälten Pistazien werden zuerst fein gemahlen und dann im Mörser mit fünf Dottern und dem Zucker feinst verrieben. Danach wird die Masse mit Mehl und Butter auf dem Nudelbrett zu einem glatten Teig verarbeitet, der auf dem mit Mehl bestaubten Brett messerrückendick ausgewalkt und in beliebigen Formen ausgestochen wird.

Auf das leicht gebutterte Backblech verteilt, mit Eiklar bestrichen und mit je einer halben Pistazie belegt, wird die Bäckerei langsam goldgelb gebacken.

ZIMTSTERNE

Mehl, Butter, 100 g Zucker und zwei Dotter, die gestoßenen Nelken und eine Messerspitze Zimt werden zu einem glatten Teig verarbeitet. Dieser wird auf dem bemehlten Nudelbrett 3-4 mm dick ausgerollt und mit einer Sternform ausgestochen. Die Sterne werden auf dem ungefetteten Backblech ausgelegt, mit Zimteis (ein Eiweiß, 100 g Zucker, eine Prise Zimt) dick bestrichen und im mittelheißen Rohr gebacken.

Man nehme:

240 g Mehl
160 g Butter
200 g Staubzucker
2 Eier
1 Orange
1 bis 2 Nelken (gestoßen)
Zimt

CARUSOSCHNITTEN

Die Butter wird mit vier Dottern gut abgetrieben, dann kommen die ungeschälten, geriebenen Mandeln, das Mehl und die geriebene Schokolade dazu. Später wird der Schnee von vier Eiklar untergemischt, die Masse gleichmäßig auf ein mit Butter befettetes Backblech gestrichen und gebacken. Nach dem Erkalten schneidet man den Teig in gefällige Schnitten. Zwischen je zwei streicht man steifgeschlagenes, mit Vanillezucker verrührtes Obers. Vor dem Servieren eine Zeitlang in den Kühlschrank stellen.

Man nehme:

140 g Butter
140 g Staubzucker
100 g Mandeln
100 g Schokolade
70 g Mehl
4 Eier

Für die Fülle:
Schlagobers
Vanillezucker

MANDOLETTI

Der Honig wird zu dicklicher Form gekocht. In den steifen Schnee von drei Eiklar wird langsam der Staubzucker untergerührt, etwas Vanillezucker beigefügt und die geschälten, grobgehackten Mandeln dazugegeben. Diese Masse wird rasch mit dem kochenden Honig vermischt, kurz aufgekocht und zum Überkühlen vom Feuer genommen. Noch lau wird die Masse fingerdick auf große, viereckige Oblaten gestrichen und mit einer zweiten Oblate bedeckt. Nun glättet man die Mandoletti vorsichtig mit dem Nudelwalker.

Nach dem Erkalten schneidet man kleine, gleichmäßige Rechtecke.

Man nehme:

⅛ l Honig
3 Eier
200 g Staubzucker
280 g Mandeln
Vanillezucker
Oblaten

VANILLEKIPFERLN

Man nehme:

210 g Butter
280 g Mehl
70 g Staubzucker
120 g Mandeln
Vanillezucker

Butter, Mehl, Staubzucker und die geriebenen Mandeln werden rasch zu einem mürben Teig abgearbeitet. Nachdem man ihn ein wenig rasten ließ, teilt man ihn in fünf gleiche Teile. Aus jedem von diesen rollt man eine daumendicke Walze, teilt diese wieder mit dem Messer in gleichmäßige, fingerdicke Stücke, aus denen man flink kleine Kipferln formt. Auf das gewachste Backblech gegeben, werden sie nicht zu heiß gebacken.

Noch heiß, legt man sie vorsichtig in eine Schüssel mit Vanillezucker, in dem man sie wendet. Dann kommen sie in eine Vorratsdose, wobei man zwischen die einzelnen Lagen immer Vanillezucker streut, und bewahrt sie verschlossen bis zum Gebrauch auf. Sie werden immer besser!

PRESSBURGER STANGERLN

Man nehme:

80 g Mehl
240 g Staubzucker
80 g Butter
80 g Mandeln
80 g Vanillezucker
3 Eier
Zitronenschale
Muskatnuß
Marmelade

Auf dem Brett werden Mehl, Butter, 100 g Zucker und die feingeriebenen Mandeln, je eine Messerspitze geriebene Muskatnuß und Zitronenschale mit zwei Eidottern zu einem glatten Teig abgearbeitet, den man zugedeckt an einem kühlen Ort fest werden läßt. Dann walkt man ihn kleinfingerdick aus und schneidet ihn zu fingerlangen und daumenbreiten Streifen, die nicht zu eng auf dem gebutterten Backblech ausgelegt werden. Mit versprudeltem Ei bestrichen, werden sie ins Rohr geschoben und bei mittlerer Hitze blaßgelb gebacken.

Man nimmt sie vom Blech und läßt sie auskühlen. Dann bestreicht man sie mit heißer Marmelade und dressiert, wenn diese trocken ist, die mit 140 g Zucker und zwei Eiklar über Dunst steifgeschlagene Windmasse darüber. Man bestreut mit Staubzucker, legt die Stangerln wieder aufs Blech und läßt die Masse bei offenem, mildem Rohr ordentlich trocknen.

ANISSCHARTEN

Man nehme:

4 Eier
Staubzucker
Mehl
Anis

Die vier Eier werden mit gleich schwer Zucker im Schneekessel so lange gerührt, bis die Masse dick wird. Dann zieht man noch zwei Eier schwer Mehl darunter. Auf das gut gewachste Blech gibt man im passenden Abstand (der Teig verläuft reichlich) immer einen Kaffeelöffel dieser Masse und streut darauf etwas Anis. Nachdem die Scharten im Rohr gebacken worden sind, müssen sie noch heiß sehr flink über den Kochlöffel rund geformt werden.

Sie sollen gut verschlossen aufbewahrt werden, damit sie resch bleiben und keine Feuchtigkeit anziehen.

HASELNUSS-SCHARTEN

Man nehme:

100 g Haselnüsse
170 g Staubzucker
35 g Mehl
3 Eier
Obers

Die geriebenen Haselnüsse werden mit dem Mehl und dem Zucker vermischt. Man rührt dann so viel flüssiges Obers dazu, daß ein dickflüssiger Teig entsteht. Unter diesen zieht man den steifgeschlagenen Schnee von drei Eiklar.

Auf das mit Backwachs gefettete Blech werden mit dem Dressiersack ca. 6-8 cm lange Streifen aufgebracht, und zwar nicht zu eng, da die Scharten auseinanderlaufen. Im Rohr goldgelb backen. Noch heiß werden die Scharten über einen Kochlöffel gerollt und erkaltet wie Anisscharten aufbewahrt.

LINZER KRAPFERLN »KÖCHIN KATHARINA«

Man nehme:

200 g Butter
140 g Mandeln
210 g Staubzucker
350 g Mehl
1 Zitrone
3 Eier
Marillenmarmelade

Die Butter wird gut abgetrieben und dann mit dem Zucker, drei Dottern, dem Saft und der abgeriebenen Schale einer Zitrone gut vermischt. Diese Masse kommt auf das Brett und wird mit zwei Dritteln der grobgehackten Mandeln und dem Mehl zu einem Teig abgearbeitet. Aus diesem formt man kleine, gleichmäßig große Krapferln, die man auf das befettete Backblech setzt. Mit Eiklar bestreichen, dann streut man die restlichen gehackten Mandeln darauf und drückt mit dem Finger in der Mitte jedes Krapferls ein kleines Loch, in das ein wenig Marmelade gefüllt wird. So bereitet, werden sie ins Rohr geschoben und gut gebacken. Vor dem Servieren kann man sie noch mit Staubzucker bestreuen.

VANILLESCHÜSSERLN

Man nehme:

250 g Butter
110 g Staubzucker
280 g Mehl
1 Ei
30 g Mandeln
1 Zitrone
Vanillezucker

Die Butter wird flaumig abgerührt, dann gibt man die feinstgehackte Schale einer halben Zitrone und die geriebenen Mandeln dazu. Nachdem noch der Zucker und das ganze Ei beigefügt wurden, kommt nach und nach unter ständigem Rühren das Mehl dazu. Der Teig muß sehr lange gerührt werden. Er wird dann auf dem bemehlten Brett messerrückendick ausgewalkt. Mit einem Krapfenstecher oder einem passenden Wasserglas sticht man kreisrunde Stücke aus und drückt diese in gerippte Blechschüsserln, die im Rohr bei mittlerer Hitze gebacken werden.

Diese Schüsserln können, mit vielerlei Cremes, Fruchtsalsen oder auch mit Schlagobers gefüllt, auf Tellern oder Aufsätzen angerichtet werden.

ROSINENPATZERLN

Man nehme:

100 g Butter
140 g Zucker
140 g Mehl
1/16 l Obers
30 g Rosinen

Butter und Zucker werden schaumig gerührt und dann mit dem Mehl, dem flüssigen Obers sowie den Rosinen vermengt. Ein Backblech wird leicht gebuttert und gemehlt, darauf setzt man mit dem Spritzsack (runde Tülle) kleine Patzerln. Nicht zu eng verteilen, da sie stark auseinanderlaufen! Im heißen Rohr werden die Patzerln so gebacken, daß nur der Rand goldbraun wird, die Mitte muß weich bleiben.

NUSSKAPSELN

Man nehme:

120 g Staubzucker
30 g Semmelbrösel
120 g Haselnüsse
4 Eier
Rum
Walnußkerne
Papierkapseln

Vier Dotter werden mit dem Staubzucker schaumig gerührt und dann mit den geriebenen Haselnüssen und den mit etwas Rum befeuchteten Semmelbröseln vermischt. Die Masse wird nun zwei Drittel hoch in die Papierkapseln gefüllt, die auf das Backblech gestellt und langsam gebacken werden. Danach werden die Nußkapseln mit Zuckereis überzogen und mit ausgesuchten Walnußhälften belegt.

WIENER LEBKUCHEN

Man nehme:

400 g Honig
900 g Mehl
400 g Staubzucker
1 Ei
1 Zitrone
1 Orange
Zimt
Neugewürz
Mandeln
20 g Ammonium
20 g Pottasche

Honig und zwei Deziliter Wasser werden lauwarm erhitzt und verrührt. Dann gibt man Mehl, Zucker und ein halbes Ei in die Flüssigkeit, dazu die abgeriebene Schale je einer Zitrone und Orange und je einen Teelöffel gestoßenen Zimt und Neugewürz. Man arbeitet den Teig gut ab und fügt, wenn er kühl ist, den Backtrieb (Ammonium und Pottasche) zur Masse und knetet diese noch so lange, bis der Teig fest und glänzend ist. Danach legt man ihn in eine Schüssel, deckt ihn mit einem Hangerl zu und bringt ihn an einen kühlen Ort, wo er mindestens 24 Stunden ruhen muß.

Vor dem Backen knetet man den Teig noch einmal gut durch, dann wird er auf dem Nudelbrett dünn ausgewalkt und mit beliebigen Formen ausgestochen, mit verschlagenem Ei bestrichen, mit geschälten, halbierten Mandeln zierlich belegt und auf dem leicht gefetteten, gestaubten Blech bei mittlerer Hitze gebacken. Die fertigen Lebkuchen sind erst nach zwei Tagen richtig weich und gut.

DAMENKAPRIZEN

Man nehme:

140 g Butter
110 g Staubzucker
40 g Mandeln
210 g Mehl
2 Eier
Marillenmarmelade

Butter, Zucker, die geriebenen Mandeln und das Mehl werden auf dem Brett mit zwei Dottern zu einem geschmeidigen Teig abgearbeitet, der drei Messerrücken dick ausgewalkt und mit runden Formen ausgestochen wird. Die Scheiben werden auf das befettete, bemehlte Blech gelegt und zu schöner heller Farbe gebacken. Ausgekühlt, werden immer je zwei Kaprizen mit Marillenmarmelade bestrichen und zusammengesetzt. Reichlich mit Staubzucker bestreuen.

KLEINE TIROLER LEBZELTEN

Man nehme:

50 g Butter
140 g Staubzucker
10 g Zimtpulver
100 g Mandeln
140 g Mehl
2 Eier
1 Zitrone
Nelken

Die Butter wird gut abgetrieben, dann gibt man den Zucker, den gemahlenen Zimt, zwei bis drei gestoßene Nelken, 20 g mit der Schale geriebene Mandeln, ein ganzes Ei und die abgeriebene Schale einer halben Zitrone dazu. Man treibt alles recht gut ab und mischt zuletzt das Mehl darunter. Den Teig arbeitet man auf dem bemehlten Nudelbrett gut ab, walkt ihn zwei Messerrücken dick aus, schneidet daraus längliche Vierecke von halber Spielkartengröße und legt diese auf ein mit Backwachs bestrichenes Blech. Die Lebkuchen werden mit verschlagenem Ei bestrichen und mit Mandelstücken zierlich belegt. Man läßt die Zelten langsam im Rohr backen.

Dieser Teig kann zur Weihnachtszeit auch gut mit Blechformen ausgestochen werden. Man verziert die Lebkuchen dann ebenfalls beliebig mit Mandelhälften und kandierten Fruchthälften.

BRAUNER LEBKUCHEN

Man nehme:

1 kg Honig
500 g Mandeln
500 g Roggenmehl
18 g Zimt
18 g Nelken
18 g Ingwer
7 g Aranzini
Kardamom
Muskatnuß
weißen Pfeffer
10 g Pottasche
Slibowitz

Man kocht den Honig dicklich ein, gibt die mit den Schalen geriebenen Mandeln, die Gewürze (von Kardamom, Muskat und weißem Pfeffer nur ein bis zwei Messerspitzen) und die Pottasche, die man in einem Stamperl Slibowitz aufgelöst hat, sowie das dunkle Mehl dazu und arbeitet alles zu einem lockeren Teig ab. Diesen läßt man an einem warmen Platz aufgehen und danach 24 Stunden kühl rasten.

Der Teig wird vor dem Backen fingerdick ausgewalkt, zu spielkartengroßen Rechtecken geschnitten und so auf das gefettete, bemehlte Blech gelegt. Die Lebkuchen werden bei mittlerer Hitze schön braun gebacken und danach beliebig beeist, geglänzt oder bemalt.

GEKOCHTES SCHOKOLADEEIS

80 g Kochschokolade werden mit ganz wenig Wasser über dem Feuer aufgelöst, dann kommen 150 g Staubzucker und 1 dl Wasser dazu. Die Mischung wird nun unter fleißigem Rühren gekocht, bis sich ein Faden ziehen läßt, wenn man ein wenig davon zwischen Daumen und Zeigefinger nimmt. Wenn dieser Grad erreicht ist, nimmt man das Eis vom Feuer und schlägt es so lange ab, bis sich ein Häutchen bildet. Jetzt wird die Glasur über die Torte gegossen und anfangs im offenen, warmen Backrohr, später an der Luft getrocknet.

FRÜCHTEEIS

Ungefähr 200 g Staubzucker befeuchtet man sparsamst mit dem Saft von Erdbeeren, Himbeeren oder Orangen. Man läßt die Mischung eine Weile stehen, bis sich Saft und Zukker völlig aufgelöst haben, und erwärmt dann diesen Brei ein wenig. Er wird nun schnell messerrückendick aufgestrichen und im lauen Rohr übertrocknet. Wenn die Oberfläche ein Häutchen zeigt, wird die Glasur an der Luft fertig getrocknet.

EIEREIS

Das Klar von einem Ei wird mit so viel Staubzucker verrührt, wie es aufnimmt, bis es zu einer gut streichfähigen Masse wird. Mit einem befeuchteten Messer verstreicht man das Eis gleichmäßig. Diese Glasur wird nach dem Trocknen sehr spröde.

WEISSES ZUCKEREIS

Ein Eiklar und ein Kaffeelöffel Zitronensaft werden mit so viel Staubzucker, wie die Masse braucht, eine halbe Stunde lang gut gerührt, bis sie schaumig und dickflüssig ist. Sie wird wie die übrigen Glasuren aufgestrichen und getrocknet.

ZITRONENEIS

Der Saft einer halben Zitrone wird mit so viel Staubzucker, wie dieser aufnimmt, sehr lange gerührt. Wenn die Glasur wirklich glatt ist, kann sie verwendet werden.

SPRITZEIS ZUM VERZIEREN

Wird wie Zitroneneis hergestellt, nur mit der Hälfte Zitronensaft. Es wird so lange gerührt, bis ein Tropfen, auf Papier gebracht, die Form hält und nicht zerrinnt. Man gibt das Eis in eine Schale und deckt diese mit einem feuchten Tuch zu, damit das Eis nicht vorzeitig trocknet. Man kann dieses Eis entweder mit giftfreien Lebensmittelfarben oder einigen Tropfen Saft von roten Rüben, aufgelöstem Safran oder dickem Spinatsaft färben.

Anhang

Rezeptregister

A

Aal, Gebratener 104
Aal, Gedämpfter 105
Aal, Marinierter 104
Anisscharten 233
Aniswürstchen 224
Apfelcharlotte 204
Apfelkren 120
Apfelstrudel 214
Apfeltorte 178
Arme Ritter 137

B

Backhendl, Wiener 89
Bandnudeln mit Basilikumsauce 131
Barbe, Gebratene 103
Basilikumsauce 118
Bauernbusserln 228
Bauernknödel 143
Beize für Wildbret 81
Bischofsbrot 200
Biskuitgugelhupf 199
Biskuittorte, Allerfeinste 185
Blätterteig 216
Blaukraut 174
Blitztorte 181
Böhmische Dalken aus Erdäpfeln 153
Böhmische Dalken aus Germteig 212
Böhmische Knödel 141
Bohnen, Eingebrannte mit Grieß-Strudel 165
Bohnensuppe mit Nudeln 28
Bohnensuppe mit Perlgraupen 28
Bologneser Sauce Emilia 117

Bozner Herzerln 223
Bozner Sauce 118
Brandteigkrapferln 137, 207
Braune Suppe 16
Brauner Lebkuchen 237
Brokkolisuppe 20
Bröselknödel 36
Bröseltorte »Tante Annie« 183
Brotsuppe 17
Brottorte 186
Buchteln 212
Budapester Bäckerei 229
Buttertorte 177

C

Carusoschnitten 231
Chamoisstangerln 222
Chaudeau 211
Cognacringerln »Annies Lieblinge« 220
Cremeschnitten 213

D

Dalken 153, 212
Damenkaprizen 236
Dampfnudeln mit Eiercreme 210
Des Rabbis Huhn 93
Dobostorte 197
Dotterkrapferln 229
Dukatenbuchteln mit Chaudeau 211

E

Eiereis 238
Eierflaumsuppe 18

Eingetropftes 35
Eintopf, Fisch 103
Eintopf, Triestiner 70
Ennsschifferln 221
Ente mit Zwiebeln 96
Erbsen, Böhmische 162
Erbsen, Gebackene 33
Erbsen, Grüne 162
Erdäpfel, Gedünstete 153
Erdäpfel in der Montur 149
Erdäpfelgulasch 153
Erdäpfelknödel (aus gekochten Erdäpfeln) 146
Erdäpfelknödel (aus rohen Erdäpfeln) 145
Erdäpfelkroketten 146
Erdäpfelnocken 152
Erdäpfelnudeln 150
Erdäpfelpüree 152
Erdäpfelschmarren 151
Erdäpfelsuppe 21
Erdäpfeltorte, Feine 179
Erdäpfeltorte »Mariandl« 180
Essigkren 120
Esterházy-Lungenbraten 58
Esterházytorte 194

F

Familienbusserln 226
Fasane und Rebhühner 100
Faschierte Laberln 53
Fisch, Schwarzer 110
Fischbeuschelsuppe 30
Fischeintopf 103
Fisolen 164
Fisolen, Eingebrannte 163, 164
Fleckerl- und Nudelteig 131
Fleisch-Consommé 34
Fleischstrudel 34
Fleischsuppe und Rindfleisch 23
Fogosch 109
Forelle, blau gesotten 108

Forelle, Galizische 107
Frittaten 33
Frittatenstrudel 33
Früchteeis 237

G

Gans, Gedämpfte 96
Gansbraten 97
Gänsehals, Gefüllter 99
Gansleber, Gedämpfte 98
Gansljunges, Eingemachtes 98
Gebackene Erbsen 33
Gebackene Mäuse 209
Geflügelleber 135
Gefüllte Paprika 166
Gemüsecremesuppe 26
Gemüsesuppe 24
Gemüsesuppe, Leichte 20
Germknödel 208
Germteig, Feiner 214
Gerstsuppe 26
Gewürzzelten 225
Giselatorte 197
Goldene Suppe 14
Grammelpogatscherln 136
Graupenrisotto mit Räucherspeck 136
Graupensuppe 27
Grießknödel 144
Grießnockerln 37, 130
Grießnockerln »Tante Melanie« 38
Grießstrudel mit eingebrannten Bohnen 165
Gugelhupf, Feiner 199
Gulyás 51, 61
Gurkengemüse 160
Gurkensuppe 21
Gutsherren-Pörkölt 63

H

Halászlé 30
Hase in schwarzer Sauce 85

Haselnußroulade 205
Haselnußscharten 233
Hasenbrot 86
Hasenlauf 85
Hasennetzchen 85
Hausfreunde 229
Hecht, Gebratener 106
Helfersdorfer Mandelstrudel 217
Hendl, Faschiertes 92
Heurige mit Petersilie 152
Himbeertorte 190
Hirschrücken 83
Hirschziemer, Glasierter 84
Huhn 90, 93
Huhn auf Jägerart 91
Hühnchen, Marinierte 92
Hühner im eigenen Saft 90
Hühnerkotelett, Jüdisches 94
Hühnersuppe, Weiße 13, 14
Husarenbraten 54

I

Ilsetorte 189
Indian mit Schinkenfülle 95
Indianerkrapfen 199
Indianertorte 182
Ischler Torteletts 223

J

Jüdischer Kaviar 93
Jungschweinsschlögel, Gebratener 68

K

Kaffeecremetorte 181
Kaisergugelhupf 198
Kaisermelone 183
Kaiserschmarren 216
Kaiserschnitzel 44

Kaiserschöberln 38
Kalbsbraten, Jüdischer 43
Kalbsbrust, Gefüllte 44
Kalbsbrust mit Paprika 45
Kalbsbrust, Ungarische 49
Kalbsgulyás 51
Kalbshirn, Gebackenes 49
Kalbshirn mit Balsamessig 49
Kalbskoteletts auf Mailänder Art 43
Kalbskoteletts in Papier 45
Kalbsmilz, Gefüllte 48
Kalbsnierenbraten, Gewickelter 50
Kalbsschlögel, im Rohr gebraten 46
Kaninchen mit Radicchiofüllung 71
Kapernsauce 119
Kardencremesuppe 25
Karfiol in Béchamel 163
Karpfen, Böhmischer 112
Karpfen, Gefüllter 109
Karpfen in Paprikasauce 111
Karpfen, Ungarischer 110
Karpfenlaibchen 111
Käsekrusteln 34
Kaviar, Jüdischer 93
Kirschenkuchen, Prager 201
Knoblauchsuppe 17
Knödel, Böhmische 141
Kochsalat 161
Kohl, Brauner 172
Kohl, Eingebrannter 171
Kohl, Grüner 172
Kohlrabi, Gefüllter 159
Kohlrüben 160
Kohlsprossen 161
Kolatschen, Linzer 208
Koloszvárer Kraut 173
Kongreßbraten, Wiener 56
Kongreßtorte, Wiener 190
Kraftsuppe, Polnische 24
Kraut, Gefülltes 170
Kraut, Eingebranntes 171
Kraut, Gefülltes 170
Kraut, Gewickeltes 168

Kraut, Ungarisches 167
Kräutersauce 119
Krautfleckerln 168
Krautstrudel 169
Krautsuppe 22
Krebse auf böhmische Art 113
Krenfleisch 69
Kritzendorfer Torte 188
Kronprinz-Rudolf-Schnitten 205
Kronprinzentorte 198
Kügerl (Brustkern) 56
Kugl aus Nudeln 210
Kukuruz 157
Kukuruz im Rohr 146
Kürbiskraut 166
Kuttelflecksuppe 19

L

Laberln, Faschierte 53
Lamm mit Pilzen und Peperoncino 74
Lamm Tscholent 76
Lammfrikassee mit Artischocken 77
Lammkoteletts, mit Frikassee gebacken 75
Lammragout mit Fenchel 77
Lammrücken, Gebratener 76
Lammschulter, Gefüllte 75
Leber, Gedünstete 47
Leberknödel 39
Lebernockerln 39
Leberreis 40
Lebkuchen, Brauner 237
Lebkuchen, Wiener 235
Lebzelten, Einfache 225
Lebzelten, Tiroler 236
Limonenbeuschel 48
Limonihendln 89
Linsen, Eingebrannte 164
Linzer Kolatschen 208
Linzer Krapferln »Köchin Katharina« 234

Linzer Torte »Tante Mariandl« 192
Linzer Torte, Schwarze 191
Linzer Torte, Weiße 191
Lungenbraten, Welser 59
Lungenstrudel 40

M

Mährische Spatzen 67
Mährischer Weichselkuchen 202
Majoranerdäpfel 154
Majoranfleisch 59
Majorantokány 63
Mandelbusserln 228
Mandelstrudel, Helfersdorfer 217
Mandoletti 231
Maraschinotorte 188
Markbröselknödel 37
Markknödel 36
Markschlögel 46
Maultaschen 206
Meraner Schnitten 224
Miesmuschelpfanne 114
Milzschnitten 35
Minestrone 29
Mohnfülle 219
Mozarttorte 186
Mürbe Kekse 221
Mürbe Torte 182

N

Nieren, Geröstete 47
Nierenbraten, Gewickelter 50
Nikolsburger Topfkuchen 201
Nudel- und Fleckerlteig 131
Nudeln mit Paprikapüree 129
Nudeltäschchen, Gefüllte 123
Nudeltäschchen mit Kürbisfüllung 124
Nußfülle 219
Nußkapseln 235
Nußstrudel 214

O

Oberskren 120
Ochsenschlepp 51, 52
Offizierskrapferln 228
Oglio-Suppe 15
Onkel-Pistá-Busserln 226

P

Panadelsuppe 17
Paprika, Gefüllte 166
Paprikahase 84
Paprikahühner 91
Paprikakraut 173
Paprikasch 51
Paprikaschnitzel 69
Petersiliensauce 119
Petersiliensauce, pikant 118
Peterzelteln 226
Pfefferkarpfen 112
Pilaw-Reis 132
Pilze vom Grill 157
Pilznocken 141
Pistazienbäckerei 230
Pofesen, Süße 209
Polenta 129
Polentatorte 183
Polnische Kraftsuppe 24
Pörkölt 62
Pörkölt-Henderln 89
Porree 158
Prager Filet 57
Prager Kirschenkuchen 201
Prager Stangerln 222
Preßburger Beugel 218
Preßburger Stangerln 232

R

Radetzkytorte 194
Rahmsuppe 18
Rebhühner und Fasane 100
Rehbraten 83
Rehrücken 201
Rehrücken, Gebratener 82
Rehschlögel mit Rahm 81
Rehschlögel, natur 81
Reichenauer Zwieback 223
Reisbällchen, Fritierte 135
Reisfleisch 62
Riesenknödel 142
Rinderschmorbraten 54
Rindfleisch, Gekochtes 53
Rindfleisch, Ungarisches 57
Rindsbraten, Gewickelter 55
Rindstokány 63
Rindsuppe 13
Rindsuppe, Einfache 16
Rindswade in Biersauce 64
Rindszunge in der Sauce 52
Risi-Pisi 134
Risotto mit Geflügelleber 135
Risotto mit Graupen 136
Risotto mit Parmesan 133
Risotto mit Spargel 134
Risotto mit Steinpilzen 133
Rosinenkuchen 200
Rosinenpatzerln 235
Rostbraten „Girardi" 61
Rostbraten „Stephanie" 60
Rostbraten vom Rost 60
Rothschildbiskotten 220
Rotkraut 167

S

Sachertorte 195
Sandkuchen 200
Sandtorte »Tante Gucki« 177
Sandtorte, Traunkirchner 185
Sardellen-Knoblauch-Sauce 117
Sardellensauce 119
Sauerkraut, Gedünstetes 173
Schillschnitten, Gebackene 107

Schinkenfleckerln, Feine 138
Schnepfen 99
Schnittlauchsauce 119
Schokoladebiskuittorte 185
Schokoladebrot 210
Schokoladebusserln 227
Schokoladeeis, Gekochtes 237
Schöpsenfleisch mit Fleckerln 73
Schöpsenschlögel 72
Schöpsernes, Steirisches 74
Schöpsernes, Ungarisches 73
Schubanken 150
Schwarzer Fisch 110
Schwarzwurzeln 159
Schweinsbrust, Gedünstete 68
Schweinskarree 65
Schweinsschnitzel 66
Schweinsstelze 67
Semmelknödel, Gewöhnliche 142
Semmelkren 120
Senfsauce, Feine 118
Serviettenknödel 143
Sonnenthaltorte 186
Spaghetti mit Meeresfrüchten 127
Spaghetti mit Scampisauce 126
Spaghetti mit Venusmuscheln 126
Spanferkel 66
Spanische Windtorte 196
Spargelrisotto 134
Spatzen, Mährische 67
Speckknödel 142
Speckknödelsuppe 18
Spezialgulyás (Pörkölt) 62
Spinat 161
Spinatsuppe 25
Spitzbuben 230
Spritzeis zum Verzieren 238
Stanitzel 187
Stefaniekrapferln 207
Steirertorte 184
Stoffade 55
Striezel 219
Strudelteig 138, 214

Suppentopf, Altwiener 15
Süße Pofesen 209
Székelygulyás 70

T

Tagliolini mit Waldpilzen 128
Tarhonya 130
Tegetthofftorte 189
Tiroler Herrengröstl 64
Tiroler Lebzelten 236
Topfenfülle, Feine 202
Topfenknödel 145
Topfenkuchen 202
Topfenkuchen, Nikolsburger 201
Topfennudeln, Gebackene 213
Topfenstrudel 215
Topfentorte 177
Traunkirchner Sandtorte 185
Traunkirchner Torte 192
Trienter Torteletten 222
Triestiner Eintopf 70
Tschorba mit Fleischknöderln 158

U

Ungarisches Kraut 167
Universalsauce 119

V

Valeriebäckerei 227
Vanillebusserln 228
Vanillekipferln 232
Vanilleschüsserln 234
Vanillestangerln 230

W

Weichselkuchen, Mährischer 202
Weihnachtsstriezel 219
Weinteig 209
Weintorte 179

Weißes Zuckereis 238
Welser Lungenbraten mit Most 59
Wiener Backhendl 89
Wiener Kongreßbraten 56
Wiener Kongreßtorte 190
Wiener Lebkuchen 235
Wiener Tascherln 206
Wiener Torte 180
Wildbretbeize 81
Wildgans und Wildente 100
Wildschweinschlögel 86
Windtorte 196

Witwenküsse 227
Wuzelnudeln mit Mohn 151

Z

Zigarren 224
Zimtsterne 231
Zitroneneis 238
Zitronentorte »Irene« 184
Zuckereis, Weißes 238
Zwetschkenknödel 203
Zwetschkenkuchen 203
Zwieback, Reichenauer 223

Glossar

A
abbrennen	absengen, flambieren
abrebeln	abzupfen von Kräutern oder Beeren
abschmalzen	in Fett schwenken
Abtrieb	gerührte Mischung
anpassieren	hell in Fett dünsten

B
beeisen	mit Zuckereis glasieren
Beizkräutel	Thymian
Bertram	Estragon
Bertramessig	aromatisierter Essig
Beuschel	Lunge und Herz
Bogrács	ungarischer Hirtenkessel
Brät	Wurstmasse
Bröckerln	kleine Teile
Busserln	hier: kleines Gebäck

D
Dalken	runde Hefeteigfladen
Dampfl	angesetzte Hefe
Debreziner Würstel	Paprika-Würstchen

E
Einbrenn	Mehlschwitze, braun
Eis	hier: aus Eiklar und Puderzucker gerührte Glasur

F
Faschiertes	Hackfleisch
Fava-Bohnenkerne	Hülsenfrüchte
Fisolen	grüne Bohnen
Flachsen	Flechse, Sehne
Fleckerln	in kleine Quadrate geschnittener Nudelteig

G
gefeht	bemehlt
gerebelt	abgezupft (von den Stielen befreit)
Germ	Hefe
Geselchtes	Geräuchertes
Grammelpogatscherln	Griebengebäck
Gusto	Geschmack

H
Hachel	Küchenhobel
Hagelzucker	Grobkornzucker
Hangerl	Geschirrtuch
Häuptel	(Salat) Kopf
Hendl	Hühnchen
Heurige	Kartoffeln der Saison
Hohlhippen	Waffelform (Röhrchen)

I
Indian	Pute
Italienerreis	Rundkornreis

K
Kaisersemmel	Weißbrötchen
Kaprizen	kleine Mehlspeisen
Karden	Gemüse (Distelgewächs)
Karfiol	Blumenkohl
Kipferl	Hörnchen
Kipfler	Salatkartoffeln
Knödelbrot	Weißbrotwürfel
Kohlrabi	Kohlrübe
Krapferln	kleine Krapfen
Kretzerln	Mittelstück beim Kraut
Krusteln	krosse Kruste

Kügerl	Brustkern
Kugl	in Kupferform bereitetes jüdisches Gericht
Kukuruz	Mais
Kuttelfleck	Innereien
Kuttelkraut	Thymian

L
Laberl	Laibchen
Lebzelten	Honigkuchen

M
Mehlspeis	Kuchen, Torten etc.
Melonenform	gerippte Backform
Milchner	männlicher Fisch
Montur	hier: Schale bei den Kartoffeln

N
Nudelbrett	hölzerne, transportable Arbeitsfläche
Nudelwalker	Rollholz

O
Oblate	dünnes Gebäck als Unterlage für Konfekt

P
Palettenmesser	großes Fleischmesser
panieren	in Mehl, Ei und Bröseln drehen
Papilloten	Papierhülsen
paprizieren	mit Paprika würzen
Paradeissauce	Tomatensauce
parieren	glatt zuschneiden
Patzerln	kleine Häufchen
Perlgraupen	Rollgerste
plattieren	breit klopfen
Pofesen	gefüllte, gebackene Semmelschnitten
Powidl	Pflaumenmus

R
Rein	Kochtopf
resch	kroß, knusprig
Ribisel	Johannisbeere

S
Saftfleisch	Fleisch, im eigenen Saft gegart
Salse	Marmelade, Mus
Schifferlformen	Backformen
Schlagobers	Sahne
Schlögel	Keule
Schnee	geschlagenes Eiweiß
Schwammerln	Pilze
Schwarzbrot	Roggenbrot
Seidel	0,3 Liter
Selchkarree	Kasseler Rippen
Semmelbröckerln	Semmelwürfel, Knödelbrot
Semmelbrösel	Paniermehl
speckige Erdäpfel	Salatkartoffeln
Stamperl	Schnapsglas
Stanitzel	spitze Tüte
stauben	mit Mehl eindicken
Sträußerl	kleiner (Kräuter)strauß

W
Wandel	kleine Wanne
Weitling	große Rührschüssel
Weizendunst	feinstes Weißmehl
Wirsingkohl	Kräuselkohl
wuzeln	drehen

Z
Zelten	Lebkuchen
Ziehharmonika	Schifferklavier
Zitronenzucker	an Zitronenschale abgeriebener Würfelzucker